边疆的背影

拉铁摩尔与中国学术

FRONTIERSMAN

OWEN LATTIMORE AND
CHINA STUDIES

袁剑 / 著

社会科学文献出版社
SOCIAL SCIENCES ACADEMIC PRESS (CHINA)

本书由中央民族大学
世界民族学人类学研究中心专项经费资助

推荐序

　　作为一个有着悠久历史的统一多民族国家，中国以其辽阔的疆土、灿烂的文化在世界文明史上书写了浓墨重彩的篇章。在数千年的历史长河中，各民族、各区域之间彼此交融互动，共同描绘了中华大地的壮美画卷。在这当中，以平原、丘陵等为主要地貌特征的农耕地带与以草原、森林、荒漠、高原等为主要地貌特征的游牧地带作为两种具有各自鲜明生态和文化特征的主要地域类型，两者之间的互动在中国历史发展演进历程中扮演了十分重要的角色，并在某种程度上代表了当代中国文明所具有的独特多样性和包容性。从更一般的意义上说，作为共同构成了整体中国的边疆与中原地区，彼此之间虽然在自然条件上存在着巨大的差异，但始终无法割裂它们在文化与政治上的血肉联系。要更为全面地认识中国和中国社会，我们就有必要充分认识到中国内部所存在的多样性和复杂性，充分意识到中国内部各地域尤其是边疆地区在形成中国这一文明共同体中的重要性，这需要我们摆脱长期以来似乎已成为习惯的单一农耕社会的视野，以更为全面和多角度的态度去认识和了解中国的边疆地区与边疆社会。唯有如此，我们对于自己祖国的认知才能更加全面、丰富，对于自己的认识也才能更加客观、公正。

　　中国的边疆研究具有悠久的传统与深厚的积淀。在古代，中国的官方正史和民间记述中就有许多关于边疆地区的记载，并涌现了一大批学有专长的边疆研究者。近代以来，随着西方殖民势力的侵入，一代中国学人以西北史地研究为号召，先天下之忧而忧，形成了近代以来第一波边疆研究热潮，其中的代表人物有徐松、张穆、何秋涛等，通过这些学者的努力，使当时的民众对中国边疆尤其是西北地区的局势有了更多的认识。20世纪三四十年代，由于日寇入侵，国家处于生死存亡的关键时刻，中国学者又一次挺身而出，掀起了研究边疆、开发边疆的新高潮，中国地学会、禹贡学会等专业研究机构相继成立，并通过编辑刊物、进行田野调查记述边情、推广教育培养边疆地区人才等方式，唤起政府和民众对于中国边疆的新认识，对中国认同的进一步形成起到了关键性作用。改革开放以来，伴随西部大开发等相关战略的推进，边疆地区的开发开放步伐日益加快，当地社会发展也突飞猛进，在这种背景下，中国的边疆研究更是呈现蓬勃发展之势。而随着当代尤其是苏联解体之后国际地缘政治格局的大调整以及中国"一带一路"战略的提出，边疆研究的重要性进一步凸显。

从古至今，尤其是近代以来，中国学者和学界在边疆研究中做出了不懈的努力，积累起一大批重要研究成果，所有这些，正是我们的学术能够得以立足和发展的基础，承认这一点，我们的研究就不会失去主体性的根基。同样，我们也必须注意到，由于近代以来中西学术之间的交流，尤其是近代西方学术研究传统和学科的系统性传入，有很多外国学者在中国进行研究工作，尽管其中有些人确实抱有不良的目的甚至企图，但必须承认，有相当多的外国学者还是出于学术兴趣，在进行着认真严谨的学术研究活动，他们的诸多研究成果后来也经受住了历史的检验，成为相关学术研究领域的经典作品。因此，在客观认识外国学者相关研究的过程中，我们也不应忽视外国学者在相关研究方面所取得的杰出成就，认识这一点，我们的研究才能时刻感知世界的脉搏，而不至于闭门造车。当今的时代，中国离不开世界，世界也离不开中国。国外学者对中国问题的研究，无法脱离中国历史和现实的具体语境而存在；而在另一方面，只有我们对国外学者的相关研究有全面充分的认识，我们才能更清晰地梳理和认识国外相关研究的意义及其不足。在如今这个国际学术交流日益紧密频繁的时代，对包括边疆问题在内的中国问题的关注都无法回避来自各个角度的观察、回应甚至质疑，我们只有以更为平和的、学理性的态度去认真面对来自不同视角的质疑甚至挑战，对于中国问题话语权的把握才能更有自信，中国自身主体性的确立也才能更为有力。因此，重新发现和全面认识国外学者在中国问题研究方面的贡献与价值，就成为我们提高对外认知程度进而形成中国话语和中国学派的题中应有之义。

　　欧文·拉铁摩尔（Owen Lattimore，1900—1989）是世界著名的汉学家、蒙古学家和国际关系研究者，他的一生充满传奇色彩，自幼随父母来到中国，度过了他的童年和青年时代，经历了投考大学失败的挫折，在不得不从事商贸以谋生计的时候，激起了对中国边疆研究的浓厚兴趣，经过数十年积累，最终成为西方对华边疆研究领域中的开创性学者之一，也成为我们如今研究现代中国边疆问题和边疆史所无法绕过的一个重要学术人物。他的学术作品早在 20 世纪上半叶就被中国学界引介并认可，当时还出现了很多关于他及其理论的研究文章；此外，在抗战全面爆发前夕，他还和一批美国进步记者前往延安访问，受到毛泽东、周恩来等的接见，而在 20 世纪 40 年代的抗日战争关键时期，他受美国罗斯福总统委派赴重庆出任蒋介石政府政治顾问以及《中国的边疆》（即《中国的亚洲内陆边疆》）一书在华的译介出版，更是在中国学术界掀起了一个拉铁摩尔研究的高潮。但随着后来政治局势的变化，拉铁摩尔在中国知识界逐渐被人遗忘。在改革开放之后，由于国内学界与国际学术界交往日益深入，拉铁摩尔的代表作《中国的亚洲内陆边疆》也被重新完整译介进来，他的回忆录等作品也在这一时期进入国内学界的研究视野，在这些新的学术准备基础之上，国内学界也出现了一系列关于拉铁摩尔及其研究的相关论述，内容涉及国际关系、美国研究、汉学研究、边疆研究、地缘政治等多个领域，并在深度和广度上进一步深化与推进。而值得注意的是，尽管拉铁摩尔本人在 20 世纪上半叶曾经为中国学界所熟知，但 20 世纪 50 年代之后特殊的国内外原因，拉铁摩尔长时间被国内学界所遗忘，数十年来，跟他基本同一时期的另一位中国学泰斗——费正清相比，关于拉铁摩尔的研究成果寥寥，显得十分冷清，个中原因，一方面在于拉铁摩尔没有像费正清那样形成自己的学派，另一方面也在于我们学界有意无意的忽略。随着中国对于周边与外围世界知识视野与需求的扩大，现在到了我们重新"发现"这段历史的时候了。当然，我们的这种重新"发现"，并不是要回到 20 世纪三四十年代的那种场景，而是希望能够通过新的学术讨论与思考，更为全面和客观地认识拉铁摩尔及其理论在当代中国研究中的衍生性影响，尤其是关于游牧—农耕结构性关系、内陆亚洲地缘政治以及近期逐渐受到广泛关注的"新清史"等。

袁剑近些年来一直关注拉铁摩尔及其理论梳理问题，曾撰写并发表了一系列研究论文，在这一问题领域积累了相应的学术资源，并经常就相关的学术问题跟我商量讨论。他出生于江南，却没有被传统的农耕视角所限，对边疆研究抱有浓厚兴趣，十余年来孜孜不倦致力于此，翻译并出版了《危险的边疆》等经典作品，并努力深入中亚和中国边疆地区进行田野调查，力图形成一种将中亚研究和中国边疆研究结合起来进行思考的新视野，做出了一些成绩。我十分支持并鼓励他的这种学术热情，而他这部关于拉铁摩尔学术史与人生史的作品也可以看作这种学术努力的一种呈现。这是他的第一部专著，同时也是国内首部关于拉铁摩尔的研究专著，我希望他能够以此为新起点，在学术研究的道路上开启新的征程。

是为序。

成崇德

中国人民大学清史研究所教授

国家清史编纂委员会副主任

目　录

导言：
拉铁摩尔 —— 拓荒者与思想者

　　20世纪的世界，充满着波折与紧张，如霍布斯鲍姆（Hobsbawm）所言，这个"短促的20世纪仿佛一张三联画，或者说，像一个历史的三明治。从1914年起，到二次大战结束，是大灾难的时期。紧接着，是一段经济成长异常繁荣，社会进行重大变迁的25至30年期；这短短数十年光阴对人类社会造成的改变，恐怕远胜任何长度相当的历史时期。如今回溯起来，它确可以视为某种黄金年代；事实上，当这段时期于70年代初期结束之后，便立即被人这般看待。而20世纪的最后一部分，则是一个解体分散、彷徨不定、危机重重的年代——其实对世界的极大部分来说，如非洲、苏联，以及欧洲前社会主义地区，根本就是又一灾难时期"，而"站在90年代的制高点上望去，短促的20世纪仿佛是由一个时代前往另一个时代，途中短暂地穿过一段黄金时期，最后进入一个问题重重、不可预知的未来——但是未来不见得就是世界末日"。[①]他并进一步富有判断力地指出，20世纪的世界与之前相比，至少在三个方面存在本质上的不同：其一，这个世界再也不再以欧洲为中心；其二，整个世界正在逐渐一体化，这是前所未有的历史现象；其三，旧有的人际社会关系模式解体，这就意味着一

---

① 〔英〕艾瑞克·霍布斯鲍姆：《极端的年代：1914—1991》，郑明萱译，中信出版社，2014，第7页。

代与一代之间的联系也即过去与现在之间的联系正在走向崩解。①
这些都深刻影响了当时和现在的世界社会与组织形态，改变了世界地缘政治结构中的权力分布态势，也在某种程度上预示着未来世界学术地图上的边缘突破。

20 世纪的中国，同样经历了深刻而复杂的变迁历程。在这段时间里，中国结束了帝制，迈向了共和时代。与此同时，参与两次世界大战造成了一系列后果，一次直接导致了五四运动，并影响了新文化运动的走向，包括马克思主义在内的各派思想观念交流激荡，当时的中国思想界与文化界经历了一个对自身主体性的质疑、反思与重建过程；另一次则使中国摆脱了百年以来屈辱的帝国主义压迫，实现了中华民族的独立与解放，而学术研究的中国本土化也在这一时期达到了相当的高度。1949 年，中华人民共和国成立，这极大地改变了世界尤其是亚洲的地缘政治格局，在学术研究方面也形成了新的局面，之前帝国主义侵略所导致的中国边疆问题，从此开始转变为中国国内的内部发展问题。这种转变，深刻地影响了我们对于当代边疆问题的认知。而在这过程中，有一个人的命运跟 20 世纪世界与中国的历史变迁及思想变革深深地联系到了一起，并直接或间接影响了当时和当代的中国边疆研究。

他是一个从小在中国长大的美国孩子，一个曾经铆足了劲想要考牛津大学的懵懂少年，一个在商行工作中发现边疆与内亚魅力的青年人，一个与新婚妻子度过一整个"蜜月年"的丈夫，一个跟埃德加·斯诺（Edgar Snow）、费正清（John K. Fairbank）等建立起终生友谊的学者，一个曾经拜访过延安的美国友人，一个首次将中国内陆边疆地区进行区域性划分的西方研究者，一个对政治不敏感却被委任为蒋介石政治顾问的老实人，

---

① 〔英〕艾瑞克·霍布斯鲍姆：《极端的年代：1914—1991》，第 17~21 页。

一个被麦卡锡主义迫害而不得不远走他国的学问家，一个在耄耋之年应邀访华的老朋友，他是边疆与内亚研究领域的拓荒者，也是国际关系与地缘政治方面的思想者，更是 20 世纪国际风云变幻的见证者之一，他就是欧文·拉铁摩尔（Owen Lattimore，1900~1989，中文名为赖德懋、兰特模、赖迪谟①等）。

欧文·拉铁摩尔 1900 年 7 月 29 日出生于美国华盛顿，尚在襁褓之时即随他父亲戴维·拉铁摩尔（David Lattimore）和母亲玛格丽特·拉铁摩尔（Margaret Lattimore）来华，因此，中国成为他年幼时代独特的思想与记忆场所，后来也激发了他认识中国、认识中国边疆地区的兴趣与动力，同时也在某种程度上形成了他自己对于中国边疆和边疆问题的独特理解，并将边疆地区作为构建自身历史观和地缘政治理念的重要基石。当然，拉铁摩尔的幼年时代平淡无奇，就像很多当时在华的西方小孩一样，拉铁摩尔的生活总是随着父母生活的变动而改变，1901~1905年待在上海，之后迁居保定府，一直生活到 1912 年。在这段时间里，拉铁摩尔没有经历学校生活，他的教育由父母包办。1912年起，他被送往瑞士洛桑上学，在那里，他的法、德文水平大为提高，"一战"期间又转往英国圣比中学（St. Bee School）上学，修习拉丁、希腊文和英法文学，但因为经济拮据，最终未能进入英国大学就读，不得不于 1919 年重新回到生活多年的中国。

经历了求学的失败，年轻的拉铁摩尔一时找不到人生的目标。1921 年，他先是在一家英国报社——《天津时报》②干了一年助

---

① "赖迪谟"是曾任北洋政府国务总理、时任国民政府中央救济准备金保管委员会委员长的许世英（1873~1964）为拉铁摩尔所取的中文名字。

② 也称《京津泰晤士报》（*Peking and Tientsin Times*），由英国建筑师裴令汉（William Bellingham）在天津英租界工部局的支持下创办。发刊于 1894 年 3 月，开始时是周报，1902 年 10 月 1 日开始改为日报。该报在伍德海（G.W. Woodhead）任主编期间（1914~1930）得到了很大的发展。1941 年 12 月 8 日太平洋战争爆发后，天津的英国租界被日军占领，该报被迫停刊。

理编辑的活儿，之后又在一家英国商行当了 6 年雇员，负责商品
贸易与推销。也正是在这时候，他的人生开始跟边疆和内亚研究
联系起来，他在回忆录中这样写道："当一捆捆的羊毛从骆驼背
上被卸下装上货车时，骆驼就在那里休息——马可·波罗时代与
轮船时代在这里相会了。我决定我必须要到商队出发的地方去，
亲自看看那里的情况"。1926 年，他收获了自己学术研究之外
的另一件相伴终生的礼物——他与埃莉诺（Eleanor Holgate）
终生不渝的爱情。新婚的拉铁摩尔辞去了在商行的工作，跟他的
妻子一起过了一个实实在在的蜜月年：拉铁摩尔本人从北京出
发，经内蒙古抵达新疆乌鲁木齐，他的新婚妻子埃莉诺则途经苏
联、中亚地区，两人于 1927 年 2 月隆冬时节在新疆塔城会合，
之后历经阿克苏、喀什，越过喀喇昆仑山口抵达拉达克、克什米
尔以及孟买，最终从孟买乘船，历经艰辛，在当年冬天抵达意
大利。

　　拉铁摩尔随后将这段经历整理成文，在 1928 年以《通往突
厥斯坦的荒漠之路》（*The Desert Road to Turkestan*）为名在
伦敦出版。借助这部书的成就，拉铁摩尔经时任美国地理学会主
席、美国社会科学研究理事会顾问鲍曼（Isaiah Bowman）推荐，
在学历等条件不够格的情况下，破例申请到美国社会科学研究理
事会的一项研究资助。作为前期准备，拉铁摩尔在 1928~1929
学年以研究生身份在哈佛大学人类学系的人类地理学"预备训
练班"进修了 8 个月，得以了解社会科学研究的相关方法，为
他之后的研究奠定了方法论基础。1929 年秋至 1930 年夏，拉铁
摩尔和妻子在中国东北进行了为期 9 个月的考察。他的这次东北
考察之旅收获颇丰，不仅访问了奉天（今沈阳）、大连、哈尔滨
和吉林等大城市，而且还探访了东北地区山岭之间的小城镇和寺
庙，此外，他们还接触了当地的一些重要政治人物，如张学良、
时任吉林省长张作相等，并偶遇了当时在东北进行田野研究的中

国民族学家凌纯声。他学术论著的发表和出版在这一时期也进入爆发期，1932 年，他出版了《满洲：冲突的摇篮》（*Manchuria, Cradle of Conflict*）一书，同年又发表了《中国东北的偏远之地》（"Byroads and Backwoods of Manchuria"）一文，1933 年发表了关于黑龙江赫哲族的作品《赫哲族：松花江下游的"鱼皮达达"》（*The Gold Tribe, Fishskin Tatars of the Lower Sungari*），1934 年出版了《满洲的蒙古人》（*The Mongols of Manchuria*）一书。

1930 年夏，拉铁摩尔偕妻子从东北来到北京（当时称为北平），在这个城市落下脚来，并于 1930~1931 年受哈佛燕京学社资助进行相关研究。[①] 在这段时间里，他还以通信方式编辑《太平洋事务》（*Pacific Affairs*），这能让他保持对时局的敏锐性。1931 年，他的儿子戴维（David）在北京出生。1933~1934 年冬天，拉铁摩尔夫妇短暂回到纽约的太平洋国际学会美国总部工作，担任《太平洋事务》杂志正式编辑。1934 年，拉铁摩尔举家返回北京，直到 1937 年，继续负责《太平洋事务》杂志的编辑工作。在这期间，1936 年春，拉铁摩尔一家乘坐列车从北京横跨西伯利亚抵达莫斯科。在莫斯科，他就中国局势做了一场演讲，反响强烈。之后，他和家人从莫斯科抵达伦敦，在当地做了几场演讲，最后从英国返回美国。1936 年末，他又携家眷从美国回到伦敦，进行俄语的强化培训。1937 年初，拉铁摩尔全家经海路回到中国。1937 年 6 月，拉铁摩尔与《美亚》（*Amerasia*）杂志的编辑菲利普·贾菲（Philip Jaffe）和毕恩来（Arthur Bisson）等人从北京出发，前往延安，拜访了毛泽东、周恩来等中共领袖，彼此相谈甚欢。拉铁摩尔从延安回北京不久，卢沟桥事变爆发。1937 年夏，鉴于日军占领下的北京已经无法保障《太平洋事务》杂志

---

① 陈远：《燕京大学 1919～1952》，浙江人民出版社，2013，第 96 页。

的顺利出版，拉铁摩尔不得不携家离华返美，离开了他生活多年的中国。

1938 年，拉铁摩尔受聘担任美国约翰·霍普金斯大学佩奇国际关系学院（Walter Hines Page School of International Relations）院长，并继续担任《太平洋事务》杂志编辑。1940 年，拉铁摩尔整理之前十多年的调查研究成果，出版了他最负盛名的作品《中国的亚洲内陆边疆》（*Inner Asian Frontiers of China*），该书首次对中国内陆边疆的 4 个地区东北、内蒙古、新疆和西藏进行了全面系统的分析，从生态环境、民族、生产方式、社会形态、历史演进等方面进行了深入的考察，揭示了中国内地与上述 4 个边疆地区所存在的各自不同的互动依存关系，并深入讨论了中国内陆边疆历史所具有的丰富多样性。这本书展现了中国边疆各地区所具有的独特文化与历史价值，指出了中国多民族社会文化的整合性特征。对于这样一部重要作品，中国学界的反应十分迅速。在第二年，该书就以《中国的边疆》为名被译为中文出版发行，中译本译者赵敏求不无敏锐地发现了该书的价值，他写道："这一本书的写作，酝酿十年之久，把他自一九二六年以来历次在中国边境各地旅行的观察心得，及与其他专家们研究认识的结论，融化会通，写成这一本约二十万言的巨作。他除汉文之外（拉氏的汉文程度在一般外国学者中，并不算太差），兼习俄文和蒙文，再加其原有的德文和法文知识，使他能直接涉猎中英法德俄各国出版的关于中国边疆的书籍，同时又用汉语及蒙语作实地访问，所以材料来源，相当渊博"。赵敏求还认为该书"力求严谨"，"不失为有价值的著作，特别在中国自己现在没有一本有系统而且概论整个边疆的好书时，拉氏此书是值得细读的"。1941 年，拉铁摩尔出版了自己在蒙古地区旅行多年的回忆录《蒙古游记》（*Mongol Journeys*），该书被《纽约时报》评论为是一部写得很轻松、很美的书。1944 年，他与妻子埃莉诺合作撰写了《现代中国的形成》（*The Making of Modern China*）一书。

在 1934~1941 年，拉铁摩尔还一直负责《太平洋事务》杂志的编辑，在这段时间里，他结合当时动荡复杂的亚洲形势和地缘政治环境，逐渐使这一杂志成为当时各种对立意见公开讨论的重要平台。尤其是在 1936 年之后，这一杂志在风格上发生了重大变化，相继刊发了诸多号召建立和巩固反日联盟的文章，并刊载了一系列关于中国共产党和红军的报道与相关文章，使国际知识界更多地了解中国抗战中的这一重要力量。1941 年春，经美国总统罗斯福推荐，之前从来没有政治身份的拉铁摩尔前往重庆担任蒋介石的政治顾问，并有了"赖迪谟"的中文名字。但他在重庆期间，除了偶尔提一些建议之外，没有能够真正参与政治决策。1942 年，拉铁摩尔返回美国，担任美国军事情报部（Office of War Information）亚洲司司长，同年，因其在研究领域所获得的杰出成就，他获得英国皇家地理学会金奖。1944 年 6 月，他受命陪同美国副总统华莱士（Wallace）访问苏联西伯利亚和中亚地区、中国内地以及当时的外蒙古地区。对于拉铁摩尔来说，这不仅是他首次进入外蒙古地区，而且还有绝好的机会从苏联一侧来重新认识中国的边疆地区，这对于他之后将研究的视野进一步拓展到中亚地区并整体性地思考内亚问题产生了极为重要的影响。

1945 年"二战"结束不久，拉铁摩尔受命担任美国处理日本战败赔款委员会委员，赴日本参与战后恢复重建计划制订工作。次年，他作为联合国确认阿富汗发展经济所需技术援助委员会主任委员，出使印度和阿富汗，并负责安排对阿富汗的技术援助事宜。总体来说，从 1946 年到 1950 年，尽管拉铁摩尔参与了上述一些外交事务，但这段时间也恰恰是他集中精力进行研究的时期，他在这时主要着力于对中国新疆和蒙古问题的研究和思考，在佩奇国际关系学院领导实施了庞大的蒙古学教学与科研计划，并出版了一批较有分量的研究成果。1947 年，拉铁摩尔夫妇合著出版了《中国简明史》（*China: A Short History*）一书，该书是《现代中国的形成》一书的修订版，作者在序言中写道："我们之所以写这本书，是因为我们是一生大部分时间在中国度过的美国人。我们力图使这本书写得简单明了，如果你不是简单明了的话，那你就必然会迷失在这个同美国一般大小，但比美国悠久许多许多倍的国家的描述、历史和政治中。我们也竭力试图使这本书不致写得很肤浅。你不能仅仅通过描述的内容来了解一个国家，除非这种描述给你提供了启发思考的材料。我们试图在本书中提供这样一些史实，使读者根据这些史实能自己来进行思考。"① 但当拉铁摩尔准备在此大展宏图的时候，灾难降临了。正是在这一时期，他受到美国参议员麦卡锡（Mc Carthy）指控有反美活动的嫌疑，并被宣布为"俄国头号间谍"。麦卡锡的指控对拉铁摩尔在美国的学术和日常生活造成了极大的影响。1951年 3~4 月，美国议会外交委员会忠诚检验小组审议了"拉铁摩尔案件"，当年 6 月至次年 6 月，美国国家安全委员会对该案再次进行了审理。有研究者认为"迫害欧文·拉铁摩尔是中国革命的延伸和后果，在某种意义上，也是美国国内倾轧的焦点"。② 可以说，"直到 1950 年，五十岁的拉铁摩尔在祖国触犯'美国国家利益'时，他前后在美国的居住时间加在一起还不足十年。因此，他的思想言论很有可能与其说是站在美国的立场去观察亚洲，毋宁说是站在亚洲的立场去观察美国。然而在五十年代的前期，'美国国家利益'是决不允许从亚洲立场去分析评

---

① 〔美〕拉铁摩尔夫妇：《中国简明史》，陈芳芝、林幼琪译，罗荣渠校，商务印书馆，1962，第 3 页。
② 〔美〕柯特勒：《美国八大冤假错案》，刘末译，商务印书馆，1997，第 238 页。

论美国这种研究状况存在的"。[①] 从 1953 年起，约翰·霍普金斯大学在保留薪金的情况下停止了他的职务，他所主持的约翰·霍普金斯大学佩奇国际关系学院也遭停办。1955 年，麦卡锡对他指控的立案被撤销，拉铁摩尔得以恢复学术活动，但始终受到外界的非议。从 1950 年起一直到 1955 年，拉铁摩尔被停止了在美国的正常学术与教学活动，在这 6 年的时光里，拉铁摩尔接连受到停职、限制写作、断绝稿费收入的打击，而且还要承担巨额的诉讼费用，可以说，他的名誉、地位和财产都一落千丈、丧失殆尽。"对拉铁摩尔的迫害，符合一些固执男女的政治意图。在一代人之久的时间里，拉铁摩尔和他的观点受到否定和压制，当时一些其他中国问题专家的观点也一样；美利坚合众国与中华人民共和国之间不可调和的敌意，也在那次起诉中得到了反映。但是，折磨拉铁摩尔有着超出他的命运或更大的外交政策问题的意义，因为对他的迫害冲击的正是个人信仰、交往和政治表达权利的核心"。[②] 从 1955 年起，拉铁摩尔开始在约翰·霍普金斯大学历史系任教，后曾赴法国巴黎等地讲学，他在这些年里参加了数次国际性学术会议，如国际历史科学大会、国际东方学大会等。1956 年 8 月，拉铁摩尔与夫人访问汉堡大学，并与时任汉学系主任的德国著名汉学家傅吾康（Wolfgang Franke）一见如故。1957~1959 年，他受聘担任法国索邦大学附属研究所的客座教授。1961 年，他携妻访问蒙古人民共和国，并在归途中顺访丹麦哥本哈根大学。1962 年，出版《游牧民与政委：再访蒙古》（*Nomads and Commissars: Mongolia Revisited*）一书。1962 年，他离开生活多年的美国，前往英国利兹大学，在此创建了中文系（或称汉学系），并亲任系主任，"由于他是一个崇尚实际而不是从

---

① 〔日〕毛里和子:《论拉铁摩尔》，张静译，樊守志校，载《国外中国近代史研究》（第五辑），中国社会科学出版社，1983，第 48 页。

② 〔美〕柯特勒:《美国八大冤假错案》，第 239 页。

学院派的环境里出来的人，他的这个中文系就与众不同，有它自己的特点。第一，它的课程着重现代，学生都是从现代汉语开始学起，然后再逐渐进入文言，深入到古典文学中去。第二，除了语言、文学和文字外，它也把研究近代中国社会、政治和经济列为教学的重点。换一句话说，他这个系里的汉学紧密联系实际，因为训练出来的人才也比较符合社会的需要。他的这个教学方向，不仅在英国，也可以说在整个欧洲是汉学中的一大革新，影响是深远的。"[①] 通过拉铁摩尔多年努力，该系成为英国规模最大的中文系，其中还开辟了颇具特色的蒙古研究课程，成为欧洲著名的蒙古学中心。1963 年，他出版《边疆史研究》（*Studies in Frontier History*）论文集，次年，获得英国格拉斯哥大学荣誉博士学位。1968 年，他与妻子合编《丝绸、香料与帝国》（*Silk, Spices and Empire*）一书。1969 年，他被选为蒙古人民共和国科学院外籍院士。

　　1970 年 3 月，他深爱的妻子埃莉诺去世。同年，拉铁摩尔赴蒙古首都乌兰巴托参加第二届国际蒙古学大会，并在当年 10 月受邀访问苏联科学院西伯利亚分院以及图瓦等地。同年，他从英国利兹大学荣退，随后回到美国弗吉尼亚，后又搬到法国巴黎居住。1971 年，受日本东洋学会邀请，拉铁摩尔赴日讲学，之后前往蒙古，参加了蒙古人民共和国建国 50 周年庆典。同年，赴匈牙利参加学术会议，并当选为匈牙利科学院下属的乔玛学会荣誉会员，随后顺访保加利亚，之后又前往民主德国的柏林洪堡大学讲学，在这之后经哥本哈根返回英国利兹，在归途中，他又在丹麦阿尔胡思大学和联邦德国汉堡大学讲学。1972 年春，拉铁摩尔回到美国，被选为蒙古学会会长。同年 8 月至 10 月，因

---

① 《欧文·拉铁摩尔》，载叶君健《叶君健全集》，清华大学出版社，2010，第十六卷，第 209 页。此文原先收录于《地久天长集》，甘肃少年儿童出版社，1993。

中美关系逐渐转暖，拉铁摩尔一行受邀访问中国，受到周恩来总理的接见，在 10 月 1 日应邀参加了中国人民对外友好协会举办的国庆招待会，并专门前往新疆和内蒙古等中国边疆地区进行了为期两周的考察。

1974 年，拉铁摩尔在巴黎创建了蒙古学研究所，在这之后，他的社会活动逐渐减少，但仍致力于学术研究。1980 年，他从巴黎搬回利兹，1982 年起，拉铁摩尔开始口授他的回忆录。1985 年，他回到美国，与其子戴维一家生活在一起。1987 年初，他不幸中风，语言及行动能力受到重大影响。同年，在蒙古首都乌兰巴托举行的第五届国际蒙古学大会上，尽管拉铁摩尔因病未能到场，但依然被选为国际蒙古学会第一任主席。1989 年 5 月 31 日，拉铁摩尔在美国罗得岛州普罗维登斯去世，享年 89 岁，他将自己的所有藏书都遗赠给剑桥大学蒙古与内亚研究中心。[①]

拉铁摩尔的一生传奇而又坎坷，在他的青年时代，经历了第一次世界大战，在中国待了将近 30 年时间，这段时间足以养成他的秉性并维持一生，而且和同时期在华的美国著名女作家赛珍珠（Pearl S. Buck）等不同的是，他"并非'miskid'（传教士的孩子），基督教对他的熏陶就远不如对赛珍珠、亨利·卢斯（Henry Luce）和卡灵登·富善（Carrington Goodrich）等在中国长大的'闻人'了"。[②]对于研究的指向问题，拉铁摩尔自己说道："我开始把我的中国同事作为我们而不是他们来考虑……我研究中国的第一个方法仅仅是应付生活中的普通问题。这与其他外国学者的作法大相径庭，他们同多少身居上层的人士

---

① George McT. Kahin, "Obituary: Owen Lattimore (1900-1989)," *The Journal of Asian Studies*, Vol. 48, No. 4 (Nov., 1989), pp. 945-946.

② 梁元生：《学者、政客与"间谍"：拉铁摩尔（1900~1989）》，《民国档案》1994 年第 2 期。

接触，然后试图发现下面在发生什么事。"[①] 在不经意之间，这种眼光向下的做法实际上使他的研究抹上了人类学的光彩，从此跟既有的纯文献研究区别了开来。而且，尽管他曾对自己未能入大学接受正式教育而遗憾，但学院派之外的生活为他打开了一扇新的窗户。[②] 到了 20 世纪 40 年代，他参与到第二次世界大战的政治事务当中，却无法真正介入决策；"二战"结束后，他虽怀抱学术研究的雄心，却又饱受麦卡锡主义的压迫，最终不得不带着他的蒙古弟子远走英伦，而其关注的重心则始终在中国和蒙古这一欧亚大陆的中心位置。在生活、兴趣、政治、地缘的四重纠结下，拉铁摩尔可以说是孤独的，却又是独一无二的，"有人把拉铁摩尔和费正清同列，以为都是哈佛大学研究中国历史的汉学家，这是不对的，拉氏只在哈佛一年，连大学学位都没有，后来竟当上了约翰·霍普金斯大学的教授和中国史的权威，这完全是游历[或用现代术语来说，是'田野工作'（field work）]之功"。[③] 或许我们可以重走他的游历之路，却早已没有了他当时所处的那种常常处于国家力量控制之外的内陆亚洲文明与社会样态，也没有了改变世界力量格局的第二次世界大战，也不再会有第二个蒋介石政治顾问和中共方面的理解者、同情者。他是边疆研究界的一个传奇，一部到头，再无续集。

但幸运的是，他的中国研究和蒙古研究并没有因为他在美国学术研究的终结而停止，而是在欧洲焕发了第二春，英国利兹大学的中国研究以及后来剑桥大学的蒙古 – 内亚研究都在拉铁摩尔的努力和帮助之下迅速成长起来，并逐渐成为引领欧洲蒙古 – 内

① 〔日〕矶野富士子整理《蒋介石的美国顾问——欧文·拉铁摩尔回忆录》，吴心伯译，复旦大学出版社，1996，第 14 页。

② John K. Fairbank, Review: *"China Memoirs: Chiang Kai-shek and the War against Japan* by Owen Lattimore; Fujiko Isono," *The China Quarterly*, No. 130 (Jun., 1992), p. 445.

③ 梁元生：《学者、政客与"间谍"：拉铁摩尔（1900 ~ 1989）》。

亚研究的重要力量。从这个方面来说，"尽管麦卡锡打了他一棒，他却丝毫也没有受到影响；想反，这倒促使他开展一个新的工作领域，而且他认为他在这方面的成绩也还做得不错，产生了一定的社会效益，甚至还可以传之后世，值得'永远纪念'。因此在垂暮之年，退休到剑桥这个古城，他似乎也感到心安理得，没有觉得白过后半生。"[①] 这些都要归功于他的个人才能和不懈努力，"他具有很强的语言学习能力，精通汉语、蒙语等多种外语，他的思想方法是自由奔放型的，在他的众多的论文中，他把社会学、地理学、人类学、国际政治学等诸种学科的治学方法融会贯通浑然一体，并且能运用自如。他没有受过正规理论教育，这反而使他具有独特的思想方法，与他在实地生活、考察中积累起来的经验相辅相成，在他认识亚洲、认识中国的过程中起了促进作用"。[②] 但反过来，我们也可以设想，如果没有麦卡锡的指控，借助"二战"之后美国这个世界力量中心和学术中心的平台，并依靠拉铁摩尔在之前 20 年时间里在中国研究和中国边疆研究领域所积累起来的深厚的政界、学界资源与人脉，他完全可以建立一个具有广泛学术和现实影响的学术共同体（学派），创造更大的学术生产力和更多的学术成果，其影响力可能会不亚于费正清，但历史已经不可能再翻回这一页。不过，"拉铁摩尔所尝试的方法和所采取的观察角度，在中国和历史研究领域中是一个创造，它必然会对今后的中国研究产生很大影响"。[③]

当然，不可否认的是，拉铁摩尔的历史观与边疆观仍然是有所欠缺的。正如日本学者毛里和子所指出的，"他几乎没有将生产力的发展在历史上的决定性作用纳入视线。在研究各种事物时，他常常先活跃地思考，并且历史比较论先行，其次才是事实考证。

---

① 《欧文·拉铁摩尔》，载叶君健《叶君健全集》，第十六卷，第 210 页。
② 〔日〕毛里和子：《论拉铁摩尔》，第 49 页。
③ 〔日〕毛里和子：《论拉铁摩尔》，第 41～42 页。

另外还感到，他还没有完整地掌握中国社会的空间发展和内在发展之间的关系"。[①] 如今，随着中国内亚与边疆研究的逐步发展与深化，拉铁摩尔和他的思想资源必将重新引起中国学界的关注。尽管拉铁摩尔所做的一些具体研究现在看来已经显得有些落后，但他给我们带来的思想冲击和启迪是巨大的，站在 21 世纪的起点上，我们仍然需要这位曾经的拓荒者与思想者给我们带来梦想与坚持。

---

① 〔日〕毛里和子：《论拉铁摩尔》，第 75 页。

第 一 章

从出现到重视:

20 世纪三四十年代拉铁摩尔理论的在华接受史

关注中国问题的"边疆人"

  作为一位在 20 世纪上半叶对中国政治和学术界产生过重要影响的人物，拉铁摩尔的人生故事可谓波折而奇妙。①数十年的在华生活经历，尤其是在中国内陆边疆地区的考察和游历经历，使他对中国问题有着极为敏锐的感觉与认知，并且在很大程度上成为以中国边疆为主要着力点，并将中国边疆作为一个整体而不是割裂地放到中国问题讨论议题中的代表人物之一。正是这种与传统民族史研究中以族类标签凸显的"民族人"所不同的"边疆人"视角，使拉铁摩尔的理论在认识中国问题与周边关系方面具有了某种独特的价值，这种价值正是传统中国学术界在边疆认识上所忽略或者说欠缺的。

  20 世纪上半叶的中国，正处在世界格局大变动的洪流中。当时学术界对于中国问题的讨论，多以文化和政治议题为主，并主要以"儒教中国"作为整体的背景或平台，对于整体性的边疆及其地位的认知还处于传统视域的笼罩之下，一方面依然看重边疆研究中的博物传统，强调对边地社会、风俗与物产的记述，而另一方面，在当时外敌环伺的背景下，又十分强调边疆研究的致用传统，力图为国家提供相应的政策建议和知识准备。对此，正如顾颉刚所言："'国学'的研究，自受了新史学和科学的洗礼，一方面扩大了眼光，从旧有的经史子集中打出一条'到民间去'的血路，一方面绵密其方法，用统计学、社会学、人类学、地质学、生物学、考古学种种科学的方法，来切实考求人文的真相，而予以簇新的解释。……新史学的眼光渐离了政治舞台'四库'式的图书馆，而活动于实事求是之穷荒的探险或乡土的研

---

① 具体可参见袁剑《20 世纪上半叶的内亚研究与地缘政治：以民国时期国内对拉铁摩尔及其学说的介绍与评价为例》，《西北民族研究》2013 年第 4 期。

求。"[①] 而拉铁摩尔边疆实践及其理论在中国的引介与发扬，则为中国的边疆研究提供了新的契机与可能，并为中国学术史的发展脉络增添了新的色彩。

由政治到学术：
20 世纪 30 年代对拉铁摩尔及其理论的认知

20 世纪 30 年代，世界风云诡谲多变，历史正处在巨变前的微妙时期。当时日本在东亚大陆步步紧逼，在 1931 年之后侵占了中国东北，中国的国家利益受到严重侵犯，而伴随着沦陷区经济建设活动和科学考察活动的中断，中国的国家建设与国家认同遭受严峻挑战，边疆问题作为一个重要的政治问题开始成为学界与舆论最为关注议题之一。在 1938 年出版的《中国疆域沿革史》中，顾颉刚、史念海两位先生在担忧当时政治时局的同时，更是对国家之命运忧虑不已："吾人处于今世，深感外侮之凌逼，国力之衰弱，不惟汉、唐盛业难期再现，即先民遗土亦岌岌莫保，衷心忡忡，无任忧惧！窃不自量，思欲检讨历代疆域之盈亏，使知先民扩土之不易，虽一寸山河，亦不当轻轻付诸敌人"。[②]可以说，当时国内学人已经注意到了近代国际时局变动中所出现的边疆问题及其紧迫性，但值得注意的是，边疆问题本身在当时往往只是作为中国国内民族主义的号召口号之一，[③]对于边疆问题本身的结构性和主体性并没有进行深入的思考，这种局面在国内学界对

---

① 陈锡襄：《闽学会的经过》，《"国立"第一中山大学语言历史学研究所周刊》第 1 集第 7 期，1927 年 12 月 13 日。

② 顾颉刚、史念海：《中国疆域沿革史》，商务印书馆，2009，第 3 页。

③ 〔美〕杜赞奇：《从民族国家拯救历史：民族主义话语与中国现代史研究》，王宪明、高继美、李海燕、李点译，江苏人民出版社，2009，第 42~43 页。

拉铁摩尔及其理论的引介过程中逐渐得到扭转。

　　拉铁摩尔人生的前 20 年没能如愿实现知识青年按部就班的通往大学的梦，却阴错阳差地塑造了他对中国边疆的初步印象与兴趣，并将这种兴趣一直保持了下去。他在回忆录中这样写道："当一捆捆的羊毛从骆驼背上被卸下装上货车时，骆驼就在那里休息——马可·波罗时代与轮船时代在这里相会了。我决定我必须要到商队出发的地方去，亲自看看那里的情况"。① 当时的拉铁摩尔主要留在商业圈里，与学术界还没有密切的联系，他只是偶尔会参与知识界的一些活动。这种情况直到 20 世纪 30 年代发生了变化。整个 30 年代是在拉铁摩尔和他妻子的中国东北之旅中开始的，他"成为唯一一位曾在蒙古、新疆和东三省这些中苏之间的边境地区广泛游历的美国人"。② 在他于 20 世纪 20 年代完成对中国新疆的数次考察活动之后，在对中国整体边疆认识兴趣的驱使之下，拉铁摩尔开始对中国东北的历史与社会产生兴趣，并以此为契机丰富和完善了他的中国边疆研究范式。在这次考察活动结束之后，拉铁摩尔又回到北京，整理相关的研究材料，随后出版了《满洲：冲突的摇篮》《赫哲族：松花江下游的"鱼皮达达"》《满洲的蒙古人》等。总体而言，20 世纪 30 年代初的拉铁摩尔及其中国东北之旅，是一次田野中的全球史与地方性碰撞，他经由考察所获取的知识与经验，不仅使他认识到理解历史时期和当时中国东北问题所必需的国际视野，同时也为他之后对中国东北在中国内陆亚洲边疆中特殊地位的新认识提供了经验与文本。随着拉铁摩尔在中国东北考察活动相关学术成果的发表，国际学术界开始对其成果有所关注与评述，进而引起国内学术界对其相关成果的引介与认知。从 1934 年到 1938

---

① 〔日〕矶野富士子整理《蒋介石的美国顾问——欧文·拉铁摩尔回忆录》，第 15 页。
② 〔日〕矶野富士子整理《蒋介石的美国顾问——欧文·拉铁摩尔回忆录》，第 22 页。

年的这几年时间，是拉铁摩尔一生中最多产的时期，他既进行田野调查，同时也参与北京的相关研究活动，并跟约瑟夫·史迪威（Joseph Stilwell）、理查兹（I. A. Richards）、谢伟思（John Stewart Service）、费正清、埃德加·斯诺、安娜·路易斯·斯特朗（Anna Louise Strong）、顾立雅（H. G. Creel）、克拉布（O. Edmund Clubb）、詹森（Nelson T. Johnson）以及伊罗生（Harold Isaacs）等人多有交往。[①] 在这一时期，他还结识了从德国来华的魏特夫（Karl August Wittfogel），并与他建立了较为密切的学术关系。

值得注意的是，在20世纪30年代上半期，当时的拉铁摩尔并没有刻意介入中国的学术界，他正努力学习蒙古语，并力图将之与实地田野调查结合起来，当时的他更多的是一个田野实践者，还没有进入学术圈的中心位置，正如他自己所说的，"实际上同北京大学的中国知识分子，无论教授还是学生，都没有接触，在那些执教于中国各大学的外国人中朋友也较少。我对偏僻的乡村感兴趣，在内地旅行结识那些不掌握政治权力的人……我对中国全局的兴趣远远超过对单个政客的兴趣。"[②] 但这并不意味着拉铁摩尔本人对外面的世界和学术舆论不闻不问，事实上，在这时期，他跟当时在北京的许多外国记者都保持着密切的沟通，如斯诺等人。可以说，拉铁摩尔对中国知识界的影响是经由新闻界而逐渐形成并进一步拓展的。当新闻界的声音逐渐跨越单纯新闻的界限并进入地缘政治的国家话语的时候，国内学术界也就必然地出现了相关的回应。1933年，拉铁摩尔发表在《亚洲》（*Asia*）

---

① Robert P. Newman, *Owen Lattimore and the "Loss" of China*, Berkeley and Los Angeles: University of California Press, 1992, p. 24. 关于具体的交往，可参见袁剑《拉铁摩尔和他的北京圈子》，澎湃新闻网·私家历史，2014年7月3日，http://www. thepaper. cn/ newsDetail_forward_1253833。

② 〔日〕矶野富士子整理《蒋介石的美国顾问——欧文·拉铁摩尔回忆录》，第37页。

杂志 6 月号上的文章《日本占据长城的历史意义》被介绍到中国，蒋廷黻在该文导语中对拉铁摩尔之前在东北的研究及其《满洲：冲突的摇篮》一书深为赞许。在这篇文章中，拉铁摩尔特别强调了长城在历史上所展现的特殊意义："从长城建筑之日起直到二千年后，中国历史的机轴是在这个北疆；二千年后，西人航海到了远东，然后中国才受制于海疆。日本大陆政策的成功实使海上有霸权的诸国不再能干涉中国，这些国家自然要丢掉在中国的许多特权，重变为十九世纪初叶的一些商人而已"。① 可以说，正是从那时开始，国内对于拉铁摩尔的认识开始从对其经历的简要介绍向其所关注的核心议题以及对时局的观念转变，并将相关论述与当时中国所面临的受侵略危机结合起来。当时的日本学者也开始重视拉铁摩尔的学术研究，并经由中国国内的引介进入中国学术与政治讨论当中："拉梯磨亚（Lattimore）是最近欧美人中的著名的中国研究者。他说中国的门户开放政策，是海洋国家欲自中国海口侵入中国的政策。这个政策的主张者，只看见中国大陆的海口，而不曾看见它的背后地。支配中国的，绝不是从海口侵入者，而是从大陆背后伸出来的势力。这是历史上所告诉我们的事实，亦是事实上所必有的现象。他们筑万里长城，他们极端嫌恶及敌视大陆背后的异族，亦是由于他们过去的经验告诉他们背后的威胁是最可怕的结果。实际上，曾有多种异族自大陆背后伸入中国内地来支配中国，作中国的主人翁。这些史实，拉梯磨亚是看得很清楚的。"②

　　1935 年，上海圣约翰大学《约翰声》双月刊刊发拉铁摩尔《通往突厥斯坦的荒漠之路》一书中的部分，并以《到新疆去》为题，

---

① Owen Lattimore：《日本占据长城的历史意义》，孙毓棠译，《独立评论》1933 年第 61 期。
② 〔日〕重光葵：《中国边疆的特质》，张觉人译，《边事研究》1935 年第 2 卷第 5 期。原文刊于日本刊物《支那》第 26 卷第 3 号。另可参见 Owen Lattimore, "Open Door or Great Wall？" in *The Atlantic Monthly*, July 1934, p. 54.

译者孙祖鑫在按语中指出："要预防列强对我国在亚洲中部领土野心的实现，我们必须先要熟悉那边的一切风土人情，然后可以和他们团结起来，因为交通的不便，使旅行感到十分困难。同时，此种长途旅行也不是人人能去而愿去的，在此环境下，我们只可以藉文字的宣传，使人人能够知道那边的一切，因而发生兴趣，这是译者的本意"。[①]孙祖鑫还简要介绍了拉铁摩尔童年和青年时代的在华经历及其著述情况。也是在同一年，侯仁之译介了拉铁摩尔《满洲的蒙古人》一书中的两章《蒙古的盟部与旗》和《蒙古的王公、僧侣与平民阶级》。[②]

1938 年，《集纳》杂志引介了拉铁摩尔先前发表在《太平洋事务》上的文章《"局部"战争与世界战争》，[③]作者在文中指出："去年夏天，日本在北平附近制造'偶然事件'，这很明白是又一次的'局部'战争，日本想从此控制平汉路，以威胁中国的心脏。日本希望这能吓到南京，而以和解来取得中国。可是，出于一般政治家和军官的意料之外，中国全体士兵'敌忾同仇'的战斗意志，却使这次'事件'无法局限于某一个区域。战事蔓延到天津，到上海，到绥远……日本碰到了一个团结的中国民族，这比所谓'地方事件'要严重得多了"，[④]而随着战事的推进，拉铁摩尔将中日战争的前景分为三个结果，其一为日本彻底摧毁中国的军事抵抗力量，将中国变成一个巨大的殖民地；第二个结果则是中国的抵抗力量在短时间内将日本赶出国门；第三个可能则是日本在较短的时间内"征服中国沿海大部分的土地，但却不是决定的。到那时候，日本碰到了不易征服的内地，可又不能不去征服它"，而这种情况就使得"日本在二十世纪，各种消耗自更形迅速而巨

---

① Lattimore, O.:《到新疆去》，孙祖鑫译，《约翰声》1935 年第 44 册，第 48 页。
② 分别刊发于《禹贡》1935 年第 3 卷第 6 期和第 10 期。
③ Owen Lattimore:《"局部"战争与世界战争》，宾符译，《集纳》1938 年第 1 卷第 7 期。
④ Owen Lattimore:《"局部"战争与世界战争》。

大。目前中国的一党政府也许会改成战时混合政府。中国共产党无论参政与否，必将一天天的重要起来。"在这三种战争结果当中，拉铁摩尔认为第三种的可能性最大，而且更是预见性地指出："世界和平需要着每个民主国家特别是英国、法国和美国对中国和西班牙的同情和援助，他们正在为着保卫自决权而斗争。只有支持他们并阻止'局部'战争的发生，我们才能避免威胁文明的世界大战"。[①] 而这种对当时时局的敏锐论断，在某种程度上成为几年后拉铁摩尔以学者身份参与中国政治的预言。

总体而言，20 世纪 30 年代国内舆论与学界对拉铁摩尔的引介，基本都围绕他的边疆考察、时政论述加以展开，在对拉铁摩尔具体学术活动和观点的报道方面还显得较为滞后，这中间存在着一个对于拉铁摩尔学术理念的缓慢接受过程。

从学术到政治：
20 世纪 40 年代的拉铁摩尔及其理论演绎

进入 20 世纪 40 年代，欧洲的战火已经燃烧起来，纳粹德国的势力一时间势不可挡，亚洲太平洋地区的日美矛盾也一触即发，新的国际态势正在进一步向失控的局面发展。这时候的拉铁摩尔已经不再是新闻界圈子和话语中的小人物，而已经成为对当时的国际格局具有深刻洞见的中国问题专家，正如他自己在回忆录中所说的："我曾经目睹帝国主义在中国和蒙古的活动；也有从伦敦观察西班牙内战的经历，注意到英国所有年轻的理想主义知识分子作为志愿军涌向西班牙，为共和国而战。而且自延安归来后，我觉得中共领导人对同蒋介石国民党建立统一战线是严肃

---

① Owen Lattimore:《"局部"战争与世界战争》。

认真的。罗斯福也希望中国团结一致进行抵抗，不要发生内战。有一点已经明确，即当罗斯福赞成像统一战线这样的安排时，他愈来愈确信，战后关于中国的重大决策将不在中国作出，而是由美国和苏联拍板，在这种情况下，美苏之间的良好谅解是至关重要的。"[1]而20世纪40年代拉铁摩尔的人生经历，在某种程度上就成了他这一亲苏而又同情中国共产党的美国中国问题专家象征性地成为美苏之间权力关系协调的历史见证人，成为他人生经历中从学术到政治的重要一环。

1940年，《时与潮》发表了拉铁摩尔的《论中国抗战的国际形势》一文，该文引言中开宗明义地指出："战争有时可以是一个迟慢的过程，在这一过程中经过长期停顿状态之后，要发展而成为突变，其变化之速，能使旁观者惊奇，甚至亦可使参加者骇异。即如日本妄想征服中国，在三年尚未成定局的血战中，已经有奇异的演变发生了。亚洲战争的胜利，在现在已经不再看其他各国是否与中国以援助，或是否制止日本取得侵占中国的工具了。在战争开始之时，中国或能被出卖，今日之下，中国却不再是任何人的出卖品了……显而易见的，中国业已成为亚洲弱小民族的先锋与保护者了"。[2]在文中，作者进一步指出："在中国战局的停滞状态，并不仅是停顿而已，实在是德意计划以及日本野心的一大退败。对于中国说来，停滞状态的意义，只是延期胜利罢了。对日本说来，其意义便是征服的失策"。[3]而随着战局的进一步推进，作者敏锐地意识到，"无论任何情况发生，欧洲权力的旧日结构都业已永远消逝了。随之而俱来的，太平洋帝国的旧日结构便也消逝了。这些人民、这些土地、这些财富、这种贸易，还是健在如初，但问题重心业已转移到中国来了。彻头彻尾的，这都与美国有痛痒之关。由于中国战争的性质

---

① 〔日〕矶野富士子整理《蒋介石的美国顾问——欧文·拉铁摩尔回忆录》，第67页。

② Owen Lattimore：《论中国抗战的国际形势》，王一之译，《时与潮》1940年第7卷第1期。

③ Owen Lattimore：《论中国抗战的国际形势》。

是为独立而斗争，所以从欧洲转到亚洲来的任何战争，都不能仅限于为远东各大帝国的重分配而战。在混乱的局面中，逐渐清楚的产生出自由的争取来了。这种自由的争取，既不能反对与阻止住，也不能被战败下去——就因为中国不能被战败。而中国将来如何，亚洲也便将如何"。[1]

在同一年，国内出版的《外交季刊》也发表了拉铁摩尔一篇旧文的译文，题为《中日战争之新意义》，译者在按语中指出："本文之作，尚还在德意日三国同盟公布之前，然著者在本文中，却已指明日寇在远东之侵略政策决不能与英美利益相协调，暗示日寇必有联合轴心国家以威胁英美在远东权益之可能。著者复指出中国抗战在远东弱小民族解放中之领导地位，观乎今日之越南情况，益信著者之远见。著者在最后指出英美在远东应争取苏联的合作，这可说是解决远东纠纷的正当途径"，[2]而颇为凑巧的是，浙江出版的《民族》杂志也同样在 1940 年刊发了该文的另一个译文，名为《中倭战争的新意义》，文中按语称："在这篇论文中，作者特别着重说明中日战争与欧战的交互影响，中国抗战对于亚洲殖民地解放运动具有决定作用，因而指出过去英美不以平等地位看待中国与利用中国，投机取巧的心理与政策，是错误的，美国要想保持他在太平洋的权益，必须改变上述陈腐观念与错误政策，认真的站在同盟者地位支持中国抗战。这样的论调在美国一般资产者舆论中尚属少见，颇值得我们注意，虽然文中有些观察与论断是不正确的。"[3]

随着抗日战争的深入，尤其是在 1941 年 6 月 28 日拉铁摩尔被正式任命为蒋介石的私人政治顾问之后，国内对于他的个人情况及其学术观念的介绍一下子多了起来。拉铁摩尔于当年 7 月 19 日抵达重庆，当时就有国内报章引述他的话说："余在华期间，

---

[1] Owen Lattimore：《论中国抗战的国际形势》。

[2] Lattimore, O.：《中日战争之新意义》，李建明译，《外交季刊》1940 年第 1 卷第 4 期。

[3] Lattimore, O.：《中倭战争的新意义》，恒晋译，《民族》1940 年第 1 期。

大部分时间系消磨在西北新疆、蒙古一带，因余对于中国边政，极感兴趣。余对山西、蒙古及华北各省方言，颇为熟谙，彼此会谈，尚可勉强应付"，[1]"自中国作抗以来，此为余第一次得机来抗建中心的重庆，衷心至为愉快。余对中国抗建，素极同情，此来系为中国自由奋斗之领袖蒋委员长服务，余之今后工作，将由蒋委员长指定，一切惟蒋委员长命令是从"。[2]而国内舆论对于他的身份也多有猜测，正如在一篇报刊文章中所提到的："拉氏是什么样的人？不远万里而来，将对我国政治有何种贡献？"文章进而指出，这是当时中国 30 年来第二位美国顾问，"中国聘请美国籍的顾问，三十年来只有两人，第一个是民国初元袁世凯所聘请的古德诺（Goodnow），第二个就是这次蒋委员长所聘请的拉铁摩尔氏了。古德诺氏迎合袁世凯称帝的心理，激起了中国数十年来的内战，招致了空前的外侮。但是拉铁摩尔氏却绝不是这样的人物，这不仅是因为他是由美总统所郑重介绍的，不仅是因为蒋委员长的伟大睿智，而且更因为拉铁摩尔氏早时的言行思想也和古德诺氏完全不同的缘故"，[3]并称他在 20 世纪 20 年代曾"先后去蒙古新疆三次，对于中国西北的情形，有深刻的了解，也就在这时，不仅学会了汉文，而且学会了北京话、山西话、陕西话和蒙古话，蒙文俄文也能谈能写能用，甚至还唱得一口好'秦腔'……并与上海、北平、天津等处的新闻界发生良好的关系"，[4]这些报道使更多的国内民众认识到了一个并非高高在上的，而是充满着对中国的感情的既是学者又是政治家的拉铁摩尔。而拉铁摩尔也不无预见性地指出，现在是美国援华抗日的时

① 《蒋委员长的政治顾问拉铁摩尔抵华（附照片）》，《少年画报》1941 年第 46 期。

② 《蒋委员长政治顾问拉铁摩尔由港抵渝，即日谒蒋面呈罗斯福总统函件，今后一切工作惟委员长命是从》，《申报》（上海版），1941 年 7 月 20 日，第 3 版。

③ 秋驰：《人物·视野·经验：蒋委员长的新顾问欧文·拉铁摩尔是个什么样的人？（附图）》，《国讯》1941 年第 277 期。

④ 秋驰：《人物·视野·经验：蒋委员长的新顾问欧文·拉铁摩尔是个什么样的人？（附图）》。

候了："一九四○年的形势，给我们一个突然的打击。法国崩溃了，而中国却依然独立抗战。同时，决定安南之命运的，不是英法而是日本，她不仅侵占了这法国在远东的遗产，而且威胁了荷印和新加坡。由于日本侵占外人在华经济利益的成功，她已扩大其威胁及于中国以外的西方帝国主义的殖民地，日本战不胜中国，她对于中国军事力量的尊敬，和她对于不敢大量援助中国的国家的军力的轻视，竟有同样分量。即使最热心支持中国抗战的美国人，也从未想到怎样'拯救中国'。一九四一年，美国人最关心的是怎样避免参战，这不是援助中国与否这样简单的问题所能解决的。我们所面对的是一个包括政治、经济、军事三种因素的复杂问题。我们必须支持中国继续抗战，以保护我们的侧翼及牵制日本。我们只有尽力帮助中国加强其力量与团结，才能达到这一目的"。①

借着国内舆论对拉铁摩尔的报道热潮，拉铁摩尔《中国的亚洲内陆边疆》一书中译本以《中国的边疆》为名于 1941 年 12 月出版，②这一中译本面世的时间与英文原版出版时间（1940 年）相差不过一年，引介十分迅速及时，并在国内思想界和学术界产生重大影响。在译者赵敏求介绍拉铁摩尔此书的文章中，介绍了美国边疆研究的缘起以及对华边疆研究的基本范式，认为"美国的真正边疆地区是一八九八年左右消灭的，但是，其影响至今仍然存在，而美国人民的边疆心理，也仍然支配其行动及思想的重要部分。欧温·拉蒂摩的这一本《中国的边疆》，其写作立场也是根据这种'边疆观'立论的"，而"这一本书的写作，酝酿十年之久，把他自一九二六年以来历次在中国边境各地旅行的观察心得，及与其他专家们研究认识的结论，融化会通，写成这一本

---

① 拉铁摩尔：《美国援华勿失时机》，万国光译，《国讯》1941 年第 277 期。

② Owen Lattimore：《中国的边疆》，赵敏求译，正中书局，1941。

约二十万言的巨作。他除汉文之外（拉氏的汉文程度在一般外国学者中，并不算太差），兼习俄文和蒙文，再加其原有的德文和法文知识，使他能直接涉猎中英法德俄各国出版的关于中国边疆的书籍，同时又用汉语及蒙语作实地访问，所以材料来源，相当渊博。这一本书以中国的四大边疆地区——东北的森林、内外蒙古的草原、新疆的沃洲、西藏的高原——为研究对象，随时以中国内地的情况作比较研究，并且特别注重中国的汉族文化及边疆民族文化的接触与相互影响，十足表现'边疆观'的风尚"。①并认为该书"在文中力求严谨，仍不失为有价值的著作，特别在中国自己现在没有一本有系统而且概论整个边疆的好边疆史，拉氏此书是值得细读的"。②当时的《时事月报》在对该书中译本的介绍中认为"本书不为传统所蔽，不为表面现象所眩，纯以客观态度对中国边疆社会作深入的探讨，而特别注重中国的汉族文化及边疆民族文化的接触与相互的影响"。③在后来的《中国的边疆》译本中，赵敏求④再次强调了译介的必要性："在某一种意义上，中华民族也是一个深具边疆心理的民族。每一个边疆社

---

① 赵敏求：《书报春秋：中国的边疆》，《中央周刊》1941 年第 3 卷第 42 期。

② 赵敏求：《书报春秋：中国的边疆》。

③ 《中国之边疆》（Lattimore, Q. 著，赵敏求译），《时事月报》1942 年第 26 卷第 1 期。

④ 对于他的相关介绍，可参见袁剑《20 世纪上半叶的内亚研究与地缘政治：以民国时期国内对拉铁摩尔及其学说的介绍与评价为例》。他本人曾任《时事新报》记者，在 20 世纪 40 年代较为活跃，曾在报纸杂志上介绍和翻译了不少西方地缘政治方面的文章，如《帝国主义的泥足》（〔美〕W. H. Chamberin：《时与潮》1942 年第 13 卷第 5 期）、《太平洋上历险》（《时与潮·副刊》1942 年第 1 卷第 2 期）等，同时，他自己本人对西北问题也有一定的研究，1939 年 6 月 13 日，他只身离开重庆，经成都进入陕西，其后游历了陕、甘、宁、青、绥、豫六省，在这过程中乘坐了各种交通工具，历时近一年，行程 2 万余里。赵敏求一路拜访了陕西汉中、宝鸡、咸阳、西安、渭南、潼关、延安、榆林等许多地区，并写下了《秦川八百》《汉中剪影》《跃进中的宝鸡》《长安古今》《三秦壁垒》《抗战中的陕西》《西兰路上行》《榆林杂话》等通讯报道，这些报道均收入《跃进中的西北》（新中国文化出版社，1940 年初版，1941、1946 年等多次再版）一书。参见陕西省地方志编纂委员会编《陕西省志·旅游志》，陕西旅游出版社，2008，第 57 页。

会——两个文化的接触——必然有其力求本身发展、超越另一种
文化的企图，这是一个很自然的现象。由于这种现象的存在，就
发生中国的边疆问题——也就是本书作者所说的'次帝国主义'，
虽然他所说的'帝国主义'至今还没有一个确切的解释，在应用
这个名辞时他也具有若干成见。赖德懋尔写作这一本书，就是企
图以'边疆观'来解释中国历史。由于'边疆'的存在，赖氏用
边疆现象作根据，以经济社会的观点，去解释中国边疆问题的历
史的形成。以经济社会的观点去解释历史，这原是近代史家的一
种风气，显然受有'唯物史观'的影响。虽然在某种意义上，以
经济社会观点去解释历史，远胜于把历史写成英雄传奇。但是事
实上，历史现象的形成，'人'的成分也占极重要的地位。赖氏
是属于经济社会学派的历史家，忽视历史的'人'的条件，在他
似乎是很自然的事。但是，他在本书中却有极重要的贡献，最少
对中国类似提出若干值得重视的新解释。例如他坚持一个史前原
始中华民族的存在。其后因为环境不同，文化的发展因之发生差
异，于是又因之而分别成'汉族'及'野蛮民族'。事实上，这
许多'民族'仍然是整个的中华民族。这一点在今日特别重要，
一般坐在亭子间或四合院中的朋友，看了几本外国'作家'别有
用心或者根据欧洲民族问题论而产生的偏见而写的著作，高谈中
国民族主义者，都可以把赖氏所提出的'原始中华民族'问题，
切实研究一下——如果不愿意自囿于'大纲'或'教程'之中的
话。……对于中国边疆，赖氏也强调'边疆社会'的重要——这
是'边疆观'的最显明的表现之一。由于两种不相等文化的接触
和互相渗合，'边疆'事实上成了一个过渡地带。既不属于严格
的'汉族文化'，也不属于严格的'野蛮民族文化'，而只是依
当时情况之不同，徘徊于两者之间，忽而汉，忽而野蛮而已。看
清了这一点，则对中国边疆的消息，即可有明确的认识。这种看
法是显然比'人寇'、'征伐'的看法高明得多。对整个中国边

疆历史的研究，我们自己作得很少。有的也多半根据历代官书，以汉族的观点去研究。外国作家们又因对中国的了解不够，每作偏论，赖氏此书虽不能称十全十美之作，但是由于其亲身经历之广（他是国际上有数的中国通，特别是蒙古通），用功之勤，所以材料极其丰富，处理的手法就整个而论，也相当适当，他在本书中极力地作客观的讨论，虽然由于其个人的人生观的原因，有若干个人的见解。但是就大体说来，这是近代论中国边疆问题的有数巨著，值得我们详加研究的。"[①] 陈宗祥也同样指出："历来有不少的西洋旅行家，仅至我国边疆走马看花的游览之后，归就观察所得著书。把当地民众的风土人情歪曲很多，贻笑大方。此外，还有不少位为虎作伥的探险家，以各该国政府做后盾，从事危胁我国边疆的探险工作，如法人胡克司铎之于滇越，英人台维斯之于滇缅，日人矢岛及英人贝尔之于西藏，以及斯坦因之于新疆等等工作，实予我国以莫大的威胁，并且在各国外交史上留下污秽的痕迹。但是著者匪特没有上述的弊病，反而求真理的态度，一再深沉的查清我国边疆问题的病源，而且指出解救的方策，的确是值得我们钦敬的"。[②] 此外，当时国内的一些学者也在不同场合提到了他的这本名著。[③]

1942 年的《西北问题论丛》曾以《蒙古新疆问题专家：拉铁摩尔》为题对他的事迹与学术做了介绍，称他受"上海《字林西报》的伍德海所赏识，得到一位有钱的美国女人的资助，考察中国西北。在一九二〇～一九二六年中，他已经深入蒙古、新疆三次，在游历中国西北中，他不断写给《字林西报》通讯，陆续

---

① Owen Lattimore：《中国的边疆》，引言，第 1~3 页。

② 陈宗祥：《书评：评〈中国的边疆〉（赖德懋氏著，赵敏求译）》，《边政公论》1944 年第 3 卷第 1 期。

③ 林超：《新书介绍：中国的边疆（Owen Lattimore 撰，赵敏求译）》，《图书月刊》1943 年第 3 卷第 1 期；黄朝中：《书评：评拉铁摩尔著〈中国的边疆〉》，《文化先锋》1943 年第 1 卷第 25 期等。

出版过几本蒙新问题专著，便成为蒙新问题专家。一九三三年他得到美国地理学会奖章，加入太平洋学会，编《太平洋季刊》，直到被聘为总裁政治顾问"。[①] 而在拉铁摩尔离开重庆时，有报道指出他已经预计到了中国今后在世界中的强大地位："余来华时，余之任务即为现代最伟大之人服务，及在其领导下工作若干时后，余深感蒋总司令人格之伟大，并明了中华民族由其领导下所建立之事业之意义。中国今日已非孤独作战，中国现已进入于领导世界之位置，尤以在为民主自由及正义作战之国家中，中国已获得其法律以外之平等，其所获之地位，已影响全世界之各民族及国家。"[②]

在拉铁摩尔返回美国之后，国内报章对他的介绍渐少，但还有一些后续的报道与译介，如赵敏求在1943年刊发了拉铁摩尔《云南：东南亚洲的枢纽》一文，[③] 强调了云南在东南亚战略中的重要地位。"二战"结束尤其是1946年之后，国内对于拉铁摩尔的报道更少。1946年，当国共两党关系处于微妙关头之时，当时的报章曾经直接以《听听拉铁摩尔的话》为题，指出当时某些人正在挑拨中苏之间的关系，我们对此必须有清醒的认识。[④] 在同一年，拉铁摩尔关于美苏在华关系的多篇文章被引介进来，引起巨大反响。[⑤]

1947年之后，随着内战的爆发，因战区位置之故，国内对

---

① 鈇辑：《蒙古新疆问题专家：拉铁摩尔》，《西北问题论丛》1942年第2辑。

② 《赖迪谟临别赠言，颂扬中国伟大，现已进入领导世界位置》，《申报》（上海版），1942年1月17日，第3版。

③ 拉铁摩尔：《云南：东南亚洲的枢纽》，赵敏求译，《山西青年》1943年第2卷第6期。英文原文刊载于《外交季刊》（Foreign Affairs）1933年第4期。

④ 辛稼：《听听拉铁摩尔的话》，《民主生活》1946年第11期。

⑤ 分别为《论美苏在中国的关系：苏联让美国来领导》《论美苏在中国的关系：美国的新情势》《论美苏在中国的关系：中国在新机构中的地位》《论美办在中国的关系：民主与繁荣》《论美苏在中国的关系：不要刺刀政治》《论美苏在中国的关系：外蒙印象》《论美苏在中国关系：中国的选择》，皆刊发于《半月文萃》1946年第3期。

拉铁摩尔蒙古地缘研究的文章有所介绍。例如《边政公论》就以《拉铁摩尔论蒙古史之地理因素》问题介绍了他进行的相关研究。[①] 而《申报》则以援引当时已经在约翰·霍普金斯大学任教的拉铁摩尔的话，认为中国当时的社会结构有必要加以根本性的改变，以提升国力。"目今中国接受工业与技术援助之能力有限，故其社会结构须予改组。中国人口虽多，劳工极度缺乏情形，仍存在于全境。"[②] 进入 1948 年，随着内战中国共双方力量对比发生根本性逆转，拉铁摩尔所做的对于中国问题的敏锐论述，尤其是关于援华问题的看法重新开始受到舆论的关注。例如《观察》即专门刊发拉铁摩尔曾于当年 12 月 12 日在美国发表的《中国的危机及其将来》一文的中译文，意在检讨美国的对华政策，以重新面对中国的新局面。[③]

在整个 40 年代，拉铁摩尔在中国国内舆论的报道中经历了一个从单纯的学术研究者向能够在某种程度上影响中国政局的重要人物的转变，这是一种从学术向政治的报道转向。也正是在这一时期，拉铁摩尔本人关于中国边疆研究的最重要成果《中国的亚洲内陆边疆》也以最快的速度被整体性地介绍给国内学界，为当时的中国边疆研究提供了一个新的研究视角，并在一定程度上激发了国内的边疆研究热潮。而如果没有国内舆论对于拉铁摩尔担任蒋介石政治顾问的报道热潮，他的代表性理论作品的及时引介几乎是不可能的。当然，在这段时间里，除了学术界对拉铁摩尔边疆研究的相关专业性关注之外，国内一般舆论主要关注的都是拉铁摩尔对于当时战争时局与地缘格局的相关论述。

---

① 林超：《拉铁摩尔论蒙古史之地理因素》，《边政公论》1947 年第 4 期。

② 《赖迪误看中国：社会结构须予改组，劳工仍感极度缺乏》，《申报》（上海版），1947 年 4 月 9 日，第 2 版。

③ 拉铁摩尔：《中国的危机及其将来》，《观察》1948 年第 5 卷第 18 期。

问题史与边疆的"新发现"

　　每一位杰出者都受惠于他的时代，同时也受限于他的时代。作为一位尚处襁褓中就被父母带到中国，并在此度过青年时代的中国通，拉铁摩尔本人所具有的对中国社会的亲近感以及对中国边疆的研究兴趣使他敏锐而成功地发现了中国边疆与边疆社会在中国历史与社会演进中的新意义，并通过新闻界的拓展在中国学术界产生影响，这是他受惠于时代的地方；而与此同时，作为一个对于现实政治并不怎么敏感的学者，拉铁摩尔本人在20世纪40年代陷入当时的国际政治生态当中，并在这过程中深感无助，其本应局限在学术研究和讨论层面的对苏战略最终被演绎为政治层面的话语，并最终在50年代成为美国麦卡锡主义的主要受害者，最终不得不远走英伦，这又是他受限于时势的地方。

　　20世纪上半叶的中国边疆研究在某种程度上是边疆研究传统范式向现代研究转型的时期。1934年"禹贡学会"的成立，标志着中国本位的边疆研究范式的确立与开展，开启并引领了重新认识和记述中国边疆历史与边疆社会的热潮。而这一时期相关研究的迅猛发展，也得益于几个因素，即中国边疆研究受到更多研究者的关注；研究者的视野得到进一步拓展；现代学术信息的高效传播，[①]拉铁摩尔正是在这样的中国学术与舆论环境下逐渐被认知和关注，并反过来进一步推进了中国的边疆研究与地缘政治认知。当时的中国政局与东亚、国际局势让更多的中国学者知晓了拉铁摩尔曾经做过的边疆考察工作以及相关的学术研究成果，从而刺激了自身的中国边疆问题研究以及对边疆地缘问题的相关思考，在这个过程中逐步形成了中国边疆研究的国际性互动网络，

[①]　马大正、刘逖：《二十世纪的中国边疆研究：一门发展中的边缘学科的演进历程》，黑龙江教育出版社，1997，第74~75页。

进一步增进了国际学术界对中国边疆问题的关注，从而在国内和国际学术两个层面上都开始重新发现与中原社会与结构相对应的边疆中国的意义与价值。

重新发现拉铁摩尔，重回历史现场，不仅在于重建 20 世纪三四十年代拉铁摩尔及其理论被国内学术界及相关舆论介绍并逐步熟悉的过程，而且还能够折射当时国内学术界对于边疆与中原关系的相关认知层次，在传统的舆地研究传统之外引入国际学术界的地缘政治、环境论以及国际关系研究视角，从而更为清晰地揭示当时学术界在相关问题上的共通与分化，进而从中心 – 边缘内在关系角度重新梳理 20 世纪三四十年代的中国学术史，勾绘一幅凸显"边疆"空间与结构的中国知识图景，而重新审视这种知识图景，也将有力地启迪并促进当前的边疆研究与中国研究。

第 （二） 章

从消失到重新"发现"：

20 世纪 50 年代以来国内学界对拉铁
摩尔及其著述的关注与互动

人生史与接受史

人生总会充满波折，而这些波折又跟外在的时代息息相关。拉铁摩尔自己也无法摆脱这种困境，就如他本人在 20 世纪 50 年代的美国所遭遇的局面一样，这是大时代、大背景下的产物。从学术层面而言，曾经在 20 世纪三四十年代广受中国国内学界推崇的他，随着"二战"的结束、中国政局的剧变以及东西方冷战局面的形成，开始被国内学界批判和淡忘。他的中国研究，尤其是对中国边疆问题的研究不再被学术主流所认可，甚至成为相关研究的反面典型。而在之后，随着 20 世纪 70 年代中美关系的缓和以及 80 年代之后国际关系研究的推动，拉铁摩尔及其相关研究又开始重新进入中国的学术与知识视野，并随着之后国内边疆研究与内亚研究的新发展而受到更大的关注，在中国研究范式上形成深远的反思性影响。

观察国内学界对于拉铁摩尔及其著述的态度与关注点的变迁，可以折射数十年来国内的政治与文化生态，并体现相关研究从"国际关系"视野逐渐向"边疆研究"视角深化的趋向与可能。限于资料，这里探讨的主要是中国大陆学界的情况。

"批判拒斥"及微妙转变

1949 年中华人民共和国的成立是 20 世纪中国政治史上最重大的转折之一。它改变了后来国内学术界的知识传统与范式，尤其是对西方学术的知识接受路径；而随着东西方冷战局面的到来，作为在 20 世纪三四十年代被国内学界所广为熟知的、曾经在 40 年代担任过蒋介石政治顾问的拉铁摩尔就成为这种国际背景以及知识范式转型中的一个对象。

1950年4月10日，《人民日报》发表了一篇措辞严厉的文章，称"拉铁摩尔在备忘录中认为美国'要获得胜利只有击败苏联'。但他鉴于美国政府在远东处境的不利，建议美国国务院采取比较'稳当的'侵略政策。他认为：'稳当的政策，应该具有最大的伸缩性……应该避免在远东作过早或过分的战略展开'。这是拉铁摩尔的备忘录的要旨。……拉铁摩尔现在发表这个备忘录是为了回答美国参议员麦克锡对他的攻击的。麦克锡曾攻击拉氏为'苏联间谍'和'有长久的亲共产党历史'。但是，从上述的备忘录中，人们显然可以看出拉铁摩尔是怎样的政治面目。美国《工人日报》在四日的通讯中指出：备忘录'表明了拉铁摩尔一直希图在整个亚洲建立美帝国主义势力的支配地位。'备忘录'告诉国务院：什么行动应该避免或采取，以便美国的剥削者的角色不致被人识破'"。[①] 这种评判直接将拉铁摩尔放在了美国政府侵华政策代言人的位置。后续的国内相关报道基本上都是以这一论断为基调的，并在其他领域进一步铺开。例如，当时有评论认为："在帝国主义国家中，有些个人和团体得到他们政府的批准或默许，企图以有条件的所谓'援助'，加上借此钻进中国的所谓'代表'或'代表团'，来进行艾奇逊、拉铁摩尔之流的勾当，即他们所谓要在中苏之间或中国人民政府与中国人民之间或中国各部分人民之间打入一个楔子。"[②]

值得注意的是，即便是在20世纪50年代，国内学界与拉铁摩尔依然保持着一定的学术联系。例如，在1956年9月2~8日在法国巴黎举行的青年汉学家会议上，翦伯赞、夏鼐、周一良、张芝联代表中国大陆学者出席了会议，会议期间与拉铁摩尔有过

---

① 《拉铁摩尔的险恶面目：一向为美帝侵略亚洲策划"稳当"的政策受到死硬派攻击就公布"备忘录"自辩》，《人民日报》1950年4月10日，第4版。

② 董必武：《新中国的救济福利事业：1950年4月26日在中国人民救济代表会议上的报告》，《人民日报》1950年5月5日，第1版。

学术交流，"美国贺普金斯大学（即霍普金斯大学）教授拉铁摩尔提出我国史学家在划分历史阶段时，过于忽视文化艺术方面的反映，是一个缺点"。①当然，这种学术联系在当时并没有在官方层面被认可和宣传，而往往只是当时一些知识分子在参加相关国际活动时的临时接触与交流，这些接触在后来的"反右"和"文化大革命"中也往往成为一些学者"里通外国"的罪证。

进入 60 年代，国内对于拉铁摩尔的态度一方面延续了 50 年代的抨击火力，继续将他与其他一些西方学者归为"资产阶级反动学者"加以批判，而在另一方面，又在某些场合选择性地引述拉铁摩尔的论述，来支撑相关的论述与判断。

在这一时期，国内出版了《外国资产阶级是怎样看待中国历史的》两卷本，②其中将拉铁摩尔与费正清等人一起归纳为资产阶级的"综合史学派"，作为历史研究的反面教材加以批判，其中节选了拉铁摩尔的《论东方文化与西方文化》《论中国对西方文化的态度》《论中国文化与西化问题》《论中国文化与中国革命》（以上被纳入第三章"中国文化"），《论中国历史上的边疆问题》《论长城边疆地域的构成》《论十九、二十世纪东北的民族问题与国际关系》《论中国近代史上的边疆问题》《论所谓"次等帝国主义"对边疆的扩张》《论西藏问题》《论新疆问题》（以上被纳入第四章"中国边疆问题"），《论早期的中英关系》《论新疆的历史与中苏关系》（以上被纳入第五章"对外关系"），以及《论中国历史的循环》、《再论中国历史的循环》（以上被纳入第六章"中国近代史的内容和特点"）等文章，对学术界的

---

① 翦伯赞：《记巴黎青年汉学家会议》，《人民日报》1956 年 10 月 31 日，第 7 版。另可参见夏鼐《夏鼐日记》卷五，1956 年 9 月 6 日日记，华东师范大学出版社，2011，第 254 页。
② 中国科学院近代史研究所资料编译组编译《外国资产阶级是怎样看待中国历史的：资本主义国家反动学者研究中国近代历史的论著选译》（两卷），商务印书馆，1961～1962。

域外认知影响深远。此外，这一时期国内还摘译了拉铁摩尔的一些著述文章，[①] 以供内部参考和批判。

在 1962 年 6 月出版的由拉铁摩尔夫妇撰写的《中国简明史》中译本中，对拉铁摩尔及其理论同样做了否定性的评价，认为"该书按年代顺序论述了直至第二次世界大战结束为止的我国全部历史。作者纯粹从反动的史学观点出发，运用美国边疆学派的学说研究我国历史，认为向外扩张和边疆的移动是历史发展的动力，歪曲我国境内各民族的历史关系，污蔑汉族为'次等帝国主义'。他对中国历史有一整套看法，所谓特殊的循环论。依此'理论'，中国历史的'周期性'是由'蛮族入侵'造成的。在'周期'的某一个阶段，中国汉族权力甚大，'蛮族'势力较小；在'周期'的另一个阶段，则相反。中国历史就是如此周而复始，不断循环的。这种'理论'显然是极为荒谬和恶毒的。在论及近现代史部分，还一意为美国帝国主义侵略政策辩解"[②]。

同样值得注意的是当时出现的对拉铁摩尔的一些中性评述，但这种评述往往是选择性的，并不意味着正面的认可。例如，长期在华的美国友人艾泼斯坦（Epstein）在 1962 年曾撰文，批评美国总统约翰·肯尼迪（John F. Kennedy）及其弟弟罗伯特·肯尼迪（Robert F. Kennedy），谈到 20 世纪 50 年代初"罗伯特·肯尼迪的工作是根据联邦调查局所提供的材料，虚构一个案件来对美国教授欧文·拉铁摩尔进行起诉。欧文·拉铁摩尔是罗斯福时期美国政府驻中国的一个官员。他被控为'苏联间谍'。这个旷

---

① 如〔美〕拉铁摩尔《历史上的边疆问题》，耿淡如摘译，《现代外国哲学社会科学文摘》1965 年第 1 期，第 1~7 页。译者在按语中指出："本文作者以研究边疆史为幌子，对中国历史大肆歪曲，并进而提出所谓'排他性'边疆和'包括性'边疆的谬论，胡说什么由于近代工业交通的发展，排他性边疆逐渐转化为包括性边疆，边疆已不复是固定的，而是越来越多地向外扩大。……拉铁摩尔的两类边疆论的实质也不过是'边疆移动论'的翻版，妄图为现代新殖民主义提供论据。"

② 〔美〕拉铁摩尔夫妇：《中国简明史》，内容提要。

日持久的控诉案并没有证明荒谬的'苏联间谍'罪名。它是一种故意制造的歇斯底里，其目的在于延长朝鲜战争和重新进犯已经解放了的中国"①。1963年，《人民日报》在讨论中苏关系时，强调不久前的苏共中央公开信完全是对中国的污蔑，其中曾引用拉铁摩尔的论述来加以印证："英国《每日先驱报》七月二十九日刊载'美国远东问题专家'拉铁摩尔教授的文章说，'我认为这样一种指责是荒唐的：即，中国人愿以一场核大战来进行赌博，因为在一场核大战后，留下的中国人要比任何别的国家的人多。中国人并不是吓唬人，而是在揭人家的底牌。他们必然认识到，除了美国以外，从未有人使用过原子弹，而当时的原子弹是扔在非白种人头上的。'"②当然，这里只是印证了拉铁摩尔的看法，并没有对拉铁摩尔本人做评价。当年8月0日，拉铁摩尔长期的朋友、时任中国国际贸易促进委员会（简称"中国贸促会"）副主席的冀朝鼎因病逝世，周恩来总理亲自出席8月13日在北京举行的追悼会。同年12月，英国伦敦也为冀朝鼎举行悼念仪式，该仪式由剑桥大学教授李约瑟主持，当时已经移居英国的拉铁摩尔发表长篇悼词，高度评价冀朝鼎在学术研究、中国抗日战争和经济建设领域的成就。这次活动，在某种程度上也可以被视作英国学界对拉铁摩尔在中国研究界地位的认可。到了1965年，随着当时越南战争的进一步扩大，《人民日报》更为正面地引述了拉铁摩尔的相关论述，指出"拉铁摩尔承认美国在南越'走向末日'形同三十年代的日本"，③认为"美国政府今天在越南的所作所为，同日本军国主义者三十年代在中国的所作所为如出一辙，而

---

① 艾泼斯坦：《难兄难弟——关于美国总统肯尼迪和他的兄弟》，《人民日报》1962年1月30日，第5版。

② 《苏共领导人堕落到了何等地步》，《人民日报》1963年9月4日，第4版。

③ 《空中轰炸决定不了地面胜负，扩大冒险必将掉入失败深渊》，《人民日报》1965年4月12日，第4版。

它们的共同命运是：'走向毁灭'。"①随着国内的"文化大革命"
运动的展开，学术界正常的学术活动深受打击，对拉铁摩尔的评
价也就更加负面，批评更加猛烈。这种情况，直到 70 年代国际
政治大环境发生改变之后才有所改观。

鲜为人知的 1972 年访华之旅

如果说之前国内对拉铁摩尔的批评在某种程度上服从于东西
方阵营之间对抗的整体需要的话，那么，随着中苏关系逐渐破裂
和中美关系初露转机，国内对拉铁摩尔的认识与态度也逐渐开始
转变。

转折点出现在 20 世纪 70 年代，中美之间互动增多，使拉
铁摩尔有了重回中国、重新认识自己生活数十年的第二故乡的机
会。1970 年 12 月 18 日，毛泽东主席在会见到访的国际友人埃
德加·斯诺时，建议邀请美国的左、中、右派都来华看看，并问
及曾经在 30 年代访问过延安的拉铁摩尔的情况，斯诺说他还健
在，原来曾在美国约翰·霍普金斯大学工作，后来受到麦卡锡主
义迫害，现在在英国生活。②这次会见和交谈后来就成为邀请拉
铁摩尔来华的一个契机。1972 年 2 月美国总统尼克松的成功访华，
更进一步推动了中美学者之间的双边交流。当年 5 月至 6 月，经
中国人民对外友好协会邀请，时任哈佛大学教授、东亚研究中心
主任费正清在 1946 年之后再次访问中国。他当时不仅感慨："在
1949 年以后，尤其是在 1950 年晚期中美战争在朝鲜爆发之后，

---

① 《拉铁摩尔说美政府所作所为同三十年代日本一样，美国走上了日本军国主义毁灭的老
　路》，《人民日报》1965 年 4 月 14 日，第 6 版。
② 《会见斯诺的谈话纪要》（1970 年 12 月 18 日），收录于《建国以来毛泽东文稿》，第十三册，
　中央文献出版社，1998，第 163～187 页。

中国成了敌国，我们被切断了联系。中国的官方声明像给我们吃一顿经过加工的爆米花。经历了从外界研究中国 25 年之后，留给我们两种印象——我们对 30 年代与 40 年代的回忆，以及通过他人眼睛所看到的目前形势的表象。蒂尔曼·德丁的《纽约时报》式的生动时事报道被走马观花的旅行报告和导游者去养猪场上的解说所代替"，这次中国之行使他得以近距离接触中国社会。[①]之后，又有一批美国文化界人士受邀访华，其中就包括拉铁摩尔。[②]

　　1972 年 8 月 29 日，在周恩来总理的直接关照下，应中国人民外交学会的邀请，拉铁摩尔一行抵达北京，这是他 27 年之后重新踏上中国的土地，他上次来华还是 1945 年圣诞节和 1946 年元旦之间进行的短期旅行，当时他是以美国调查日本支付赔偿能力的调查团成员身份前来的。上次来华时他还是一个年富力强的中年人，而这次来华，他已经是一个年过七旬的老者了。中国方面给予拉铁摩尔一行以高规格的接待。在他抵华次日，时任中国人民外交学会副会长的周培源设晚宴招待拉铁摩尔一行，出席宴会的还有拉铁摩尔助手矶野富士子女士、柯柏年、马家骏、陈翰笙、王蒂澂、胡洪范等人。[③]在 10 月 1 日国庆节这天，中国人民对外友好协会举行国庆招待会招待各国友人，其中就有拉铁摩尔及其助手矶野富士子女士。[④]一周之后的 10 月 6 日，周恩来总

① 〔美〕费正清：《费正清对华回忆录》，陆惠勤、陈祖怀、陈维益、宋瑜译，知识出版社，1991，第 495 页。

② 对于这次邀请，陈翰笙后来回忆道："拉铁摩尔性格耿直，敢于坚持真理，非常喜欢交朋友，待人真诚，不说违心的话，这令我很敬重他，我们的进步事业也需要有更多像他这样的朋友。周总理是有远大眼光的，所以他早在 1972 年就专门邀请拉铁摩尔同其他几位美国的中国问题专家来华访问，为中美建交打下了进一步的基础。"参见田森《三个世纪的陈翰笙》，浙江人民出版社，2012，第 96~97 页。

③ 《周培源宴请美国教授拉铁摩尔》，《人民日报》1972 年 8 月 31 日，第 5 版。

④ 《对外友协举行国庆招待会招待各国朋友》，《人民日报》1972 年 10 月 2 日，第 1 版。

理在晚上专门会见并宴请了拉铁摩尔一行，参与会见与宴会的中方人员有周秋野、柯柏年、张灿明、胡洪范、单达圻、钱大镛、冀朝铸、资中筠、赵春胜、华君铎。[①] 在这次会见中，周恩来专门询问了拉铁摩尔的近况，并回顾了两人三四十年代在延安和重庆见面的情景，但对于当时的国内政治情况有意略过，个中原因，耐人寻味。这是拉铁摩尔与周恩来在人生中的最后一次见面。在这之后，拉铁摩尔一行访问了东北各城市，以及南京、上海，原本还准备去杭州，但因时间紧张，不得不取消了杭州之行。10月27日，拉铁摩尔一行结束在中国的访问，乘火车离开北京前往蒙古人民共和国首都乌兰巴托，中国人民外交学会理事柯柏年和有关方面负责人胡洪范等人前往车站送行。拉铁摩尔一行在华期间，参观了当地的工厂、人民公社、学校和医院，并游览了多处名胜古迹。在这之前，时任外交部副部长余湛曾会见了拉铁摩尔一行。[②]

有限的"田野"

在这次来华之旅中，拉铁摩尔一行还专门前往新疆和内蒙古等中国边疆地区进行了为期两周的考察，但实际上，这跟拉铁摩尔最初的设想相去甚远。他最初接到中国方面邀请，在商讨在华期间访问地点的时候，曾希望能够对中苏和中蒙之间的整个边疆地带进行考察，[③] "这是因为，从一九二六年底到三八年初，这

---

① 《周恩来总理会见并设宴招待美国教授拉铁摩尔》，《人民日报》1972年10月7日，第3版。

② 《美国教授拉铁摩尔一行离京》，《人民日报》1972年10月30日，第6版。

③ Owen Lattimore, "Return to China's Northern Frontier", *The Geographical Journal*, Vol. 139, No. 2 (Jun., 1973), pp. 233-242, 此处为第233页。

个地区是我的主要研究领域",①但这一建议没有获得批准。最后,
他们一行只获准在中国东部城市和边疆的几个城市进行访问。这
次考察尽管短暂,但还是给了拉铁摩尔重新思考中国问题与边疆
问题的新契机。

他们一行于9月10日乘飞机从北京出发,途径延安,"在
延安没有空闲时间走出机场,但是看到河流转弯处山岗上耸立着
的宝塔时,我清清楚楚地回忆起了一九三七年访问这里时的情
景。我看到毛泽东主席就是在延安,他和其他中国共产党领导人
多次接见美国作家的地方也是这里。那是在卢沟桥事件只不过
两三个星期以前的事。如果是军事思想狭隘的人,恐怕会认为
需要对我'保持军事机密',但是尽管我提出了这样的要求,
这些中国领导人,特别是毛主席,却以最坦率的态度谈了。他
们具有惊人的明晰的头脑,预言了战争的爆发、演变和结果,
以及战争对国共两党围绕着爱国抗战的领导权进行的斗争的影
响。我现在想起这件事,意思是要再次唤起注意,中国的政治
和外交作风绝不是'权谋术数'性质的,而是极其坦率的,是
好事"。②

随后,拉铁摩尔一行先是在古都西安短暂停留,傍晚时抵达
甘肃省会兰州,第二天乘飞机前往新疆,首先飞抵哈密,之后抵
达乌鲁木齐,短暂休整后前往吐鲁番。在拉铁摩尔看来,"吐鲁
番是位于哈密西边的第一块这样的绿洲。一九二七年我和妻子骑
马来到这里时,这里是一座正在崩溃的乡间小镇,好像沉睡了似
的。由于十八、十九世纪连绵不绝的战争和叛乱,灌溉地区已经

---

① 《西域和内蒙之行——我度过青春的地方》,《参考消息》1973年2月4～5日。日本的《每
日新闻》在1973年1月1日、4日、6日和9日连载了拉铁摩尔中国之行的相关文章,名
为《西域和内蒙之行 我度过青春的地方》,国内的《参考消息》在1973年2月4～5
日翻译转载了这些内容。

② 《西域和内蒙之行——我度过青春的地方》。

不如过去那样广阔了。……美国的地理学家埃尔斯沃思·亨廷顿根据新疆旅行的经验,提倡'地理唯物论'而出名了。因而也成了议论的目标。他说在六十多年前,向维吾尔人就农业以外的工作,例如开矿和五金加工等工作提出问题,得到的回答是:'这种事情只有汉人才知道'。然而新疆在过去任何期间都同中国的其他内地边区一样,对知识决不是漠不关心的。……几个世纪以来,吐鲁番这样的绿洲(绿洲不只是吐鲁番)是一种内地的'上海'。而且它不是由外国的征服者统治的'上海',而是在任何时代都由中国的无比巨大的文化和政治的威信统治着的'上海'。在这里,中国人遇到许多来自远方的人,和他们通商、谈判。……如今,吐鲁番这样的绿洲不能称为'新上海'了。把它称为多民族国家中国的新活力的表现才是适当的"。[①] 在吐鲁番停留期间,拉铁摩尔一行"在葡萄架下进餐,业余舞蹈家为我们表演了歌舞。中国的文化影响正在无限地扩大到所有的方面。但是唯独音乐,从历史上看,却不是中国向外扩展,而是从印度、伊朗经过中亚的十字路来到中国的。这一点值得注意"。[②] 之后,他们又从那里返回乌鲁木齐,拉铁摩尔访问了当地的中学,虽然时间不长,但启发的思考却颇多。他回忆道:我"在那里也得到了同样的印象。革命委员会的副主任是维吾尔族。学生的大多数是汉族,而教政治的女教师却是塔塔尔族,陪同我们的译员是维吾尔族。教师中,五十八人是汉族,三十一人属于少数民族(几乎全都是维吾尔族)"。[③] 在访问了乌鲁木齐、阿克苏、吐鲁番等地之后,年迈的他不禁感慨:"对我个人来说,这个传奇的地方带有特别优美的情调。因为这个西域是我在遥远的一九二七年和我妻子作蜜月旅行的地方。当时,我们还横越沙漠,翻过陡峭的山口,到

---

① 《西域和内蒙之行——我度过青春的地方》。
② 《西域和内蒙之行——我度过青春的地方》。
③ 《西域和内蒙之行——我度过青春的地方》。

了克什米尔和印度。这次新疆之行期间，我心潮起伏，往事又一幕一幕地浮现在脑海之际。……自从我第一次访问新疆，作了广泛的旅行以来，已将近半个世纪了。这次新的访问中，使我受到最强烈触动的是，许多旧的东西一扫而光，发生了像雪崩一样的变化，同时也使我感到变化无论多么迅速多么剧烈，过去和现在总是有什么东西联结着的，而这种东西就是过去遗留下来的遗物。历史是不可割断的。"①

之后，拉铁摩尔一行又转飞内蒙古自治区首府呼和浩特，拜访了当地农村。他注意到，"要使经济现代化，使社会进步，就需要进行更好的教育。所以，在内蒙古，当我看到数学、物理、化学等课程都以蒙古语教学时，我特别深感兴趣。无论是在家里，在蒙古包里，儿童们首先应该用他们自己家里使用的语言接受最初的教育，这是原则。我觉得这个原则是有教育意义的，同时在心理上也是非常有效的。"②他在参观当时的内蒙古农牧学院时，还不时以流利汉语向陪同访问的北京友人讲述草原跳鼠的习性，并将之翻译为蒙古语的准确名称，还讲了三河马的形成过程。③此外，人类学家的敏锐使他同样注意到了该校的语言教学问题："看了你们的蒙古文教材、实验室、标本室都用蒙汉两种文字标明，这是很好的作法，有利于蒙古族学生掌握知识。用两种文字、语言授课很好，我很高兴"，他进而说道，"如果西方国家的兽医能到你们学院，我深信可以学到很多东西的，如牲畜的针灸麻醉，用不到一分钟的时间用中草药给家畜止血等，你们做得，哈，太漂亮啦！"④这些见闻尽管并不系统全面，但也让拉铁摩尔对民

---

① 《西域和内蒙之行——我度过青春的地方》。

② 《西域和内蒙之行——我度过青春的地方》。

③ 《美国世界著名蒙古学专家拉铁摩尔·欧文说："内蒙古农牧学院的建成，这是过去在内蒙古建大学的梦啊"》，《内蒙古农业大学学报》（自然科学版）2007 年第 2 期。

④ 《美国世界著名蒙古学专家拉铁摩尔·欧文说："内蒙古农牧学院的建成，这是过去在内蒙古建大学的梦啊"》。

族主义有了新的认识："往昔的民族主义概念是以蒙古人和汉族'对立的平衡'为基础的，而新的共产主义思想特别是'毛泽东思想'，是以'统一的平衡'这种想法为基础的。这就是'全体中国人'的利益的真正统一。所谓全体中国人，意味着包括蒙古人、西藏人及其他居住在中国的一切'民族'的中国人"。[①]而他基于数十年对中国边疆社会生活研究经验，在对今昔做了对比之后认为"内蒙古的一般生活条件已经得到了不可估量的改善。在哈萨克人或蒙古人的毡包中，只要同上了年岁的男人，特别是妇女一谈话，就可以察觉到，他们感到人身是安全的，生活是幸福的，对将来抱有信心。而这些东西，在我所熟悉的二十世纪二十年代、三十年代，的确是看不到的"。[②]在当时西方对中国的批评与敌对浪潮依旧激烈的时候，这种判断无疑是需要一定勇气的，同时也证明了他本人并不是一个全然固持边疆传统而不愿接受变革的人。

时局与遗憾

　　值得注意的是，拉铁摩尔这次访华，尽管之前有过中美关系转暖的背景铺垫，但当时国内依然处于"文化大革命"时期，总体的政治空气依然十分紧张，学术界与相关学术研究活动还没有完全进入正常轨道，而且他本人作为蒙古学家的身份以及与苏联和蒙古人民共和国的密切关系，使中国方面在接待过程中始终保持着一定的距离与防范之心，这也是无可厚非的。基于种种原因，他在中国的一些老朋友也无法跟他有更多的接触或

---

① 《西域和内蒙之行——我度过青春的地方》。
② 《西域和内蒙之行——我度过青春的地方》。

进行更具私人性的会谈，而拉铁摩尔也没有机会和可能再像年轻时那样随便走进边疆地区居民或牧民家里闲谈交流，一路上都只能到被指定的地点和厂矿参观，他本人也就不得不进行蜻蜓点水式的观察，并以此为素材再结合自己之前的经验进行叙述和分析，而无法进行自己曾经无比熟悉的田野工作。此情此景，同一年5~6月受邀访华的费正清也有着同样的感受："这种远远超过旅游者意图而沉浸在观察1972年新中国情况的活动，是一种旨在领悟40年来巨大变化的智能上的挑战。这促使我们在评价一部分我们所看不到的形势时必须用心思考，也使我们处于这样的境地：别人希望我知道的要比我实际上知道的多。这无论如何不是一种新经历，但现在却更难以避免了。"①费正清一行当时也只能在北京、西安、上海、广州、大寨等地方参访。拉铁摩尔自然也无法例外。可以说，对于曾经满怀期待的拉铁摩尔来说，这是一段双方都充满期待，但同时又都感觉压力和紧张的旅程。当然，拉铁摩尔这次中国之行也并不意味着国内对他及其著述的解禁，国内整个70年代的政治大环境使得除了像斯诺这样的著名人物之外，其他的西方记者和学者都被抹上了剥削阶级的色彩而受到批判，在拉铁摩尔离开中国之后，对他及其作品的严格控制并没有减弱。当时国内的大学生还无法查阅拉铁摩尔的作品，就连当时的在华留学生也没有机会接触。②

---

① 〔美〕费正清：《费正清对华回忆录》，陆惠勤、陈祖怀、陈维益、宋瑜译，知识出版社，1991，第515页。

② 在1977年3月28日英国驻华大使馆发给英国外交部的一份文件中记载道，在当时的复旦大学，图书馆索引中罗列的拉铁摩尔和费正清涉华作品甚至连外国留学生也看不到。（"A Pall of silence still rests over others and the books of Lattimore and Fairbank on China that are listed on the Library Index are not available even to foreign students."）。参见 FCO 21/1552, Internal Political Situation in China, March-July 1977 (Folder 3), Foreign Office Files for China, 1967-1980（"英国外交部档案，中国：1949—1980"数据库）。

总之，时局的不同，给与之相关的人的人生带来直接的影响。同样的人，同样的地方，在重聚的时候，却有了不一样的经历与过程。拉铁摩尔的这次 70 年代中国之旅，跟半个世纪之前在华旅行的那种氛围已经大相径庭，也不同于他 80 年代的访华之旅。这是一次政治氛围与学术田野的交错妥协，情感与政治的纠结在 70 年代的这次旅行中被最为鲜明地体现，这次旅行中的拉铁摩尔也只能是作为"教授"的拉铁摩尔，而无法全然展现一个作为"中国通"的拉铁摩尔。

曾经跟拉铁摩尔有过交道的曹聚仁曾不无感喟："我年老衰残，已不作远游边疆之想，回想三十年前，先后有两次西出玉门关的机会，不料瞬息间失之，令人不胜怅惘。如今，我只能从欧美学者的记叙中作卧游，斯文·赫定（Sven Hedin）和拉铁摩尔，倒成为我的导游人。我倒希望年轻朋友，不要局处于东南、西南沿海这一角，东北和西北那儿的天地太大了"。[①]这或许是我们在重新回顾拉铁摩尔这段访华之旅后，最值得期许的东西。

重新"发现"拉铁摩尔

进入 20 世纪 80 年代，随着中美关系进入新阶段，两国之间的交流深度与广度大为增强，国内对于美国的相关研究开始进入繁荣期。一大批美国作家和学者的作品被介绍进中国，并且伴随着 80 年代国内的文化热以及拉铁摩尔本人在 1981 年再度访华，他也逐渐为学界所知，并开始进入当时民族学等学科的阅读视野

---

① 曹聚仁著，曹雷编《天一阁人物谭》，上海人民出版社，2000，第 452 页。

当中。[①]

1980年，美国作家杰克·贝尔登（Jack Belden）撰写的《中国震撼世界》一书由北京出版社翻译出版，该书撰写了他在1946年进入华北解放区后的见闻与经历，原书由拉铁摩尔作序。中译本的出版，在国内引起不小轰动。[②]1981年，冀朝鼎的《中国历史上的基本经济区与水利事业的发展》一书中译本出版，作者在原序中指出，本书"受到《太平洋事务》（*Pacific Affairs*）编辑欧文·拉铁摩尔（Owen Lattimore）先生的帮助简直无法报答。拉铁摩尔先生不辞劳苦地审查了全部原稿，提出了无数重要的和详尽的编辑加工方面的建议，并且盛情地推荐本书出版"。[③]1981年，内蒙古大学蒙古语文研究所刊行拉铁摩尔《蒙古帝国时代政府的牌子"套"或牌子匣》译文。[④]1983年，日本学者毛里和子所著《论拉铁摩尔》一文在《国外中国近代史研究》（第五辑）刊发，文中对拉铁摩尔的生平和研究成就做了简明扼要的梳理。[⑤]1986年，

[①] 参见徐杰舜问，张海洋答《我所理解和从事的人类学——人类学学者访谈录之十》，《广西民族学院学报》（哲学社会科学版）2001年第23卷第3期。当然，我们也要注意到，实际上，早在20世纪六七十年代，国内有学者（如顾准等）就开始重新关注拉铁摩尔的相关研究成果了，顾准为此还做了大量的读书笔记，并不无启示性地指出："Owen Lattimore（拉铁摩尔）遵循的理论线索，基本上是Wittfogel（魏特夫）和冀朝鼎的，还加上Turner（特纳）的'边疆学说'。这一条线索，在说明中国古文明何以很早地转成精耕农业，何以中国没有农林牧混合的农业制度，说明戎狄—蒙古突厥这一游牧社会的起源（特别其中指出半沃洲农业是驯化野性，发展牧畜，成为草原游牧社会的起源，说明戎狄怎样被中国人驱逐到塞北，成为匈奴的起源），颇有一些可以令人信服的论述。"参见《评 Owen Lattimore〈中国的边疆〉》，载顾准《与大师一起读历史：顾准历史笔记》，光明日报出版社，2013，第201～202页。但限于当时的背景，这些论述都是不可能公开出版的。

[②] 马志行：《〈中国震撼世界〉翻译出版》，《人民日报》1980年11月15日，第8版。

[③] 冀朝鼎：《中国历史上的基本经济区与水利事业的发展》，朱施鳌译，中国社会科学出版社，1981年，第6页。

[④] 该文原题为"A 'Housing' or Case for a P'ai-Tzu or Tablet of authority of the Mongolian Imperial Era"，收录于《第二届国际蒙古学会议义集》第1册，第241页，中译文由周建奇翻译，收入《蒙古语文研究参考资料》第5辑，1981，第85～86页。

[⑤] 〔日〕毛里和子：《论拉铁摩尔》。

从日文译文转译的拉铁摩尔《高里特族的社会构成》一文在《黑河学刊》（地方历史版）刊发，文中对高里特（赫哲）族的社会构成情况进行了细致的分析，为我们的相关研究提供了诸多必要的原始材料与信息。[①]

1989 年 5 月 30 日，拉铁摩尔在美国去世，享年 89 岁。由于拉铁摩尔本人受麦卡锡主义迫害而远走他国，进而未能形成学派性影响，且因为国内的特殊时局，国内学界对他的逝世并没有相关的报道，当时也没有相关的纪念文章和评述文章刊出，这跟国内对 90 年代逝世的费正清的报道情况很不一样。[②]进入 20 世纪 90 年代，随着学术界对外知识需求的扩大，对国外相关学术信息的重新发掘与认识也进入了新的阶段。这一时期，关于拉铁摩尔生平与学术思想的文章开始逐步增多，不仅有编译作品，还有专门的研究作品。

高士俊先生 1992 年发表在《中国边疆史地研究》上的《拉铁摩尔小传》一文是笔者所见 20 世纪 50 年代之后中国大陆公开刊发的最早的专门介绍拉铁摩尔生平活动与相关著述的文章，但文章并没有对拉铁摩尔的学术思想与相关研究作品做出评价，而是指出了当时国内在对拉铁摩尔及其理论进行研究的不足："在我国，尽管有一些拉氏论著的译本及书评和情况简介，但对其有关论著的使用却甚少"。[③]数年之后，梁元生先生的《学者、政客与"间谍"：拉铁摩尔（1900–1989）》一文则呈现了一个更为多面化的拉铁摩尔形象，开始扭转国内学界对于拉铁摩尔单一

---

① 〔美〕欧文·拉铁摩尔：《高里特族的社会构成》，〔日〕长谷川四郎译，梁志忠转译，《黑河学刊》（地方历史版）1986 年第 3 期。

② 其中有代表性的是陶文钊编选《费正清集》，林海、符致兴等译，天津人民出版社，1993；保罗·埃文斯：《费正清看中国》，陈同等译，上海人民出版社，1995；陶文钊：《费正清与美国的中国学》（《历史研究》1999 年第 1 期）；徐国琦：《略论费正清》（《美国研究》1994 年第 2 期），等等。

③ 高士俊：《拉铁摩尔小传》，《中国边疆史地研究》1992 年第 1 期。

的、标签式的反动资产阶级学者形象,文中最后写道:"不论如何,他的一生总值得我们的反省和史家的一笔。"① 在 1994 年出版的《第二次世界大战百科词典》中,在介绍拉铁摩尔方面,也给予了较多的篇幅,但并没有标明其卒年(1989 年)。② 同年,拉铁摩尔的一篇旧文以《亚洲腹地之商路》为题出版;③ 此外,《国外中共党史研究动态》刊发了拉铁摩尔的一篇旧文《我所认识的周恩来》,介绍了作者本人与周恩来的一些交往情况。④ 1995 年既是世界反法西斯战争暨中国抗日战争胜利 50 周年,同时又适逢美国友人、作家埃德加·斯诺诞辰 90 周年,国内刊发了大量回忆与纪念文章,其中就有更为正面评价拉铁摩尔相关行动与论述的文章。例如,刘大年先生发表《民族的胜利,人民的胜利》一文,文中指出:"皖南事变过后不久,担任过蒋介石政治顾问的欧文·拉铁摩尔在一篇题为《四年之后》的文章中说:在中国,如果得到外国政府的援助和支持,右派政府就能够得以生存,如果敌国的力量大于外国援助的话,政府不与革命合作,就会寸步难行。不然,政府也许将在革命中被抛弃。'对中国人民来说,这四年的历史既是争取民族解放的历史,又是国内革命的历史'。抗日战争是'争取民族独立和国内民主革命相结合的战争'。(欧文·拉铁摩尔:《四年之后》,载《太平洋事务》第 14 卷第 2 期)拉铁摩尔的评论是客观的。抗战四年如此,全部八年也如此。争取民族解放斗争的胜利,是国民党、共产党和全国人民共同取得的;保住统一战线的基础国共合作,推动民主革命进程,是共产党领导人民群众取得的。国民党、共产党在抗日战争中的地位、

---

① 梁元生:《学者、政客与"间谍":拉铁摩尔(1900-1989)》。

② 李巨廉、金重远主编《第二次世界大战百科词典》,上海辞书出版社,1994,第 258 页。

③ 〔英〕拉提摩尔:《亚洲腹地之商路》,田嘉绩译,载魏长洪、何汉民编《外国探险家西域游记》,新疆美术摄影出版社,1994,第 110 ～ 136 页。

④ 〔美〕拉铁摩尔:《我所认识的周恩来》,晓晨编译,《国外中共党史研究动态》1994 年第 1 期,第 28 ～ 30 页。

作用，有何相同与不同，大致说，就是如此。"①而武际良先生则写道："美国著名历史学家欧文·拉铁摩尔评价《西行漫记》时说："在全世界面临战争灾难前夕，报道了一支远离西方各国的独立的战斗力量。"还指出，"究竟哪里才能找到可以团结的反法西斯反军国主义的力量呢？……斯诺起了具有重要世界历史意义的作用，因为他推动美国以至世界舆论，接受中国共产党作为盟友参加反对国际侵略的斗争。'"②

作为抗战纪念出版热的延续，1996 年，研究拉铁摩尔的重要史料《蒋介石的美国顾问——欧文·拉铁摩尔回忆录》中译本出版。③收录该书的"中美关系研究丛书"主编汪熙先生提到，早在 1990 年，他在美国查阅抗战时期中美关系资料时就注意到其中非常重要的拉铁摩尔档案的相关情况，并找到了当时国内还未知晓的拉铁摩尔口述回忆录。之后得知由拉铁摩尔助手矶野富士子女士整理出版的拉铁摩尔回忆录已经于 1990 年在日本东京大学出版社出版。④因此决定以此为底本出版中译本。这是 20 世纪 50 年代以来国内关于拉铁摩尔研究的第一本公开出版的学术著（译）作。此外，《蒙古学信息》1996 年第 4 期刊载那顺巴依尔所著《英国蒙古学研究简介》一文，其中专门介绍了拉铁摩尔的相关研究成果。1998 年，《蒙古学信息》刊载了拉铁摩尔所作的《〈成吉思汗的兴起及其对华北的征服〉的序言》中文译文，以期助力国内的蒙古史研究。⑤

如果说 20 世纪 90 年代对于拉铁摩尔及其地位的重新认识主

---

① 刘大年：《民族的胜利，人民的胜利》，《人民日报》1995 年 8 月 15 日，第 9 版。

② 武际良：《斯诺与中国抗战》，《人民日报》1995 年 9 月 1 日，第 6 版；另可参见武际良《怀念斯诺》，《人民日报》1995 年 9 月 14 日，第 10 版。

③ 〔日〕矶野富士子整理：《蒋介石的美国顾问——欧文·拉铁摩尔回忆录》。

④ *China Memoirs*, Tokyo: University of Tokyo Press, 1990。

⑤ 〔美〕O. 拉铁摩尔：《〈成吉思汗的兴起及其对华北的征服〉的序言》，赵琦译，《蒙古学信息》1998 年第 4 期，第 57~59 页。

要归功于国际政治和国际关系学界,尤其是中美关系研究领域学者推动的话,那么,进入 21 世纪,随着边疆研究重新成为国内外学术研究的热点,对拉铁摩尔及其著作的研究开始受到更多学者的关注,并逐渐形成跨学科影响,有力地推进了之后的中国研究、蒙古研究以及内亚研究的广度与深度。

2000 年,曹聚仁先生于 20 世纪 50 ~ 70 年代在香港报章上所作的人物小传等内容以《天一阁人物谭》为名重新编辑后面世,其中就有《拉铁摩尔》一文,文中这样写道:当时的一些发配边疆的文人"有着汉人传统上的自尊观念,边疆属于四夷,有不屑研究的心理。即如王昭君,明明嫁到匈奴去,跟番王生了儿子。番王死了以后,又跟番王儿子成了亲,又生了儿子。习俗如此,无可非议。偏要说他心怀汉主,不愿跟番王。连大诗人杜甫也会这么说。用各民族平等观念来看问题,着眼各民族文化的相互渗透,那只能让欧美学人占了先了。拉铁摩尔的《中国的边疆》(按:即《中国的亚洲内陆边疆》),处处见新义,连我这样自以为从唯物史观来了解中国社会文化的史人,也只能自叹不如。从边疆学观点,一部中国民族史,乃是骑射战术战胜步兵战术的历史;而满、蒙、回民族,都是习于骑射的游牧民族,在军事上是胜了一筹。但,游牧民族的生活方式,把西北泾渭平原的农业生活彻底破坏了,因此,在文化上,游牧民族一直落后,汉民族却又占了先了。因此,征服了中原的四夷,在文化上,却又为汉民族所征服;五代以后的中国社会文化史,就是这么一部历史。但夷夏观念又把宋元明以来的文士弄错了。因此,士大夫的旧观念,经过了十九世纪后期的惨痛教训,才觉悟过来,对于边疆观念的重新建立,还是让斯文赫定、拉铁摩尔他们替我们开了头;似乎,我们更不该固步自封了"。[①] 可以说,这在某种程度

---

① 曹聚仁著,曹雷编《天一阁人物谭》,第 452 ~ 453 页。

上提出了我们在后续研究中应该继续努力的方向 。他进一步期
许道："我年老衰残，已不作远游边疆之想，回想三十年前，先
后有两次西出玉门关的机会，不料瞬息间失之，令人不胜怅惘。
如今，我只能从欧美学者的记叙中作卧游，斯文·赫定（Sven
Hedin）和拉铁摩尔，倒成为我的导游人。我倒希望年轻朋友，
不要局处于东南、西南沿海这一角，东北和西北那儿的天地太
大了"。①

　　当然，就学术影响力而言，最具代表性的要数《中国的亚洲
内陆边疆》中译本在 2005 年的出版，该书被收录在刘东先生主编、
江苏人民出版社出版的"海外中国研究"丛书中。该中译本的重
新出版是在刘东先生研读 20 世纪 60 年代出版的《外国资产阶级
是怎样看待中国历史的：资本主义国家反动学者研究中国近代历
史的论著选译》过程中，觉得有必要更为全面完整地介绍拉铁摩
尔的著述，进而直接促成了该书中译本的问世。而刘先生本人则
在他任职北大期间所开设的西方汉学课程中设置了拉铁摩尔的章
节，以便更为全面地介绍西方汉学的情况。②该书中译本译者唐
晓峰先生在译后记中提到："拉铁摩尔著述颇丰，专著十余部，
《中国的亚洲内陆边疆》（*Inner Asian Frontiers of China*）
是其代表作，在西方汉学界颇有影响。此书初版于 1940 年，50
年代、60 年代再版，1988 年英国牛津大学出版社附加前言又行
再版，足见其经典价值。2001 年，刘东先生找我商量，要把 20
世纪 40 年代赵敏求翻译的拉铁摩尔《中国的边疆》一书做些文
字顺理，放在《海外中国研究丛书》中出版，但后来感到赵译本
无论在文字上，还是在内容的完整性、必要性上，都存在不少问

---

① 曹聚仁著，曹雷编《天一阁人物谭》，第 452 页。
② 感谢刘东老师 2015 年 1 月 19 日与笔者交流中提供相关信息。

题，所以改为重译。"①该书中译本一经面世，即受到国内学术界的广泛关注，在各学科对于该书的解读过程中，拉铁摩尔及其著述的议题日渐凸显跨学科影响，并在很大程度上促使学界和读者重新去看待和认识曾经长期被忽视的中国范围内与"东南面向"相对应的"西北面向"，以及与之相伴而生的农耕与游牧生态与文化互动问题，进而思考中国研究的内在范式问题，并在一定程度上启发了后来美国"新清史"的思考与论述。

从学科领域上看，这一时期学界对拉铁摩尔及其著述的关注开始进一步拓展到历史学、人类学、社会学、地理学、政治学乃至文学等领域，分别有相关的论文发表，并出现了以拉铁摩尔及其著述为题的博士和硕士论文，②在汪晖、张世明等学者的多卷本著作中也成为重要的思想理论资源。③总体而言，尽管与对费正清及其思想的研究相比，国内的拉铁摩尔及其相关研究仍然比较薄弱，但目前正在向广度和深度两个方面推进。陶文钊先生在评价费正清及其中国研究成就时曾指出："费正清与我们中国学者有不同的文化背景，不同的观察问题的方法，他的有些看法与中国学术界的观点比较接近，有的则与中国史家的观点相去甚远。这种现象在海外中国学中是相当普遍，也是很自然的。百家争鸣的原则应当既适用于中国学者，也适用于中国学者与外国学者之间"。④费正清是如此，拉铁摩尔也是如此。我们如今在重新"发

---

① 〔美〕拉铁摩尔：《中国的亚洲内陆边疆》，唐晓峰译，江苏人民出版社，2005，译后记。
② 就笔者能够检索到的信息，相关的博士论文有李宏伟《欧文·拉铁摩尔的边疆学说研究》（吉林大学，2012年）；硕士论文有杨晔《试评拉铁摩尔的中国边疆史研究》（复旦大学，2008年）、蔡美娟：《拉铁摩尔边疆视域下的亚洲地缘政治思想研究》（浙江师范大学，2014年）、史天亮：《欧文·拉铁摩尔的中国边疆理论探析》（新疆大学，2014年）等。
③ 参见汪晖《现代中国思想的兴起》（全四册），生活·读书·新知三联书店，2008；张世明：《法律、资源与时空建构：1644～1945年的中国》（全五册），广东人民出版社，2012。
④ 陶文钊：《费正清与美国的中国学》。

现"拉铁摩尔及其著述的过程中，也并不是仅仅回复到三四十年代对拉铁摩尔及其著述的已有认识，而是在这些既有认识的基础上，继续以当代的中国与世界为理解背景，来重新认识和发掘拉铁摩尔及其著述中的边疆范式、地缘政治和当代价值，从而更好地反思现代与当代的中国问题。

北京、延安与重庆岁月

如果说，拉铁摩尔在华的漫漫时光中，一定要找出几段最值得书写和铭记的事情的话，那么，在 20 世纪三四十年代，民国1928 年之前的首都北京、红色圣地延安以及抗战时期的陪都重庆这三个地方以及拉铁摩尔在这里所经历的时光，就成为其在对中国边疆的关注之外，足以影响他一生对华认知的关键地点与时期。也正是在这些地方，拉铁摩尔在认知中国边疆之外，接触了学界、政界和军界的诸多高层人物，在跟他们的交流当中，得以了解中国政治内在发生的逻辑，促使他能够以更为敏锐的视野去发现与认识中国的边疆问题。

1930 ～ 1937 年的北京岁月

1930 年夏，拉铁摩尔和他的妻子从东北来到北京，在这个城市居住了数年。20 世纪 30 年代的北京，风云变幻，各路政治力量彼此交织，并最终在 1937 年落入日本军国主义的铁蹄之下。1930~1933 年，拉铁摩尔先后得到了哈佛燕京学社研究基金（一年）和古根海姆基金会（两年）的资助，得以继续进行相关的研究、旅行和写作。[①] 在这段时间里，拉铁摩尔以通信的方式编辑《太平洋事务》杂志。1931 年，儿子戴维（David）在北京出生。在1933~1934 年冬天，拉铁摩尔夫妇短暂回到纽约的太平洋国际学会美国总部工作，并担任《太平洋事务》杂志编辑。1934 年，拉铁摩尔又举家返回北京，一直居住到 1937 年，继续担任《太平洋事务》杂志编辑。[②] 在此期间，1936 年春，拉铁摩尔一家乘跨西伯利亚列车从北京抵达莫斯科。在莫斯科，他就中国局势以

---

① 〔美〕拉铁摩尔:《中国的亚洲内陆边疆》，原序，第 2 页；高士俊:《拉铁摩尔小传》。
② 〔日〕矶野富士子整理《蒋介石的美国顾问——欧文·拉铁摩尔回忆录》，第 30 页。

及日本侵华、中国的抵抗做了一次演讲。之后，拉铁摩尔一家从莫斯科抵达伦敦，在当地亦做相关演讲，最后从英国返回美国。1936 年末，拉铁摩尔一家从美国回到英国伦敦，并在当地进行俄语的强化培训。1937 年初，经海路回到中国。从 1937 年 6 月起，拉铁摩尔与《美亚》杂志的编辑菲利普·贾菲和毕恩来等人从北京出发，前往延安拜访当时在那里的毛泽东、周恩来等中共领袖。拉铁摩尔从延安回北京不久，卢沟桥事变爆发。1937 年夏，鉴于日军占领下的北京已经无法保障《太平洋事务》杂志的顺利出版，拉铁摩尔不得不携家离华返美。

拉铁摩尔对他的北京岁月留有很深的印象，在他后来的回忆录中就专门辟出"北京人"一节来专门讲述他当时的经历与感受，其中不无感慨。而在他的具体经历方面，主要可以分为以下几个部分。

（一）语言学习

语言是通往心灵世界的钥匙，这对于注重实地调查与日常交流的学者而言更是如此。基于更为深入地研究中国边疆历史，并进而观察中国社会的目的，语言学习在拉铁摩尔的学术生涯中占据了很大一部分时光，成为他学术"准备工作"的重要组成部分。如其所言，"首先是学中国文字，我虽然会说中国话，却不能自由阅读。我所读过的，有许多还不能完全理解。尽管我脑子里装满了民间故事和传说，但不知道这些充满历史事件的中国传说究竟有没有正史的根据。此外，我还想学蒙古文，因为直到那个时候为止，我们在蒙古的旅行完全是由中国商人和士兵陪伴的"。①

---

① 〔美〕拉铁摩尔:《中国的亚洲内陆边疆》，原序，第 2 页。

在北京的头几年时间，拉铁摩尔下了很大的功夫学习蒙古语，并阅读关于中国北部边疆尤其是东北地区的相关历史文献。拉铁摩尔当时已经认识到内蒙古在中国和东亚政局中的政治重要性，在他看来，"为了理解蒙古人的观点，有必要掌握蒙古语。我必须能够同普通人民交谈，同那些既不是封建贵族也不是政客的人，同那些最少受到中国文化的影响而且不讲汉语的人交谈"。[1]在 1931 年夏天，为了使蒙古语更流利，拉铁摩尔从北京来到呼和浩特（当时称为归化），结识了一位名叫阿拉施（Arash）的蒙古族向导，并随驼队考察了乌兰察布与锡林郭勒。从此一直到1936 年，拉铁摩尔几乎每年都会去当地进行考察活动。[2]这些活动非常有助于拉铁摩尔的语言学习，并使其语言习得与学术活动形成了良好的互动。

此外，蒙古文、俄文、中文等书面文字阅读能力的培养也极大地提升了拉铁摩尔对既有相关研究的认识与解读，进而能够在其后来的著述与报刊文章中敏锐地对当时的东亚、世界地缘政治态势以及中日关系做出有深度与预见性的分析。

（二）学术与人际交往

在拉铁摩尔居住北京期间，尽管当时的北京学术界大腕云集，但他的活动主要集中在语言学习和边地探访方面，除了顾颉刚之外，拉铁摩尔与北京学术界在具体研究上的交往并不多。正如他自己所说的："30 年代上半期，当我正在学习蒙古语并在内蒙古频繁地游历时，我实际上同北京大学的中国知识分子，无论教授还是学生，都没有接触，在那些执教于中国各大学的外国人中朋

---

① 〔日〕矶野富士子整理《蒋介石的美国顾问——欧文·拉铁摩尔回忆录》，第 23 页。
② 参见高士俊《拉铁摩尔小传》。

友也较少。"① 但他跟当时媒介的交往比较多，"另一方面，我实际上认识所有在京的外国记者。我常常在俱乐部的酒吧间遇到他们，向他们打听有什么新闻。我在经商的日子里已准备好领会他们所谈的一切，因为在同商人打交道时，我已经懂得在各种复杂情况下，那些理论上应该完全相互对立的人事实上却彼此合作，而在另外一些情况下，理论上的天然盟友实际上成了对手。中国知识分子中间，尤其是北大教授和学生中间的辩论正在形成一种新的中国舆论，但是我没有充分的准备去理解这一点"。② 而对于当时在北京的西方汉学家，拉铁摩尔也没有太多的接触。总体而言，在这段时间里，拉铁摩尔更愿意与青年学生交流："来京的许多美国青年学者可能已经读过我出版的著作，因此便来拜访我。我总是乐于见他们。"③ 总体而言，他主要与下面的一些学者与政治人物有过不同程度的交往。

与顾颉刚的交往。当时顾颉刚先生在北京蒋家胡同 3 号寓所接待过拉铁摩尔，侯仁之后来应顾颉刚要求在《禹贡》上翻译了拉铁摩尔著作中的章节。④ 侯仁之先生后来回忆道："1935 年初，颉刚师交给我一个任务，让我翻译美国学者欧文·拉铁摩尔（Owen Lattimore）在 1934 年写就的《满洲的蒙古人》一书中最重要的第七章，即介绍分布在满洲的蒙古的盟部与旗；后又让翻译了拉氏发表在《太平洋事务》（Pacific Affairs）上的《蒙古的王公、僧侣与平民阶级》译文。当时的形势是日本已经在东北拼凑起了伪'满洲国'，日本侵略势力已攻占热河等地，进占长城沿线，进逼平津，华北形势岌岌可危。颉刚师让我译介拉氏分析'东满'

---

① 〔日〕矶野富士子整理《蒋介石的美国顾问——欧文·拉铁摩尔回忆录》，第 37 页。
② 〔日〕矶野富士子整理《蒋介石的美国顾问——欧文·拉铁摩尔回忆录》，第 38 页。
③ 〔日〕矶野富士子整理《蒋介石的美国顾问——欧文·拉铁摩尔回忆录》，第 39 页。
④ 参见陈芳《顾颉刚先生在成府》，载何卓新主编，北京市政协文史委员会编《北京文史资料精选·海淀卷》，北京出版社，2006，第 101 页。

地区的蒙、汉、满情况和夹杂在其间的苏俄、日本等外部势力交织的复杂情况，分别发表在《禹贡》杂志上，以期引起国人对东北和满蒙问题的关注。1937年5月28日，颉刚师又亲邀拉氏到禹贡学会作关于中国边疆问题的讲演，讲演之前，颉刚师约梅贻宝、顾廷龙等几位先生作陪，我也忝列其中，与拉氏深入交换了对东北和华北局势的看法。不意一个多月后的7月7日，卢沟桥事变爆发，平津沦陷，颉刚师被列入日寇将搜捕的黑名单中，幸得逃脱；而拉氏也在此前秘密抵达延安，考察了延安的情况，深有感触。后来，拉氏被罗斯福总统任命为蒋介石的政治顾问，积极支持中国抗战。"①

与陈翰笙、冀朝鼎的交往。陈翰笙和冀朝鼎是拉铁摩尔的"左派中国朋友"。②严格意义上来说，拉铁摩尔与陈翰笙、冀朝鼎交往的地点虽不在北京，但贯穿于拉铁摩尔长居北京、短暂回国的那几年时间当中，对他们几个人后来的人生道路都产生了很大的影响。早在1933年太平洋国际学会召开的班夫会议上，拉铁摩尔就已经结识了陈翰笙。1936年4月底至5月初，根据苏联太平洋国际学会分会的安排，陈翰笙到美国纽约协助拉铁摩尔负责《太平洋事务》杂志的编辑。对此，陈翰笙曾回忆道："1936年，太平洋学会要在纽约出版季刊《太平洋事务》，由欧文·拉铁摩尔任总编辑。……拉铁摩尔是美国人，大学毕业后来中国，会讲流利的中国北方话。他曾去我国的新疆考察，回来写成《亚洲内陆的边疆》一书。这本书是站在英国人的立场上说话的，因而受到英国皇家学会的赏识，授予他金质奖章，由此出了名。拉铁摩尔对出任《太平洋事务》总编辑很高兴，但缺少得力的合作人，他向学会要人。作为会员国的苏联推荐我去。拉铁摩尔得知

---

① 侯仁之：《山高水长何处寻——追忆颉刚师二三事》，载中国社会科学院历史研究所、中山大学历史系编《纪念顾颉刚先生诞辰110周年论文集》，中华书局，2004，第48～49页。
② 〔日〕矶野富士子整理《蒋介石的美国顾问——欧文·拉铁摩尔回忆录》，第54页。

我曾在美国留学，也很满意"。① 此外，陈翰笙还协助拉铁摩尔等人于 1937 年访问延安。② 可以说，拉铁摩尔更多地将陈翰笙当成工作上可以仰赖的同事与朋友，他们之间共同的左倾思想也使双方的合作和共处变得更为和谐自然，这一点也被后来陈翰笙的回忆所印证："拉铁摩尔性格豪爽，也很博学、健谈，严格地说，他并非左派，更不是一位马克思主义者，但他是一个持公正态度的中间派，即使晚年他的思想向左的方向发展，他依然保留决不加入共产党的立场。应当公正地说，他是一个非常求实的人，有时为了弄清楚一个问题，我们相互思想上也常有撞击。每逢我们讨论到蒋介石集团时，我总要提醒他蒋这个人说的和做的相去甚远，甚至是两码事，千万不可轻信他的话。有时我也把国民党官员的腐败情况和中国人民对蒋政权的日益不满告诉他。他听得非常仔细，并时而为了弄清真相而提出各种问题同我讨论。因为同他讨论问题，我从来都是用事实来说话，从不讲空洞的大道理，所以我们每每可以最终取得共识。"③ 冀朝鼎早年考入北京清华学校，1924 年赴美留学，后参与世界革命运动的宣传、编辑工作，曾任美国共产党《工人日报》编辑，并参与创办《今日中国》与《美亚》杂志。20 世纪 30 年代，冀朝鼎在太平洋国际学会工作，拉铁摩尔就是在这一时期与冀朝鼎认识的，并在之后的岁月中保持了长期的交往。冀朝鼎在 1935 年 2 月为其代表作《中国历史上的基本经济区与水利事业的发展》（在其哥伦比亚大学经济学博士论文的基础上增订而成）所写的序言中，对于拉铁摩尔所提供的帮助与建议深表感激："作者受到《太平洋事务》（*Pacific Affairs*）编辑欧文·拉铁摩尔先生的帮助简直无法报答。拉铁摩

---

① 陈翰笙：《四个时代的我：陈翰笙回忆录》，中国文史出版社，1988，第 63 页。
② 〔美〕麦金农：《陈翰笙与太平洋国际学会》，载《"近代中国、东亚与世界"国际学术研讨会论文集》（下册），山东日照，2006 年 8 月。
③ 田森：《三个世纪的陈翰笙》，浙江人民出版社，2012，第 129 页。

尔先生不辞劳苦地审查了全部原稿，提出了无数重要的和详尽的编辑加工方面的建议，并且盛情地推荐本书出版。"①

与斯诺的交往。据斯诺后来的回忆，在当时，"聚居在北京周围的近千名西方人士大多从事非营利的专业性工作，诸如教育、艺术、外交和新闻。在那些没完没了的聚会上，客人们能一面嚼着用做餐前小吃的干莲藕，一面有机会听德国出生的魏特夫编造他的马克思主义理论；还能与瑞典探险家斯文·赫定聊天，1933年时他正为一支丝绸之路探险队制定详细计划；还会遇到太平洋学会的中国研究学者费正清和欧文·拉铁摩尔"。②斯诺与拉铁摩尔在北京相识，一见如故。后来，正是在斯诺的帮助和安排下，拉铁摩尔等人得以有机会探访延安。20世纪70年代，同样是在斯诺的引荐下，拉铁摩尔才有机会重新踏上中国的土地。对于他们之间的情谊，拉铁摩尔深情回忆道："我认识他的时间越长，对他的了解越深刻，就越是尊敬他。"③

与顾立雅（Herrlee Creel）的交往。1932~1935年，顾立雅受哈佛－燕京学社资助来华留学。拉铁摩尔跟顾立雅在北京多有接触，并深受他的影响，"顾立雅的爱好影响了我对考古学领域和早期中国人起源的兴趣；我的注意力从研究中国边疆问题转移到探讨这样的问题：为什么汉人和边疆居民差别如此悬殊，他们各自的起源是什么"。④可以说，正是顾立雅所提出的一些关键问题，使拉铁摩尔能够以历史为分析轴线来配合自己的实地旅行，从而建构起他的中国边疆分析范式。

与毕安祺（Carl Whiting Bishop）的交往。在北京的日子里，

---

① 冀朝鼎：《中国历史上的基本经济区与水利事业的发展》，原序，第6页。
② 〔美〕约翰·汉密尔顿：《埃德加·斯诺传》，柯为民、萧耀先等译，陈弢审校，辽宁大学出版社，1990，第41页。此处所引译文略有改动。
③ 〔日〕矶野富士子整理《蒋介石的美国顾问——欧文·拉铁摩尔回忆录》，第40页。
④ 〔日〕矶野富士子整理《蒋介石的美国顾问——欧文·拉铁摩尔回忆录》，第41页。

拉铁摩尔跟他建立了深厚的友谊，毕安祺自己对待学术研究和田野工作的态度也深深影响了拉铁摩尔[①]："在欧洲和美国职业汉学家中流行的姿态是，声称或者有时假装自己的汉字写得如此之好，以致他们亲自做全部的工作。事实上，他们大多数人依靠懂英语或法语的中国人来承担为其搜集材料的主要工作，自己只是将其润色一下。毕安祺是我所知的第一个提到向其提供材料的中国人姓名的人，他明确指出什么地方采纳了他们的观点，什么地方使用了他们的材料但形成了自己的看法。毕安祺的工作和理论对我影响很大。他主要是一位野外考古学家，而不是依靠别人的成果工作的社会理论家。他的工作方法正是我自己努力要做到的：观察事实，看看能否从中推导出一种理论"。[②]

与费正清的交往。费正清于 1932 年 2 月来华为他的牛津大学博士论文搜集资料，并在北京结婚，从 1933~1935 年，任清华大学讲师，1935 年圣诞节时离开中国返回美国。在这段时间里，拉铁摩尔跟费正清有过密切的交往。[③] 对此，费正清曾回忆道："在万花筒般千变万化的北京外侨社会中，使我最感兴趣的人是欧文·拉铁摩尔。他的父亲大卫在天津一所公立大学里任教，而欧文则被送到英国一所私立寄宿中等学校去念书。他没有被送到高等学校深造，却为一家羊毛商行去做事。作为该行的代理人，他被派往内蒙古包头的铁路终点站，亦即骆驼商队从中亚细亚到达之处。他决定去探究那儿的外围地带究竟是怎么样。……在我看来，欧文的主要见识，一经阐发，是不证自明的。他在 1940 年发表的巨著《中国的亚洲内陆边疆》（*Inner Asia Frontiers*

---

① Robert P. Newman, *Owen Lattimore and the "Loss" of China*, Berkeley and Los Angeles: University of California Press, 1992. pp. 24.

② 〔日〕矶野富士子整理《蒋介石的美国顾问——欧文·拉铁摩尔回忆录》，第 41 ~ 42 页。

③ 〔美〕柯文、戈德曼主编《费正清的中国世界：同时代人的回忆》，朱政惠、陈雁、张晓阳译，金光耀校译，东方出版中心，2000，第 12 页。当然，拉铁摩尔还与其他西方在华研究者有所交往，如后来任职于哥伦比亚大学的韦慕庭（C. Martin Wilbur）等。

of China）后来赋予我如今仍在探索的概念。和往常一样，在探索这些思想时，毫无疑问它们还很渺茫，可能从某一个来源使我开了窍，可是教人怎么能有把握呢？欧文的想象力把他的现场观察和已知的事实融合在一起，建立历史理论的城堡。汉学家们尽管对此几乎一无所知，可能还会冷嘲热讽，可是欧文早已是一个蒙古问题专家了，超出他们研究的范围，而且还利用俄文史料"。[①] 而他后来在中国研究方面也受到拉铁摩尔的巨大影响，正如余英时先生所指出的，除了马士（Hosea Ballou Morse，1855~1934），对费正清学术思想影响最大的就是拉铁摩尔，"费正清在一九三二年到达北京后便结识了拉铁摩尔，后者研究西北草原民族和中国在历史上的关系，提出了许多新鲜的观察，也发展了一套'地缘政治'的概念。这恰好可以和费正清关于东南沿海的贸易与外交的研究计划互相补充。拉氏的中国边疆史观已涵蕴着汉胡并治（dyarchy）的倾向，费氏后来则进一步扩大为汉、胡与西方共治（synarchy）的概念。这种特殊的解释自然不容易为中国人所接受，但却是费氏毕生所持的一个基本观点。拉铁摩尔的影响在这里是显然易见的"。[②]

与魏特夫的交往。魏特夫是出生在德国的犹太人，早年曾从事德国左派政治活动，1933 年因纳粹上台而入狱，不久出狱，后移居美国，1935~1937 年以"太平洋学会"研究员的身份来华，中国太平洋学会副会长陶孟和曾专门设宴欢迎。[③]1937 年7 月中日爆发全面战争后，魏特夫离开中国。拉铁摩尔最初于1935 年在北京跟魏特夫结识，当时的魏特夫对拉铁摩尔的工作深感兴趣，并通过阅读拉铁摩尔著作的方式来增进拉铁摩尔对他的好感。出于友善与支持，拉铁摩尔在他的作品中多次引用了魏

---

① 〔美〕费正清：《费正清对华回忆录》，第 44—45 页，所引译文略有改动。
② 余英时：《中国文化的重建》，中信出版社，2011，第 112 页。
③ 参见李孝迁《魏特夫与近代中国学术界》，《人文杂志》2010 年第 6 期。

特夫的文献，以便让魏特夫能够在美国学术界站稳脚跟。当时的拉铁摩尔没有料到在后来的麦卡锡主义氛围中，曾受到他无私帮助的魏特夫会落井下石。[①] 拉铁摩尔后来在回忆录中对此依然无法释怀："我不想怀恨什么人，也不想为任何人辩护。毕竟，在一定程度上人人都受他们生活于其中的那个时代的影响。但是如果我要怀恨的话，我会痛恨魏特夫的，因为他企图并在一定程度上成功地利用我来促进他自己的发迹。"[②] 关于这一点，后来的研究者更是举出了其他的例子，足见魏特夫本人确实人品有亏。正如李孝迁先生所指出的："1935~1937年魏氏在华时间不能说短暂，但他的治学范式与当时中国主流学界所奉行的'非考据不足以言学术'学风甚存隔膜，他对中国学术界的影响更多是局限于边缘的左派学者，始终未得到诸如胡适、陈垣、陈寅恪、傅斯年、顾颉刚等主流学者的青睐，这多少是因为魏氏缺乏'绣花'的功夫"。[③] 而且，"魏氏在华时给人以谦和的印象，或许只是一种假象，从他如何逃离纳粹集中营情况不明（有人说他出卖了德共），斯诺（H. F. Snow）、拉铁摩尔对他的负面评价，以及他在麦卡锡时代不光彩的表现，都让人觉得魏氏的人品跟他的理论一样，具有很大的争议。这样一位人格缺陷的外国学者，很难想象会宽厚善待中国学者。所以，凡是跟他合作过的中国学者在后来的回忆中，从来就没有对魏氏有过一点赞美之词，即便像王毓铨那样曾经如此崇拜过他的人，对在'中国历史编纂处'的经历，也只是轻描淡写，没有给他留下多少值得记忆的事情"。[④]

此外，拉铁摩尔还结识了当时在北京的一些中国著名军政人

① 参见〔日〕矶野富士子整理《蒋介石的美国顾问——欧文·拉铁摩尔回忆录》，第42页。
② 〔日〕矶野富士子整理《蒋介石的美国顾问——欧文·拉铁摩尔回忆录》，第217页。
③ 李孝迁：《魏特夫与近代中国学术界》。
④ 李孝迁：《魏特夫与近代中国学术界》。

士，如傅作义、德王、郭道甫（Merse）等。[1]

值得注意的是，由于所持的反日立场，拉铁摩尔本人在这时期跟北京的日本人的联系很少。反而是跟当时身居上海、时任日本同盟通讯社上海分社社长松本重治等人，在不同场合有所接触。"在日本国内，当我遇到像松本重治和松方义三郎这样的人士时，我知道自己在同有理智的人交谈，可以相当自由地谈话；但在北京我不晓得谁是谁，我可能正同一名内奸交谈。"[2]松本重治在他的回忆录当中指出，拉铁摩尔"让我深深感慨的有两点。一是他实地调查之时，始终与当地的土著一同生活。二是选择蒙古和新疆中亚地区为其终生的研究对象。当我问起他为何要选择内陆亚洲为研究对象时，他的理由是内陆亚洲地区是苏联势力渗透地区，但美国却未有丝毫染指。又补充说：'而且，我又十分喜欢蒙古人，在新疆居住着许多既非为俄国人，又非为汉族的各个民族'"。[3]

总体来说，拉铁摩尔在北京时期的个人交往还是较为谨慎的，他并没有卷入当时已经日渐紧张的中日军政关系中，而是通过与相关人员的交往，进一步观察和认识中国尤其是中国边疆的历史与现状，为其中国研究提供第一手的资料与素材，并通过与当时在华的西方研究者的学术交流彼此砥砺，逐步奠定了拉铁摩尔的"中国通"身份和亲华立场，并为他后来在 20 世纪 40 年代出任蒋介石的私人政治顾问提供了学术与观念上的契机。

（三）学术旅行与田野调查

这段时期，也是拉铁摩尔人生中最具创造力的时期。在朋友

---

[1] 具体可参见〔日〕矶野富士子整理《蒋介石的美国顾问——欧文·拉铁摩尔回忆录》，第 23～27 页。

[2] 〔日〕矶野富士子整理《蒋介石的美国顾问——欧文·拉铁摩尔回忆录》，第 44 页。

[3] 〔日〕松本重治：《上海时代》，曹振威、沈中琦等译，上海书店出版社，2010，第 108 页，所引译文略有改动。

们的帮助之下，他参加了众多的学术旅行与田野调查活动，为他进一步了解古代与当代中国提供了绝好的机会，而在这一过程中，逐渐形成了他自己独特的地缘政治观念。

1933年，拉铁摩尔以向导和中文翻译的身份，与一位英国报纸通讯员和两位美国军官一起前往热河省，观察并报道日军对该省的入侵行动。[①]1933年至1934年冬，拉铁摩尔和妻子埃莉诺前往位于纽约的太平洋国际学会总部工作。1934年秋返回北京。1936年，拉铁摩尔受邀访问苏联，并在莫斯科与众多学界与政界人物会面。1937年6月，拉铁摩尔与菲利普·贾菲、毕恩来等人从北京出发，经太原、西安，辗转前往延安。在延安，拉铁摩尔等人受到非常友好的接待，当时在延安的中共领导人毛泽东、周恩来、朱德等跟拉铁摩尔一行进行了深入的交流。这大大出乎拉铁摩尔的意料，"使我吃惊的是，毛竟然愿意接连花上数小时与几个素不相识的美国人交谈。他们曾说过要写关于中共的东西，但毛不知道他们是否胜任。他们提出的问题相当简单，但毛愿意实事求是地、以最简单的术语同他们交谈。……周恩来是一位受过大学教育的知识分子，出过国，既了解中国也了解外面的世界，而朱德是一个从政的军人。毛泽东是一位属于人民的人——一个智力超群但显然具有农民血统的人"。[②]值得注意的是，拉铁摩尔在这次探访之旅中，特别关注了中共在抗日统一战线和民族政策方面的独创性，并认为这些方面的创新在很大程度上有助于这一政党的未来发展。[③]正如他对于统一战线所指出的："我

---

① 参见 Professor Owen Lattimore, A Biographical Sketch by John G. Hangin (Bloomington) and Urgunge Onon (Leeds), in John Gombojab Hangin, Urgunge Onon eds., *Analecta Mongolica: Dedicated to the Seventieth Birthday of Professor Owen Lattimore*, Bloomington: Indiana University Press, 1972. p. 13。

② 〔日〕矶野富士子整理《蒋介石的美国顾问——欧文·拉铁摩尔回忆录》，第53页。

③ 具体可参见〔日〕矶野富士子整理《蒋介石的美国顾问——欧文·拉铁摩尔回忆录》，第53～56页。

对统一战线背后是什么缺乏理论上的理解；但是当我经过介于西安和延安之间的共产党控制区时，我的印象是，这些共产党人知道自己在干什么。他们成功地赢得了农民的信任"，[①]"自延安归来后，我觉得中共领导人对同蒋介石国民党建立统一战线是严肃认真的"。[②]可以说，拉铁摩尔的这种认识是非常具有远见卓识的。

在拉铁摩尔定居北京的这段时间里，他并不只是两耳不闻窗外事的"椅上中国学家"，而更是利用各种机会广泛参访周边地区，了解关于当时国际地缘态势的政治、经济与人文信息，并在此基础上确立起自己的中国观和中国边疆研究思路的学者。

（四）思考与写作

在北京的这段时期，更是拉铁摩尔学术思考与写作的黄金时期。在这几年的时间里，他在《国家地理》（*National Geographic Magazine*）、《外交事务》（*Foreign Affairs*）、《美国民俗杂志》（*Journal of American Folklore*）、《太平洋事务》、《地理学杂志》（*Geographical Journal*）、《美亚》等刊物上相继发表了多篇论文与述评，就内亚研究、地缘政治与中日关系走向等问题发表看法。同时，在这一时期，他还出版了多部作品，如《满洲：冲突的摇篮》[③]《满洲的蒙古人》[④]等，他最杰出的代表作《中国的亚洲内陆边疆》也在这一时期基本成形。[⑤]而在这

---

① 〔日〕矶野富士子整理《蒋介石的美国顾问——欧文·拉铁摩尔回忆录》，第 57 页。

② 〔日〕矶野富士子整理《蒋介石的美国顾问——欧文·拉铁摩尔回忆录》，第 67 页。

③ Owen Lattimore, *Manchuria: Cradle of Conflict*, New York: The Macmillan Company, 1932.

④ Owen Lattimore, *The Mongols of Manchuria*, New York: John Day, 1934.

⑤ 拉铁摩尔在北京时期所发表的具体文献列表可参见 John Gombojab Hangin, Urgunge Onon eds., *Analecta Mongolica: Dedicated to the Seventieth Birthday of Professor Owen Lattimore*. Bloomington: Indiana University Press, 1972, pp. 124-128 以及本书附录一和附录二中整理的相关信息。

当中，对于中国东北在亚洲地缘政治格局中的重要位置以及未来中日关系走向的思考是其中的主要内容。

在从东北回到北京之后，拉铁摩尔系统整理了他 1929~1930 年东北之旅的记载与见闻，最终在 1932 年出版了《满洲：冲突的摇篮》一书。在书中，拉铁摩尔指出，他希望能在那些古老的游牧部落对中原形成的周期性压力以及中原对此所做的反应的类型与体系研究的基础上，对民众与文化的互动式迁徙加以深入的研究。[①] 并力图以此为契机，进一步分析与探究未来中、日、苏关系的发展与走向问题。在完成这些著作的同时，拉铁摩尔一直在为他的《中国的亚洲内陆边疆》一书准备素材。

此外，对时局与政治的敏感，使得拉铁摩尔在重大历史时刻能够迅速形成自己的判断。在卢沟桥事变发生前，拉铁摩尔为伦敦《泰晤士报》和《星期六晚报》投去了两篇最后未能发表的展望中日关系前景的文章。拉铁摩尔在文章中指出，"日本人将不满足于以进行第二次侵略相威胁从中国得到让步，他们将开始对中国进行另一场军事侵略，但这次可不像在满洲那样轻松。中国军队将进行战斗，即使某些将领叛变，投降日本。统一战线将坚持下去，中国人将继续抵抗。这里我的想法有些超前，但我说如果抵抗真的开始的话，由于中国幅员辽阔，日本人将无法赢得一场闪电式战争。战争拖得越久，日本的处境就越糟。同样，在中国方面，战争时间越长，中共就愈加强大"。[②] 同时，他对当时的对日抗战前景有着较为准确的认识："我只是坚持这一总的看法：即中国在目前的情况下，只有在一个统一战线之下才能生存下来；如果在发生内战的同时又试图坚持全民抗战，那么内战将扼杀后者"。[③]

---

① Owen Lattimore, *Manchuria: Cradle of Conflict*, New York: The Macmillan Company, 1932, Introduction, pp. xi.

② 〔日〕矶野富士子整理《蒋介石的美国顾问——欧文·拉铁摩尔回忆录》，第 60 页。

③ 〔日〕矶野富士子整理《蒋介石的美国顾问——欧文·拉铁摩尔回忆录》，第 66 页。

（五）参与"太平洋国际学会"事宜与《太平洋事务》的编辑

在此值得专门论述的是拉铁摩尔在北京所参与的"太平洋国际学会"（The Institute of the Pacific Relations，简称IPR，一般亦称"太平洋关系学会"）的事务，以及他担任《太平洋事务》杂志编辑的情况。

太平洋国际学会成立于 1925 年，它是一个国际性的非政府组织，以亚太地区政治、经济、社会、文化、外交、民族、宗教等相关事务为主要关注对象，在从 1925 年成立到 1960 年最终宣告解散的 35 年时间里，这一学会共举办过 13 次国际会议，议题十分广泛，并且在当时的 14 个国家与地区设立了分会。① 学会的主要工作包括相关问题调研、会议讨论与出版事宜。其中，"工作进行之程序，首为研究。择各种困难繁杂之问题，委托专门家研究之，以其结果，供下次之讨论。次为会议。会议讨论之内容，按照议程之次序，不仅限于指定研究之专题，尚有其他各委员之

① 张静：《中国太平洋国际学会研究（1925—1945）》，社会科学文献出版社，2012，序言，第 1 页。关于太平洋国际学会的研究，已积累有相当的研究成果，如 J. N. Thomas, *The Institute of Pacific Relations: Asian Scholars and American Politics.* Seattle and London: University of Washington Press, 1974; Sandra Wilson, *The Institute of Pacific Relations: Pioneer International Non-Governmental Organization in the Asia-Pacific Region.* Toyko: Institute of Asia-Pacific Studies, Waseda University, 1999; Tomoko Akami, *Internationalizing the Pacific: the United States, Japan ad the Institute of Pacific Relations in War and Peace, 1919-45.* London: Routledge, 2002; Michio Yamaoka and George M. Oshiro, *Towards the Construction of a New Dicipline: International Conference Proceedings on the Re-evaluation of the Institute of Pacific Relations (IPR).* Tokyo: Ronsosha Publishing House, 2005 等；国内研究成果如张静《中国知识界与第三次太平洋国交讨论会》，《近代史研究》2004 年第 1 期；张静：《国民外交与学术研究：中国太平洋国际学会的基本活动及其工作重心的转移（1925 ~ 1933）》，《社会科学研究》2006 年第 4 期；王美平：《太平洋国际学会与东北问题——中、日会员的交锋》，《近代史研究》2008 年第 1 期等。基于此，本书对此将不再详细论述，仅就与拉铁摩尔相关的事宜择要阐述。

论文。三为出版。次会之集议，讨论完结，并不表决或标明政策，但将要点宣布于世，以之代表舆论而已"。[①] 而以上三方面的内容在具体运作过程中，"含有相辅而行赓续不断之性质，而尤对讨论研究两部分为显著。盖各种问题之来，如初讨论时，觉其繁杂而不易窥其究竟，则立即委之于专家研究。研究之所得既出，再以供讨论之资。讨论研究，相互激发，如水之愈博愈荡，流动而不能自已，自此讨论及研究所得各种有价值之材料，则均刊布，以谋广播。故上述三种工作，实彼此相辅相续而行者也"。[②] 除却对太平洋国际学会政治意义的论述，在学术方面，这一学会的创建与活动，可以被看成美国传统汉学向以"区域研究"为特点的现代中国学转型的标志。这一学会是"美国中国学研究史上一个不容忽视的、具有学术转向标志的学术团体"，其出现使得"传统意义上东方学、中国学研究开始走出古典语言文学、历史、思想文化的纯学术研究壁垒，转向侧重现实问题和国际关系问题研究的新领域，从而揭开了地区研究的序幕"。[③]

1933 年 8 月 14 ～ 26 日在加拿大班夫（Banff）举行的太平洋国际学会第五届会议上，经曾经在《天津时报》的同事、时任上海《大美晚报》编辑伍海德（H. G. W. Woodhead）推荐，拉铁摩尔以美国代表的身份首次参会。当时参会的中国代表共 15 人，其中包括胡适、陈岱孙、陈翰笙、翁文灏等，本次会议的主题是"太平洋区域国际经济冲突：控制与调节"。也正是在这次会议上，拉铁摩尔与参会的中方代表陈翰笙等人有了初步的接触。

在此次会议之后，拉铁摩尔受时任太平洋学会总干事卡特（E.

---

① 《太平洋国际学会工作之概况》，载刘驭万编《最近太平洋问题》，中国太平洋国际学会，1932，上卷，第 223 页。

② 《太平洋国际学会工作之概况》，第 229 页。

③ 侯且岸：《当代美国的"显学"——美国现代中国学研究》，人民出版社，1995，第 40、36 页。

C. Carter）的聘请，接手《太平洋事务》的编辑工作，"这个职位有利于这位新人一展抱负，他可以选择做他喜欢的任何方面的新闻编辑工作，并且还有时间旅游、调查和写作"。[①]拉铁摩尔在主持《太平洋事务》上颇费了一番心力，不仅调整了办刊侧重点，而且在报道风格方面做了很大的调整，使该杂志在亚太问题研究领域逐渐确立起学术声望。据当时的人回忆："1934年3月，《太平洋事务》以一种新的编排和截然不同的版式出现了。这时，'太平洋动态'由于该杂志如今强调对事实性的报道作出说明解释而失去了地盘。原来作为资料索引的文献摘要则为长篇的书评所代替。欧文·拉铁摩尔接替伊丽莎白·格林任编辑。几乎只有否认对任何政治、社会及经济观点具有倾向性的办刊方针，是该刊从前一段时期继承下来的。从数量上看，有关中国共产党的评论至1936年末一直没有明显增加。然而，在风格方面，改进后的杂志上刊登的有关中国共产党的文章与过去相比却截然不同。这些文章篇幅相对较长，更注重分析论理，对南京官方散布的土匪理论表示了更多的怀疑。……至少可以说，《太平洋事务》杂志在欧文·拉铁摩尔主持编辑之下，确确实实为人们就有关问题交换意见提供了一个场所。首先，杂志为那些与该刊特约文章作者持有不同观点的人们敞开版面展开批评。例如，中共地下党员、纽约左翼期刊《今日中国》的固定撰稿人冀朝鼎，就曾经在《太平洋事务》的书评栏目中发表文章，运用斯大林主义的观点，反驳了艾萨克斯托洛茨基主义的分析。同时，书评栏目的扩大还为不同观点间的交叉提供了便利的论坛。在一篇评论中，一位《华北日报》前任编辑对中国将屈从于共产主义的看法提出异议，他认为毫无疑义，中国共产党将被镇压下去。最后，《太平洋事务》杂志的编辑也间或执笔撰文分析时局。在其中的一篇分析文章中，

---

① 〔英〕保罗·法兰奇：《镜里看中国》，张强译，中国友谊出版公司，2011，第490页。

拉铁摩尔指出，共产党的真正力量并不在'人数的多寡，而在于他们领导者的质量和他们在自己占领地区赢得支持的能力'"。①而后来的历史发展，在某种程度上也印证了拉铁摩尔这一判断的正确性。

在编辑风格方面，拉铁摩尔鉴于当时各国间在政治热点方面的分歧，巧妙地通过议题设置等方式予以化解："在这种形势下，我作为编辑的指导原则之一是：当我对某个引起争论的问题不甚清楚希望有所了解时，就做些调查，搞清楚谁确实了解此事，然后请他或她写篇文章；或者当我偶然发现某个人曾写过有趣的东西，我会直接写信请他投稿。这些文章的复制件预先在各国委员会内传阅，以便有时间准备反驳。然后如有反对意见，我就将这些意见发表。"②在拉铁摩尔接手《太平洋事务》的几年时间里，尤其是在中国抗日战争时期，在陈翰笙的协助下，他主持发表了一系列同情与支持中国抗战的文章，例如在斯诺《西行漫记》一书刚出版不久，《太平洋事务》杂志就在1938年6月刊发了斯诺这一著作的重要片段，在当时的中国产生了巨大的影响。

在北京的这几年时光，一方面，时局的纷扰固然影响了拉铁摩尔对中国边疆问题的学术探究，但在另一方面，这种时政变迁也使拉铁摩尔能够更好地结合地缘政治背景来思考中国的边疆问题。经过这几年在北京的交流与研究，历练出了一个非学院派的中国通，同时也成就了一个真正具有"同情之理解"心态的、理解中国社会内在发展逻辑的西方地缘政治学大师。拉铁摩尔后来的名著《中国的亚洲内陆边疆》，其资料积累与思想积淀过程，很大程度上就是在他的这段北京时光中完成的。

当然，拉铁摩尔的下一次北京之行却隔了很多年。1972年秋，

---

① 张鸣、吴静妍编《外国人眼中的中国》（第六卷），吉林摄影出版社，2000，第74、75~76页。

② 〔日〕矶野富士子整理《蒋介石的美国顾问——欧文·拉铁摩尔回忆录》，第31页。

受中国政府的邀请，拉铁摩尔在时隔数十年之后再次踏上中国的土地，得以重访北京。[①]但这一次，则有着几乎完全不同的历史与时代背景。

延安之行

自从中国工农红军经过艰苦卓绝的长征，于1935年抵达陕北之后，延安就逐渐成为中国红色革命的中心，在这段时间里，有不少外国记者和友人探访延安，并与毛泽东等中共领袖有过交流。正如斯诺在探访延安之后所著的《西行漫记》一书中所指出的："中国社会革命运动可能遭受挫折，可能暂时退却，可能有一个时候看来好像奄奄一息，可能为了适应当前的需要和目标而在策略上作重大的修改，可能甚至有一个时期隐没无闻，被迫转入地下，但它不仅一定会继续成长，而且在一起一伏之中，最后终于会获得胜利，原因很简单，产生中国社会革命运动的基本条件本身包含着这个运动必胜的有利因素。而且这种胜利一旦实现，将是极其有力的，它所释放出来的分解代谢的能量将是无法抗拒的，必然会把目前奴役东方世界的帝国主义的最后野蛮暴政投入历史的深渊。"[②]在延安，蕴藏着一股解放的力量，一种变革的力量，而这种圣境般的魅力吸引着大批外国记者和友人前来一探究竟。相关文献曾记载，当时"又有一批外国客人来访问他（即毛泽东——编者注），想了解他对当时国际问题的看法。除了斯诺和史沫特莱外，他在陕西的初期阶段，还会见了欧文·拉提摩

---

① 关于拉铁摩尔本人对这次中国之行的回顾，可参见 Owen Lattimore, "Return to China's Northern Frontier," *The Geographical Journal*, Vol. 139, No. 2 (June, 1973), pp. 233-242。

② 〔美〕埃德加·斯诺:《西行漫记》，董乐山译，生活·读书·新知三联书店，1979，第406页。

尔（即欧文·拉铁摩尔——笔者注）、T. A. 毕生、詹姆士·贝特兰，以及瓦列特·克特茜－玛尔克丝"。①而拉铁摩尔的这次探访经历，对他本人来说也具有极为重要的意义，并在某种程度上影响了他对中国边疆问题思考的路径与方式。

在 1929~1930 年东北考察活动结束后写成的《满洲：冲突的摇篮》一书中，拉铁摩尔对中国共产党影响与地位的认识还显得比较粗浅，他"认为中共只是中国历史上屡见不鲜的农民起义在 20 世纪的表现形式"，②而没有注意到中共和传统的农民起义样态有着本质上的不同。但即便如此，拉铁摩尔还是有自己的判断："我也不认为他们是苏联的工具和傀儡。由于我不属于任何党派，在这个问题上我不受任何人的影响；但根据我在北京的所见所闻——那时中共还在西南地区，我认为中共所处的地理位置使其无法同苏联密切接触，尽管他们当中有从俄国归来的学生。"③正是基于这种对当时地缘政治环境的认识，使得拉铁摩尔敏锐地意识到中国共产党在当时中国政治以及中日战争前夕环境中所拥有的独特地位，而这种独特现象值得进行深入细致的调查与分析。

可以说，通过之前对相关文献的阅读以及对时局信息的掌握，拉铁摩尔对中国共产党在当时国内的地位与状况已经有了初步的认识，但这种认识还是建立在二手文本与信息基础上的，缺乏实地的调查，还没有机会做直接、细致的观察与分析。因此，访问延安，就成了拉铁摩尔更好地认识共产党，进而更好地认识当时中国政治与亚太局势的一个重要契机。

一个偶然的机会，让拉铁摩尔实现了访问延安的梦想。当时，

---

① 〔英〕威尔逊：《毛泽东》，中央文献研究室《国外研究毛泽东思想资料选辑》编辑组编译，2008，第 136 页。

② 〔日〕矶野富士子整理《蒋介石的美国顾问——欧文·拉铁摩尔回忆录》，第 52 页。

③ 〔日〕矶野富士子整理《蒋介石的美国顾问——欧文·拉铁摩尔回忆录》，第 52 页。

美国《美亚》杂志主编菲利普·贾菲和他的妻子艾格尼丝·贾菲（Agnes Jaffe），以及美国外交政策协会远东问题专家毕恩来（即毕森，Arthur Bisson）①到了北京，跟当时正在北京供职的拉铁摩尔建立起了初步的联系。出于获取新闻的需要，他们想去延安看看，因为知道拉铁摩尔对中国很熟悉，所以就问他是否愿意作他们的向导和翻译一同前往，费用全包。拉铁摩尔也很希望近距离了解共产党及苏区生活的情况，因此一口答应下来。他还通过好朋友埃德加·斯诺的关系，获得了延安方面的邀请。斯诺当时的妻子回忆道："原意我只预备在延安住一个五月。后来我听说我丈夫预备在六月中带几个外国作家到延安来，因此我等他们一起回去。这一群人，拉铁摩尔、皮松（T. A. Bisson，即毕森——笔者注）以及纽约的雅弗夫妇（Mr. & Mrs. P. Jaffe，即贾菲夫妇——笔者注）在六月二十二日真地到了，我的丈夫则决定了不和他们同来，他们在延安只留住了两天，因为他们在西安已耽搁得太久，而雅弗夫妇却要赶飞机去上海，他们又不是坐红军的军车来的，而是逼得在西安雇了私人的汽车和车夫开来。"②当时前往延安的这三个人都跟《美亚》杂志有关系，所以这个访问团后来也常被称为"美亚小组"，他们一行是进入红色区域的第七批，同时也是抗日战争爆发之前的最后一批美国人。

在稍做准备之后，拉铁摩尔一行于 1937 年 6 月 7 日从北京出发。为了能够最终顺利到达延安，拉铁摩尔等人颇费了一番周

---

① 毕恩来出生于 1900 年，1923 年毕业于美国拉特罗斯大学，1924 年受美国基督教张来水外国布道会派遣，作为教育传教士前往中国，1925 年抵达北京，1927～1928 年在燕京大学任教，1929 年返回美国。1937 年他与拉铁摩尔等人访问延安，1943 年加入太平洋国际学会，任国际处副研究员，20 世纪 50 年代后，受麦卡锡主义迫害，1969 年移居加拿大，1979 年病逝。

② 〔美〕尼姆·威尔斯：《续西行漫记》，陶宜、涂复泽，朔望校，三联书店，1991，第411 页。

折，"为了预防被当成企图去延安的人，我们假装是游客在旅行。我们没有乘火车直奔西安，而是首先北上山西到了太原，在这里游玩了一阵子。然后我们沿另一条铁路南下，最后到了西安，这样便证实了我们是旅游者"。[1]他们于 6 月 10 日抵达西安，住进当地著名的饭店——西京招待所，并在此获得了允准访问延安的介绍信，但只能自己解决前往延安的交通工具问题。[2]这时，他们幸运地找到了一个懂行的同行者：在中国土生土长的瑞典人埃菲·希尔（Effie Hill），他的父亲是一位在华传教士，自己是出色的汽车修理工，还能说非常流利的汉语，之前受雇于斯文·赫定的西域考察队。在这次考察结束后，他在西安开设了一家私人商行，出租并维修汽车。拉铁摩尔等人和希尔一拍即合，随即雇用他和他的汽车一起上路。

当时，尽管国共已经准备进行第二次合作，但从国民党控制区域进入陕甘宁边区还是要冒一定的风险，拉铁摩尔他们决定试一试。6 月 18 日，"在一个风和日丽的日子，我们全都挤进了他的汽车。我们没有退掉旅馆的房间，声称只是出去看一些陵墓。车子出了城门后，便一直朝前开，到了西安部队与红军之间的一个边界哨所。由于这个瑞典人是本地人，知道什么地方军阀部队与共产党关系和睦，因此我们毫无困难地通过了哨卡。一俟我们到达共产党这边，一切都没有问题。他们非常热情，一点麻烦也没有，我们顺利地抵达延安。"[3]虽然拉铁摩尔在回忆录当中说得很轻松，但对希尔来说，这几天的历程颇为艰辛。由于连下大雨，几条原本几乎干枯的河床水位猛涨，他们不得不走走停停，花了整整 4 天时间才走完了 300 公里的行程。[4]

---

① 〔日〕矶野富士子整理《蒋介石的美国顾问——欧文·拉铁摩尔回忆录》，第 51 页。
② 张星星：《"美亚小组"延安行》，《百年潮》2007 年第 5 期。
③ 〔日〕矶野富士子整理《蒋介石的美国顾问——欧文·拉铁摩尔回忆录》，第 52 页。
④ 张星星：《"美亚小组"延安行》。

6月21日，拉铁摩尔一行5人最终抵达陕北延安，仔细算起来，他们是进入根据地的第七批美国友人，也是抗战全面爆发前最后一批采访中共领袖和红军将士的外国人。他们在这里一共待了4天，在短短几天时间里，拉铁摩尔等人没有放弃任何一个了解和认识延安的机会。

抵达当晚，拉铁摩尔一行就受到热烈欢迎，毛泽东、董必武和丁玲等人到他们住处慰问，并为他们举行了临时欢迎晚会。6月22日上午，他们参观了抗日军政大学，并见到了朱德给学员授课的场景。当天下午，毛泽东在住处会见了拉铁摩尔一行，向他们详细阐述了中共的抗日民族统一战线以及对英美的相关政策，并回答了相关的问题。毛泽东指出："领导权并不依赖于力量的大小，而要看领导者的纲领和所做的努力。共产党并不谋求自己的私利，它所谋求的只是大多数人民的利益、全民族的利益、劳苦大众的利益。如果战争胜利了，日本被赶出去了，如果形势朝这个方向发展，这就意味着革命运动是在共产党领导之下。"[①]拉铁摩尔后来回忆道："我看到毛泽东主席就是在延安，他和其他中国共产党领导人多次接见美国作家的地方也是这里。那是在卢沟桥事件只不过两三个星期以前的事。如果是军事思想狭隘的人，恐怕会认为需要对我'保持军事机密'，但是尽管我提出了这样的要求，这些中国领导人，特别是毛主席，却以最坦率的态度谈了。他们具有惊人明晰的头脑，预言了战争的爆发、演变和结果，以及战争对国共两党围绕着爱国抗战的领导权进行的斗争的影响。"[②]

"令我吃惊的是，毛竟然愿意接连花上数小时与几个素不相识的美国人交谈。他们曾说过要写关于中共的东西，但毛不知道

---

① 中共中央文献研究室编《毛泽东思想形成与发展大事记：马克思主义中国化90年》，中央文献出版社，2011，第157页。

② 〔美〕拉铁摩尔：《西域和内蒙古之行——我度过青春的地方》。

他们是否胜任。他们提出的问题相当简单，但毛愿意实事求是地、以最简单的术语同他们交谈。……我的印象是，这些中共代言人肯定懂得怎样谈话才能使美国报纸有利地引述他们的言论。他们非常聪明，知道自己的经历将吸引全世界的反帝人士。他们让自己的故事显得朴实无华，防止会见者弄错或夸大其辞，尽最大努力使其具有吸引力。"①拉铁摩尔的判断十分敏锐，在后来的抗战中，共产党的行动也正是通过国内外媒介的报道而为世界所知。

当天晚上，毛泽东等人陪同他们观看了文艺表演。"在延安，晚上他们举办文娱性的集会。大人物们，毛、周、朱和其他高级领导人全部到场，坐在观众中间，他们没有特权者的席位，完全同群众打成一片。这是他们了解人民的想法的重要手段之一。在这种场合，来自全国各地的人等上台，演唱他们家乡的民歌，或是讲故事。"②这种印象对拉铁摩尔的触动很大，因为这跟他在上海、北京所见到的场景完全不一样。对此，毕恩来也记叙道："虽然朱德、周恩来的上衣口袋上可能插着自来水笔，可表示军阶的徽章却是没有的。司令员和士兵的制服都是一样的。……在共同的事业中，所有的人都处于平等地位。"③

6月23日上午，延安下起瓢泼大雨，原定与朱德等约定的篮球友谊赛被迫取消，拉铁摩尔一行改为采访朱德，朱德向他们说明了当时的中国国内军事形势以及抗日战争的军事战略等问题。朱德还指出，中国要打败日本，必须依靠全国的工人和农民的力量，只有中国共产党才能展开这场群众运动，因此，南京政府方面必须跟我们合作，"这场战争必定是一场总体战。国民党如果一味只要用他的精锐正规军再加上西方帝国主义的援助就行了，

① 〔日〕矶野富士子整理《蒋介石的美国顾问——欧文·拉铁摩尔回忆录》，第53页。
② 〔日〕矶野富士子整理《蒋介石的美国顾问——欧文·拉铁摩尔回忆录》，第55页。
③ 〔美〕毕森（毕恩来）：《抗日战争前夜的延安之行》，张星星等译，东北工学院出版社，1990，第79页。

那他是打错了算盘。那他是不明白，只有群众性的人民抗战才能打赢这场战争。"① 当天下午，他们又拜访了博古，从他那里了解关于陕甘宁边区的情况，随后其他人再次拜访了毛泽东，拉铁摩尔在博古那里留了下来，向他具体了解边区的民族政策与少数民族情况。

当晚，拉铁摩尔一行终于有机会拜访周恩来，并与之进行了深入的交谈，谈论内容涉及国共和谈和统一战线等问题。毕恩来在回忆录中写道："周恩来愿意并且希望把事实告诉我们，甚至对一些尚未解决的敏感问题，也毫不犹豫地向我们提供了详细情况。"② 拉铁摩尔对于这次拜访也印象深刻："我第一次见到周恩来总理也是那个时候。后来，从一九四一年到四二年，当时他是驻重庆的正式党代表，我是罗斯福总统指定的蒋介石总统的政治顾问，那时，我和他成了知己朋友。"③ 作为一位老练的中国问题观察者，拉铁摩尔注意到了中共几位领导人各自的特点："周恩来是一位受过大学教育的知识分子，出过国，既了解中国也了解外面的世界，而朱德是一个从政的军人。毛泽东是一位属于人民的人——一个智力超群但显然具有农民血统的人。"④

24 日上午，拉铁摩尔一行受邀在朱德主持的红军指战员大会上发表演讲，听众两千余人，"主要是统一战线的同情者而不是今天所称的坚强核心的共产党人"。⑤ 其中大多数是抗日军政大学学员，贾菲、毕恩来和拉铁摩尔轮流就各自关注的问题发表了看法，反响强烈。之后，毕恩来、贾菲等人在朱德陪同下参观了位于延安的中央党校等机构，拉铁摩尔本人则采访了几位少数民

① 中共中央文献研究室编《毛泽东思想形式与发展大事记：马克思主义中国化 90 年》，第 158 页。
② 〔美〕毕森（毕恩来）：《抗日战争前夜的延安之行》，第 48 页。
③ 《西域和内蒙之行——我度过青春的地方》。
④ 〔日〕矶野富士子整理《蒋介石的美国顾问——欧文·拉铁摩尔回忆录》，第 53 页。
⑤ 〔日〕矶野富士子整理《蒋介石的美国顾问——欧文·拉铁摩尔回忆录》，第 54 页。

族人士。拉铁摩尔在跟几位蒙古族人士聊天时，"他们对我说的是：
'当然，所有的汉人曾经都是蒙古人的压迫者，但这些汉人不同，
他们是我们第一次碰到的把我们当人看的汉人'。"[①] 这正从细
节处体现了当时中共在民族问题处理上确实卓有成效。

当天傍晚，拉铁摩尔一行结束了对延安的访问，启程返回西
安，毛泽东、周恩来、朱德、博古等人专门为他们送行。毕恩来
回忆道："我们最后一次互致良好的祝愿，然后分手告别。平易、
随便的气氛没有任何改变，这一次更深深地感动了我们。这是一
个简单的告别式，我们几乎在不知不觉中就离开了延安，踏上了
返回的路程。在延安的那些紧张日子里，我们没有什么时间去思
考所看到的那些事物，也没有时间去思考它们意味着什么，这些
只能在以后来做。"[②] 在这段延安之旅结束后不到两周，卢沟桥
事变爆发，中日战争全面打响，中国局势与世界形势进入了一个
新的阶段。

"在延安，我们是站在中国和亚洲反对殖民主义、反对封建
主义革命的中心。"[③] 可以说，要是没有延安之旅，拉铁摩尔对
中国社会与中国政治的认识将是不完整的，对中国问题的思考也
会是缺失的，因为在这里，蕴含着后来被证明是变革中国的决定
性力量。延安之旅使拉铁摩尔认识到中国社会中曾经被误解和掩
盖了的力量，而这种力量正在蓬勃生发当中："有天，在回西安
的路上，当我们等待汽车发动机冷却下来时，我问希尔：'埃菲，
你见过各种各样的中国人。你认为这些人怎样？'因为他在延安
四处走动，跟人们攀谈过，我想听听他的反应。他说：'告诉你吧。
我遇见过很多国民党知识分子。我也曾跟军阀有来往。几乎没有
什么样的中国人我没有打过交道。但是在延安，我第一次看到一

---

① 〔日〕矶野富士子整理《蒋介石的美国顾问——欧文·拉铁摩尔回忆录》，第55页。

② 金紫光、靳思彤主编《外国人笔下的中国红军》，陕西人民出版社，1996，第740页。

③ 金紫光、靳思彤主编《外国人笔下的中国红军》，第739页。

位能够领导中国的人（即毛泽东）。'"①

理解之同情，是拉铁摩尔这次延安之旅最重要的收获。在这之后，尽管拉铁摩尔没有再专门去过陕甘宁边区，但他在思考与分析中国问题的时候始终保持了对于边疆革命性力量的关注，并将这种一贯的关注倾注到对中国革命与建设的同情与理解当中。在不久之后，拉铁摩尔写出了两篇文章：《中国共产党的根据地：陕北之行》《中国共产党的现在和将来：统一战线的理论》，虽然后来文章没能发表，却由当时美国在北京的领事罗赫德（Lockhart）转给了美国国务院。在文章中，拉铁摩尔对中国共产党在当时和未来中国社会中所扮演的重要角色予以了充分的肯定，并认为它将引导未来中国发展的方向。

除此之外，拉铁摩尔这次延安之行还对他的边疆整体认知产生了深远影响。在这之前，他对于中国边疆地区社会与文化特征的阅读与思考主要是基于对中国相关历史文献的阅读，而没有将其与当时中国的国际地缘政治与国内时局结合起来加以考虑。拉铁摩尔通过这次对延安的考察，从内部亲身感受到了来自这一边疆地区的革命性力量，并且注意到了这种革命性力量与之前的边疆变革力量之间存在的本质性的差异，这种差异，在后续的中国社会发展进程中产生了决定性作用，而且也有力地影响和形塑了现当代中国的边疆结构。

重庆时期

如果说延安之行使拉铁摩尔对中国共产党及其领导的革命力量有了更深入的了解，并在某种程度上促成了拉铁摩尔本人同情

① 〔日〕矶野富士子整理《蒋介石的美国顾问——欧文·拉铁摩尔回忆录》，第 56 页。

中国革命的态度的话，那么，拉铁摩尔在20世纪40年代赴抗战时期的陪都重庆担任蒋介石政治顾问的那段时光，则让拉铁摩尔能够近距离地观察国民党方面的相关情况，并进一步激发了他支持中国抗战的坚定决心。

严格说来，拉铁摩尔尽管关注中国抗战，并十分支持中国人民抵抗侵略的行动，但他本人在中美政界都没有足够多的高层人脉，对于现实的国际政治并没有太多的介入，而他在1941年被任命为蒋介石政府的政治顾问，在某种程度上也是中美高层政治之间的一种人事妥协。一方面，华盛顿方面希望能在蒋介石身边有一个代表，但这个代表又不具有强烈的政治色彩；另一方面，重庆方面则希望美国派来的这个代表不会影响蒋介石的决策地位，同时能够提供必要的咨询建议，"蒋极有可能希望得到一个像著名的哈里·霍普金斯（Harry Hopkins）那样的人，他没有担任任何大使一类的职务，却作为罗斯福和丘吉尔之间的私人捎客四处奔走"。[①]因此，拉铁摩尔就成了双方都能够接受的人物。陈翰笙先生后来回忆道："像他这样正直而又充满才华的人，应当是属于世界的……罗斯福总统还是有识人本事的，他决定推荐他出任蒋介石的顾问时，还不认识他，但听身边的助手详细地谈及他的学识后对他很佩服，所以敢于用他。你从罗斯福总统亲自给蒋介石写的推荐信中说的那番话，也可以看出罗斯福总统对他还是很欣赏的。……罗斯福一再强调拉铁摩尔精明强干，能正确了解美国的政策，想必对你蒋介石总司令会有用处的。其实，蒋介石内心里对拉铁摩尔还是肯定的，所以赞扬他考虑中国问题时比宋子文更像中国人，只是蒋介石需要的不是他这样一位通晓中国事务的学者，而是一位能为他谋取巨大政治利益的人。……在对华的问题上，当时罗斯福考虑更多的是中国不能发生内战，国

---

① 〔日〕矶野富士子整理《蒋介石的美国顾问——欧文·拉铁摩尔回忆录》，第84页。

民党和共产党应当搞统一战线，集中力量来抗日，中国大力抗日才符合美国的国家利益。拉铁摩尔也是这样想的，所以罗斯福认为，有这样一位主张集中力量抗日的美国学者在蒋介石身边做顾问，可以起到一些监督蒋的作用。拉铁摩尔是一位拥有自由主义思想的进步学者，他当时在美国学术界、政界都有较好的声誉，所以当总统派人就拉铁摩尔出任蒋介石顾问一事征询各方意见时，美国的左、右翼各方都没有人持反对意见，就这样提名顺利通过了，他也就赴重庆走马上任了。"①

因时任美国总统罗斯福行政助理居里（Lauchlin Currie）的推荐，拉铁摩尔于 1941 年 6 月 28 日被正式任命为蒋介石的私人政治顾问，并于 7 月 19 日上午抵达重庆。7 月 21 日拉铁摩尔拜会了蒋介石，向其递交了美国总统罗斯福的介绍函，蒋介石随后让时任立法院编译处处长的谢保樵负责与拉铁摩尔的日常联络事宜。当时的国内报章对此报道颇多，例如《时与潮》即评论道："在侵略狂焰日益炽烈的今天，侵略的和反侵略的两大阵营，已划分得清清楚楚的了，据目前情势的演变，举足轻重的美国已到了实际行动的时候，如再静观，恐有坐失良机之虞。当德国忙于对英苏两国作战的时候，美国所感到由大西洋来的威胁，确已较小；真正的危机，则是来自太平洋方面的日本。基于侵略的理由，美国应先制裁暴日；为了先发制人，美国应于此时打击日本，这又是拉氏所深切认识的。我们希望拉氏把此点向美国朝野指出，使其知所抉择。拉氏在美国是有数的舆论界名士，更是罗斯福总统所信任的学者。这位供职中国之美国'智囊'的言论主张，对美国的舆论和决策会有很大的影响。所以，我们除钦佩拉氏对我们抗建大业的襄助外，更希望对其祖国尽些指迷的责任。"② 可以说，

---

① 田森：《三个世纪的陈翰笙》，第 94 ~ 95 页。

② 斌：《时与潮短评：所望于拉铁摩尔先生者》，《时与潮》1941 年第 9 卷第 5 期，第 4 页。

在国内舆论看来，拉铁摩尔的到任，就已经表明了美国政府对于中国抗战的支持，这种态度本身对中国而言已经是巨大的精神鼓舞。拉铁摩尔也充分地利用了他的这一新身份，在各个场合呼吁美国政府为中国提供更多的支援。在他看来，"如果蒋介石得不到一个能够告诉他白宫内部秘密的人，那么他要做的或许就是接受这个被罗斯福视为中国问题专家的人，在重庆对他施加影响，这样通过他给华盛顿的电报，他将反过来影响罗斯福对中国的看法"。① 但拉铁摩尔也清楚，他在重庆担任的职位可能更多的只是一种宏观的顾问角色，并没有办法真正影响美国决策层的政策制定与实施过程，"我之所以接受这项任命，是因为我完全赞成罗斯福的这一政策，即当日本正在进行侵略时，中国人之间再次发生内战将是大错而特错的。由于 1936 年 12 月的西安事变而形成的第二次统一战线对中国的生存至关重要"。② 正是对基于中国这一第二故乡的同情与热爱，拉铁摩尔在他任职重庆的这段时间里才能始终不懈地呼吁美国政府增加对华援助并进一步支持中国抗战。

在重庆的那段日子里，拉铁摩尔经历过困惑、苦恼与无奈。人们对他在重庆的真实身份存在着混乱的看法。作为蒋介石的顾问，这一角色常被理解成他是政府的顾问，但他本人实际上无法对蒋介石政府的决策施加影响。可他又是蒋介石唯一的外国私人顾问，这种"顾而不问"的状态与唯一私人顾问的独特性形成了奇妙的结合，并构成了拉铁摩尔本人在重庆的独特生活状态："薪水由蒋的'总司令部'支付，除了偶尔同个别官员有未经日程安排的私人谈话外，我跟外交部没有联系，在重庆我没有每天去坐班的自己的办公室，也不定期去见蒋介石。我在家里阅读材料，

---

① 〔日〕矶野富士子整理《蒋介石的美国顾问——欧文·拉铁摩尔回忆录》，第 87 页。
② 〔日〕矶野富士子整理《蒋介石的美国顾问——欧文·拉铁摩尔回忆录》，第 91 页。

接待来访者，并可以自己决定去见其他我想见的人。蒋介石常常派他的亲信秘书来找我，提出诸如'你能在明天某个时候来见我吗？'之类的要求，有时候是蒋夫人派人送来一张手写的便条让我去"。[①]但心态平静下来之后，拉铁摩尔开始逐渐适应这种状态，并开始按照蒋介石的要求去拜访一些人员："初次同蒋介石会晤时，他明确指定我在中国的国内事务上主要与孔祥熙联系。蒋认为我应该会见所有希望见我的中国人，包括新闻记者，但我应谨记哪些事情属于机密，只同那些处于相应的阅密级别的人谈论这些事。然后他给我一份要拜访的人员名单，如各部首长。他还告诉我不要主动去会晤他人。因此在宴会及类似场合中我从未接近其他人"。[②]除此之外，拉铁摩尔还在这期间主动结识了已经失去政治和军事影响力的爱国将领冯玉祥、时任国民党中央宣传部副部长的董显光、时任总参谋长的何应钦、时任外交部部长的郭泰祺、时任四川省省长的张群、时任负责保持与华侨联络的海外部长吴铁城，以及王世杰、冀朝鼎、迪鲁瓦呼图克图等，并与当时派驻重庆的周恩来建立了亲密联系。此外，拉铁摩尔还抽出时间，在 1941 年 10 月去了一趟云南，"在云南的巡视中，我耳闻目睹了中央政府和地方政府相互作用的一鳞半爪的情况。中央政府忙于抵御外国侵略者的国防，并努力巩固自己的权力，而各种地方势力则试图尽可能地保持自己的独立地位"。[③]这次云南之行还让拉铁摩尔认识到了云南作为东南亚地区枢纽以及各民族和谐共处之地的重要地位，激发了他对中国边疆整体性的后续思考。

1941 年 12 月 7 日，日本袭击美国珍珠港，美日太平洋战争爆发，打乱了拉铁摩尔原本的回国计划。因痢疾所困，1942 年 1

---

① 〔日〕矶野富士子整理《蒋介石的美国顾问——欧文·拉铁摩尔回忆录》，第 101 页。
② 〔日〕矶野富士子整理《蒋介石的美国顾问——欧文·拉铁摩尔回忆录》，第 107 页。
③ 〔日〕矶野富士子整理《蒋介石的美国顾问——欧文·拉铁摩尔回忆录》，第 122 页。

月 15 日拉铁摩尔乘飞机离开重庆返回美国治疗，并于当年 10 月初返回重庆，但此时美国政府已委派史迪威前往重庆协助蒋介石，担任中国战区参谋长，因此拉铁摩尔的角色就更为边缘化了。他觉得自己已经完成了历史使命，"一旦美国正式参战，外交、财政、金融、陆军和海军各部门都同中国政府建立了直接联系，如果我作为一个独立的非官方的顾问继续留在那里，我会被所有的官方渠道视为无用之物和障碍"。[①]1942 年 11 月 17 日，在得到蒋介石对其辞职的允准后，拉铁摩尔与宋美龄一起乘飞机返回美国，随后进入战时新闻局工作，结束了这段为期一年半的重庆岁月。

在这段时间里，尽管拉铁摩尔本人力图通过这一位置，为中国抗战事业提供必要的帮助，但重庆的现实政治使他的这个愿望更多的只能是想象。由于他缺乏现实的政治背景，因此无法真正给蒋介石提供有分量的建议，故而他在蒋介石政府内部决策事务中的地位从一开始就是尴尬的。在拉铁摩尔看来，"我的所谓'忠告'只不过是供他听听而已。他所求于我的是一些他不太有把握的问题，如怎样弄到美国的大笔金钱和技术而又不至于使他成为美国政府的一个傀儡。他这个人就有这样一个很美妙的一厢情愿的想法：一方面要依赖美国，一方面又要闹点独立性。他坚持'一个党，一个领袖'的主张，而他就是这'一个党'的唯一'领袖'。具体地说，在抗战快要胜利前夕，他要我为他起草一个计划：拿美国的钱和技术，而自己关起门来当至高无上的'领袖'"。[②]尽管这段时光并没有让他展现政治理想，但同样是在重庆，拉铁摩尔感受到了蕴藏在中国人民心中对于抗战的那份必胜信念，这是中国给他的另一份精神礼物。

---

① 〔日〕矶野富士子整理《蒋介石的美国顾问——欧文·拉铁摩尔回忆录》，第 157 页。
② 《欧文·拉铁摩尔》，载叶君健《叶君健全集》，第十六卷，第 208 页。

第 四 章

田野中的全球史与地方性：

拉铁摩尔 1929~1930 年的中国东北之旅

作为著名的"徒步历史学家"，我们对拉铁摩尔的研究离不开对他边疆调查活动的考察，因为他在中国边疆地区所进行的调查研究活动直接形塑了他对中国边疆问题的思考方式和解释路径，并在某种程度上影响了他后来对中国内部中原－边疆互动结构的看法。

目前，学界对拉铁摩尔及其理论的研究主要还是围绕他的《中国的亚洲内陆边疆》一书展开，对于构筑其整体性边疆观念的各个边疆区域的细部研究，除了有关拉铁摩尔对中国新疆考察的研究文章之外，还较为欠缺。[①] 此外，"在我国，尽管有一些拉氏论著的译本及书评和情况简介，但对有关其相关论著的使用却甚少"。[②] 因此，对拉铁摩尔就中国某一特定边疆地区的考察、研究活动及其相应著述就非常值得进行细致挖掘。

如果我们回顾拉铁摩尔的人生经历，就可以发现，他对中国边疆地区的研究兴趣并不是天生的，而是在对自身经历的不断反思中生发的。对边疆与地域的关怀构成了拉铁摩尔学术的中心。[③] 他自己正是在对古代边疆贸易的最初关注中，逐渐意识到了边疆的当代意义，进而全力去关注贸易以及殖民行为对这些地区的民众所造成的影响。[④] 在 20 世纪 20 年代后期完成对中国新疆地区的考察活动之后，拉铁摩尔转而开始对中国东北发生兴趣，并以此为契机提出和论证了他边疆理论中的一些重要命题。

[①] 就笔者目力所及，目前研究拉铁摩尔对中国新疆进行考察活动的相关论文有许建英《拉铁摩尔对中国新疆的考察和研究》(载《中国边疆史地研究》2011 年第 4 期)、黄达远《在古道上发现历史：拉铁摩尔的新疆史观述评》(载《新疆师范大学学报》(哲学社会科学版) 2013 年第 4 期) 等。

[②] 高士俊：《拉铁摩尔小传》。

[③] 袁剑：《"内陆亚洲"视野下的大边疆：拉铁摩尔的实践路径——兼读拉铁摩尔的一些作品》，《西北民族大学学报》(哲学社会科学版) 2013 年第 3 期。

[④] James Cotton, *Asian Frontier Nationalism: Owen Lattimore and the American Foreign Policy Debate*. Manchester: Manchester University Press, 1989. P. 3.

此外，20 世纪 30 年代成为令当时一大批海外中国研究者深感迷惘，并在多年之后又深情回忆的一个整体性语境。正如美国中国研究泰斗费正清后来在自传当中所写的那样："动荡不安的 30 年代是我作为一名学术研究者和教师的预备期。我正培养自己的专业能力，摸索着走自己的路。我说不清楚，究竟是对什么大事件的预见才导致我去研究中国，把它当作某种革命变迁的主要焦点。像大多数学生那样，我也是努力争取优异成绩，更关切我自己的学业能力而不是什么世界现状和国际关系。研究中国需要创造力、想象力、探索和创新，最重要的是要有一个好的开端。一旦开头，我便会着迷，至于它将最终把我引向何方，是知识界还是现实世界，我也茫然。但它无疑是一项开创性的事业，而且是一件多么激动人心的开创性事业"。[①] 如果我们以时间轴做比较的话，就可以发现，在历史时机与地缘敏感度上，这两位中国研究的代表性人物有着很大的不同，当年轻的费正清正为学术的前途摇摆不定之时，拉铁摩尔已经从容踏上了他的中国东北田野之路。

东北的召唤

历史的既有叙述总会使我们有意无意地遮蔽掉一些东西。李济先生曾经一针见血地指出，"中国的史学家总是把他们的国家看成是世界的文化中心。但他们也意识到了周边其他人类的存在。从中国历史的开端时起，他们的头脑中就有着两个截然不同的民族志概念。一个，在这里借用萨姆纳先生的贴切措词，可以称为'我

---

① 〔美〕费正清:《费正清自传》，黎鸣、贾玉文等译，黎鸣校，天津人民出版社，1993，第 23 页。

族',即被中国的史学家们视为同类的文明人的群体。而他们所谓的野蛮人,在我们看来便可以称作'你群'。在此必须强调的是,这两类群体之间的分野并非总是政治的分界。毫无疑问,在很多情况下政治疆界有助于廓清我群的边界,但因所处的场所不同,它也并不总是如此强大的同化力量。几个特点鲜明的族群共处于持续变化着的中国版图之上的情况,是任何一个研读中国历史的人所熟知的"。[①] 这段论述无疑是在提示我们,要反思关于"我族"和"你群"的相互关系问题,以一种更具包容的视野去检视中国历史的相关问题,尤其是中国内部各地区的特性与历史问题。

东北地区作为中国内部跨省的统一体,具有相同或类似的经济与文化形态,在行政格局上,也彼此紧密相连。[②] 跟那些所谓的未开发土地不同,东北是一块有其自身重要性、族群和文化历史的巨大区域,根据东北地区历史地理特征的差异,可以将东北分为三块不同类型的区域,即南部辽河下游的耕地、西部的草原以及东部和北部的森林,三者之间有大致的界线,但这种界线并不十分明显,具有某种过渡特征。不管是从历史地理的角度看,还是从民族分布位置方面来看,东北地区实际上可以看作整个中国的一个微缩区域。这一地区在中国历史乃至整个东亚史中的地位至关重要。如戴逸先生所言:"它所处地理位置独特,与中原相距最近;地域辽阔,南北贯通,无门庭之限;生态资源丰富,可耕可牧可渔可猎。这里,自古以来就是游牧、渔猎及农耕诸民族世代生息的家园,相互角逐的舞台。东北地区的肥土沃野,培育出一代代强族,不断崛起,雄飞中原,如鲜卑,如契丹,如女真,如蒙古,如满洲等,先后占有北方半壁,或一统天下。在中国漫长的历史进程中,东北长久地处于战略地位,不断给中原王朝注

① 李济:《中国民族的形成: 一次人类学的探索》,李光谟、胡鸿保、张海洋译,上海世纪出版集团,2008,第 3 ~ 4 页。

② 李治亭主编《东北通史》,中州古籍出版社,2003,第 1 页。

入强大影响，甚至决定其盛衰或兴亡"。[1] 近代以来中国国运起伏，在很大程度上与东北地区的地缘政治态势息息相关。清末鼎革之际，东北地区的行政化逐步推进。1907 年，清廷宣布将东北改建为奉天（今辽宁）、吉林、黑龙江三行省。民国肇建，1916 年，张作霖就任奉天督军兼省长，日本开始对其全力支持。时任日本内相后藤新平曾言："张作霖并无宦途履历，与中央政府亦无密切因缘，而在满洲则有特殊之势力与地位。张离满洲则无地位，盖以满洲为其唯一势力范围也。……如果利用此特殊之地位，照其心中所认识者而行，则张氏将为满洲专制之王，而日本亦得利用张氏，在满洲为所欲为。"[2] 靠着日本的支持以及之后十多年的经营，张作霖在东北稳固了势力。但随后数十年的政治巨变，也在这一时期逐渐积累与萌发。

此外，随着清末对东北的弛禁以及民国肇建后相关措施的实施，大批垦户涌入东北，尤其是在 1923~1929 年，每年留在东北的人口都有几十万，特别是 1927、1928 和 1929 三年，均在 50 万人上下。[3] 到 1930 年，东北地区的总人口已经从 1918 年的 2100 余万人增加到 2800 余万人。拉铁摩尔敏锐地意识到了这一点，如其所言，人们对于 20 世纪二三十年代东北地区的关注主要集中在两个方面，一方面是大量汉人的惊人迁居，就其速度和数量而言，可能是历史上最大的和平迁居行为，同时也展现了在一块没有落后工业阻碍的土地上进行商业开发的巨大前景；而在另一方面，当时东北的政治紧张态势不仅对亚洲，而且对整个世界的国际关系造成了巨大威胁。[4] 但其实，东北并不是一块空白

---

① 戴逸：《清代黑龙江将军与东北边疆治理》，《东北史地》2012 年第 3 期。

② 王芸生：《六十年来中国与日本》，生活·读书·新知三联书店，1981，第 55 页。

③ 孔经纬：《新编中国东北地区经济史》，吉林教育出版社，1994，第 234 页。

④ Owen Lattimore, *Manchuria: Cradle of Conflict*. New York: The Macmillan Company. 1932. P. 3.

之地，更不是一块西方列强可以肆意侵染的无主之地。问题的关键在于，由于清廷对东北地区所长期实行的封禁政策，知识界对这一地区的经济开发认识不足，对当地少数族群的认知也非常欠缺，可以说，数百年来对东北地区的"知识空缺"状态才是亟待解决的主要问题。

此外，拉铁摩尔凭借他对时局和地缘政治的敏锐判断力，不无远见地指出，在 20 世纪 20 年代后期，中国与苏联之间将会出现冲突，随着当时南京国民政府的建立，在很大程度上打破中国的社会与政治生态，进而在边疆地区跟北方的苏联形成对峙局面。在这过程中，"边疆将会成为一种主要因素，其重要性要比对政治的肤浅考虑要大得多"。[1]正因如此，他对东北的考察之旅比起之前一些学者肤浅的论述，在视野和深度上都胜过一筹。

总的来看，东北自清末以来就受俄、日等外力侵扰，失地尤多。民国肇建，这一地区又为奉系所控制，地方性色彩浓厚，到了 1931 年九·一八事变后，更成为日本殖民势力的天下。可以说，东北在中国国家建构的历史过程中没能有足够的时间加以积淀，使得这一地区的重要性被人忽视。关于这一点，在 1932 年傅斯年先生所撰的《东北史纲》一书引语中即明言："中国之有东北问题数十年矣。欧战以前，日俄角逐，而我为鱼肉。俄国革命以后，在北京成立《中俄协定》，俄事变一面目，而日人之侵暴愈张。……国人不尽无耻之人，中国即非必亡之国！然而前途之斗争无限，知识至需要实毅，持东北事以问国人，每多不知其蕴，岂仅斯文之寡陋，亦大有系于国事者焉。吾等明知东北史事所关系于现局者远不逮经济政治之什一，然吾等皆仅有兴会于史学之人，亦但求尽其所能而已。己所不能，人其舍诸？"[2]所反映的正是近代

---

[1] Owen Lattimore, *High Tartary*, Boston: Little Brown. 1930. P.227.

[2] 傅斯年：《东北史纲》，上海古籍出版社，2012，第 2 页。

以来中国学者在东北边疆问题上的家国情怀，这种情怀贯穿了在整个中国近代史叙述当中。

作为一个西方学者，拉铁摩尔没有这样的切肤之痛，但中国作为其第二故乡的个人情感使他对于东北有着一种近乎天然的亲近，引导着他开始对这片少为人所知的地区内部的社会、经济和族群结构等进行探究，从而以更为平和、宏大的视野去思考中国东北的历史与现状。为此，他们"花了将近一年的时间，从东北经过内蒙古到新疆，在中国整个长城边疆地带进行旅游和学习"。[①] "他在中国的居住、调查和短期旅行，使他对中国的自然、地理、经济、政治和人情风貌，产生了朴素的感情，同时由于他亲身接触现实，使他能通过某些群体的日常活动去理解历史"。[②] 在他从经济营生向学术工作转变的过程中，他是这样描述自己的：每次"遇到需要解决的问题；在解决这些问题时，我不是作为老板，而是作为必须了解中国雇员的想法和反应的人与他们共事，我开始把我的中国同事作为我们而不是他们来考虑"。[③] 这种将"他者"放到与自己平等地位加以对待的理念，成为他后来边疆考察活动中所贯彻的基本原则之一。

哈佛岁月

1928 年，拉铁摩尔得到了一个契机，从此正式进入学术界。在他自 1901 年来华之后首次返回美国故土的时候，刚刚新婚不久，新工作也还没有着落，一时前途迷惘。经美国地理学会主席、美国社会科学研究理事会（The Social Science Research

---

① 〔美〕拉铁摩尔：《中国的亚洲内陆边疆》，第 2 页。
② 〔日〕毛里和子：《论拉铁摩尔》，引文见第 48 页。
③ 〔日〕矶野富士子整理《蒋介石的美国顾问——欧文·拉铁摩尔回忆录》，第 14 页。

Council，SSRC）顾问鲍曼力荐，他在学历等条件不够格的条件下，破例申请到了美国社会科学研究理事会的一份研究经费，计划在中国东北进行游历与研究。① 作为前期准备，拉铁摩尔在1928~1929 学年以研究生身份在哈佛大学人类学系的人类地理学"预备训练班"② 进修了 8 个月，以了解社会科学研究的相关方法问题，如民族志田野方法，以及如何对异文化加以描述等。③ 在这段时间里，他接受了艾尔弗雷德·托泽（Alfred M. Tozzer）和罗兰·狄克逊（Roland B. Dixon）的相关指导，获益良多。④ 作为专业人类学家，狄克逊曾在中亚地区广泛游历，他给了拉铁摩尔很多好的建议。⑤ 当然，正如后来的一些评论所指出的，他的这段进修时光以及既有的语言基础，为他后来的考察及其著述增添了学术的色彩。⑥

在拉铁摩尔就学哈佛的时间里，大洋彼岸的中国发生了一系列重大事件，孙中山所倡导的北伐革命在蒋介石等的领导之下继续进行，北伐军最终于 1928 年占领北京，北洋政府倒台。拉铁摩尔则在这一时期结识了罗伯特·巴雷特（Robert Barrett）以

---

① Robert P. Newman, *Owen Lattimore and the "Loss" of China*. Berkeley and Los Angeles: University of California Press, 1992, p.16.

② 〔日〕毛里和子:《论拉铁摩尔》，引文见第 43 页。

③ Robert P. Newman, *Owen Lattimore and the "Loss" of China*. Berkeley and Los Angeles: University of California Press, 1992, p. 16。

④ 参见矶野富士子整理《蒋介石的美国顾问——欧文·拉铁摩尔回忆录》，第 19 ~ 20 页。

⑤ Robert P. Newman, *Owen Lattimore and the "Loss" of China*. Berkeley and Los Angeles: University of California Press, 1992. P.16.

⑥ *Manchuria: Cradle of Conflict* by Owen Lattimore, review by M. E. W, in *The Geographical Journal*, Vol. 80, No. 2 (Aug., 1932), p.158。这段进修时光给了拉铁摩尔某些学术历练，使他所擅长的田野游历活动更具有前瞻性与概括力。如梁元生先生所言："有人把拉铁摩尔和费正清（John K. Fairbank）同列，以为都是在哈佛大学研究中国历史的汉学家，这是不对的，拉氏只在哈佛一年，连大学学位都没有，后来竟当上了约翰霍普金斯大学的教授和中国史的权威，这完全是游历（或用现代术语来说，是'田野研究' field work）之功"。参见梁元生《学者、政客与"间谍"：拉铁摩尔（1900—1989）》。

及哈佛教授巴雷特·温德尔（Barrett Wendell）的遗孀，在跟他们的接触中，拉铁摩尔了解了学术研究规范的必要性，但同时又对当时游记作品的浮躁、潦草深有感触。"在 20 年代后期，当时形形色色的美国青年正周游世界。他们撰写赶时髦的书，谈论艰辛、跳蚤、糟糕的食物，由于不懂当地的语言而无法与人们交谈；胡乱地应付一切，诸如此类。我和埃莉诺未曾那样旅行过。我们过得很愉快，我们喜欢当地的人民，与他们相处甚好"。[①] 可以说，拉铁摩尔在对学术与非学术生活的反复比较过程中形成了他坚守一生的介入当地社会的原则：深爱当地的民众，与他们友好相处。

拜这次哈佛进修机会所赐，拉铁摩尔在得到研究机构资助之外，还额外收到了一张 1000 美元的支票，这无疑是雪中送炭，使拉铁摩尔得以从容地进行他们的东北之旅，并将全部精力投入研究当中。

考察与思考

有了他之前在内外蒙古、新疆等地的游历，这次 9 个月时间的东北之旅使拉铁摩尔确信，通过对东北的研究，可以对这块广阔地区有更深刻的认识。[②]

值得注意的是，拉铁摩尔在从美国哈佛前往中国东北地区进行调查的过程中，曾顺道经过日本，并与日本学者及媒体人士松

---

① 〔日〕矶野富士子整理《蒋介石的美国顾问——欧文·拉铁摩尔回忆录》，第 21 页。

② Owen Lattimore, *Manchuria: Cradle of Conflict*. New York: The Macmillan Company. 1932. P.vii. 拉铁摩尔在他后来的回忆录中曾说："由于我和妻子 1929～1930 年间在中国的东北呆了九个月，我成为唯一一位曾在蒙古、新疆和东三省这些中苏之间的边境地区广泛游历的美国人，我常常操着汉语只身旅行"。（〔日〕矶野富士子整理《蒋介石的美国顾问——欧文·拉铁摩尔回忆录》，第 22 页。）

方三郎、浦松佐美太郎、松本重治等做过相关交流，并向他们征询为调查研究需要，究竟是学习日语还是俄语的问题，最后听从了浦松佐美太郎的意见，选择学习俄语。① 这一选择，使他的视角更多地注目于亚洲的大陆而非海洋一侧，后来也在某种程度上影响到拉铁摩尔对于苏联和日本的内在观感。

通过这次东北之旅，拉铁摩尔进一步明确地将东北与蒙古、新疆地区作为中国北部边疆加以通盘考虑，进而形成他关于中国"大边疆观"的总体看法。② 基于对族群与文化问题的重视，拉铁摩尔认为，到 20 世纪 30 年代，这些中国北部边疆地区的地缘环境已经跟古代史中的情况有所不同，在古代，由上述地区所构成的中国北部边疆曾经是"北方夷狄"频繁进出的重要地带，而到了近代，随着俄国 – 苏联、日本和其他西方力量的介入，这一地区逐渐成为三种文明（中华文明、俄罗斯文明以及西方文明）彼此竞逐的舞台。③ 在这段时间里，拉铁摩尔和他的妻子尽量去经历与体验更多的东西，但与此同时，在各个地区能够待上相当长的时间进行研究，以确保自己的所见所闻并不是肤浅的。他所要做的，不是 20 年代美国年轻人那种时髦的游记式书写，而是综合了游历体验与前期阅读之后的自我总结。④

但拉铁摩尔也意识到，中国东北这一特殊的历史 – 时空语境使他的研究无法完全脱离对历史的重述与分析，因此，他的东

---

① 参见〔日〕松本重治《上海时代》。

② 关于拉铁摩尔的"大边疆观"，可参见袁剑《"内陆亚洲"视野下的大边疆：拉铁摩尔的实践路径——兼读拉铁摩尔的一些作品》。

③ Owen Lattimore, *Manchuria: Cradle of Conflict*. New York: The Macmillan Company. 1932. P.vii.

④ Owen Lattimore, *Manchuria: Cradle of Conflict*. New York: The Macmillan Company. 1932. P.xi. 而值得注意的是，在拉铁摩尔到东北考察的过程中，他也非常强调对既有历史资料的解读与利用，这在他的《满洲：冲突的摇篮》一书的序言中有明确的说明。他在这次考察活动中利用了很多的汉文史料，比如说《钦定大清会典》《皇清开国方略》《满洲实录》《东华录》《东北年鉴》，以及当地通志等。

北考察活动不仅仅是确立起一种对近代东北地区社会结构与族群结构的全新叙述，而是在对中原形成周期性压力的古老蛮夷部落行动的类型和体系，以及中原（尤其是中原文化对于夷狄）的相关反应的研究基础之上，来构建自己对族群与文化相互迁移的研究。[1] 但同时值得注意的是，东北地区的这种族群与文化互动又是发生在草原与中原两者结构性纠结的大背景之中的，随着历史的推进和技术的发展，新技术的出现极大地扭转了草原－中原两大结构间的力量对比。他进而指出，在东北，本地区自身的影响力往往会支配当地的族群与文化，并引领着这一地区的权力走向，而直到拉铁摩尔进行考察活动为止，机器文明的迅猛冲击而导致的东北生活样态的深刻转变以及古老东北传统的迅速瓦解过程，可以追溯到跟中原、蒙古、苏联以及朝鲜和日本具有千丝万缕联系地域性关联的潮汐效应（tidal influence）。在这一过程中，那些旧的力量继续留存，但通过其他的行动加以展现。[2] 之后的历史发展事实上也在某种程度上印证了他的这种推断，在 1930 年之后中国东北所出现的外来强权入侵正是传统的草原－中原二元格局向工业文明介入而导致的各力量间冲撞与重组转变的序曲。

　　跟他前几次的蒙古或新疆之行不同，拉铁摩尔的这次东北考察活动是带着明确的田野目标和学术关怀进行的。因此，拉铁摩尔这次东北之行的学理目标更为明确，并力图利用在哈佛大学人类学系进修和威德纳图书馆（Widener Library）阅读所获取的新知，从而"不仅知道我们想要到那里去，更要弄清楚我们所要

---

[1]　Owen Lattimore, *Manchuria: Cradle of Conflict*. New York: The Macmillan Company. 1932. P.xi.

[2]　Owen Lattimore, *Manchuria: Cradle of Conflict*. New York: The Macmillan Company. 1932. P.xi-xii.

做的工作是什么"。① 而涉及具体操作层面，拉铁摩尔准备从既有的经验中找到从事这次田野活动的方法与路径，并时刻关注当时特殊的军事与政治局势，比如说当地兵匪成灾的问题，中苏之间就中东铁路发生冲突所造成的不安后果，以及在像东北这样一大块区域当中可能会突发的地方性问题等。②

拉铁摩尔此次东北之行的详细路线，并没有像他之前的新疆之行那样被详细记载下来，这不能不说是一大遗憾。但从他后来出版的相关作品当中，我们还是能够发现一些蛛丝马迹。例如，他们在寒冬的一段时间里，蜗居在东北西部边界一座泥墙垒砌的小镇旅店房间里，在这个地方，汉人移民多年前就移居过来，并开垦了很多土地。而在他们到达吉林省某座小镇中一座破旧茅草校舍的某间屋子投宿时，这里的居民主要还是满人。在春天，拉铁摩尔再次回到东北的这块西部边界地区，先是乘坐军用摩托车，之后又搭乘边境骑兵的马匹，深入蒙古人生活的地区考察。当松花江上的冰面消融之际，拉铁摩尔搭乘第一批轮船抵达 400 英里之外的松花江与黑龙江交汇处。这些船只不敢冒险驶入黑龙江，因为中国和苏联之间当时存在争端，所以这里还没有移民敢过来，拉铁摩尔只好乘马车前行，费尽心思，才到达黑龙江涨水河岸不远处的"鱼皮达达"（赫哲族）生活地。③ 在不久之后的夏天，他又探访了海拉尔。④

此外，拉铁摩尔还访问了奉天（今沈阳）、大连、哈尔滨和

---

① Owen Lattimore, *Manchuria: Cradle of Conflict*. New York: The Macmillan Company. 1932. P.ix.

② Owen Lattimore, *Manchuria: Cradle of Conflict*. New York: The Macmillan Company. 1932. P.ix.

③ 他对这一地区赫哲族的研究后来结集为《赫哲族：松花江下游的"鱼皮达达"》（*The Gold Tribe, Fishskin Tatars of the Lower Sungari*）出版。

④ 具体可参见 Owen Lattimore, *Manchuria: Cradle of Conflict*. New York: The Macmillan Company. 1932. P.vii-viii。

吉林市等东北大城市，同时，也探访了东北地区山岭之间的小城镇和寺庙。在那些较大的城镇，拉铁摩尔尽力跟当地所有民族的那些博学者会面，但他也发现，在乡下，他们很难看到一个外国人，因此除了他们之间交流之外，经常几个星期说不上几句英语。拜拉铁摩尔之前的游历经验所赐，他这次东北之旅并没有兴师动众，因此不需要专门的翻译人员，这次旅行的方式跟当地人的没有什么两样，而且吃住都和当地人一样，以便尽可能跟当地人进行密切的交流。当然，这样做的回报也是巨大的，拉铁摩尔一路上收集到关于当地传统的大量资料，其中不仅包括神话和民间传说，而且还有一些当地老人的回忆录。① 而所有这些资料，对于今天我们的研究来说，都弥足珍贵。

在这 9 个月的时间里，拉铁摩尔跟当时的一些重要人物都有过接触，如张学良、当时的吉林省长张作相、兴安屯垦区督办邹作华等人为他这次东北考察提供了巨大的便利。而当地的一些爱尔兰、苏格兰和加拿大长老会传教士也提供了相当大的帮助。此外，值得一提的是，东北那些陌不相识的中国人，也每每在拉铁摩尔一行遇到困难之际雪中送炭，令他们尤为感激。②

从踏上东北土地的一开始，拉铁摩尔就以比较性的视野，指明了东北地区的独特之处，认为东北（以及邻近的蒙古地域）和其他定居地区之间有很大的不同。这一地区的地缘政治态势，不仅能够将其跟澳大利亚、阿根廷或者加拿大西北部区分开来，而且还跟非洲的欧洲人定居地区区别开来，这些地区的国际与族群因素与亚洲东北部的情况在类型上都是不同的。③ 而从历史上看，

① Owen Lattimore, *Manchuria: Cradle of Conflict*. New York: The Macmillan Company. 1932. P.viii.

② Owen Lattimore, *Manchuria: Cradle of Conflict*. New York: The Macmillan Company. 1932. P.xii.

③ Owen Lattimore, *Manchuria: Cradle of Conflict*. New York: The Macmillan Company. 1932. P.3.

东北又是东亚和中亚民众的重要迁移地之一。[①]拉铁摩尔强调，在东北地区，近代殖民化问题不能仅仅以每年移居的殖民者的数量来衡量，也无法用所创造的新商机来衡量，在这过程中，历史的力量，尤其是那些当地社会与文化生态的历史力量，必须加以考虑。可以说，东北是世界的一大风暴中心（storm-center）。[②]这种风暴，不仅足以引起整个亚太的动荡，而且会带来全球性的影响。从这个角度上来说，他在这次田野当中实际上发现的是一个具有全球史特征的地域与空间，而这种地域与空间又恰恰处于当时的几大强权力量之间，成为我们观察与分析当时国际地缘政治演变与发展的适当地点所在。

从方法论的角度来看，比较研究视角在拉铁摩尔这次东北之旅中鲜明地进行了展现。这种比较不仅展现在他后来相关论著的标题当中，比如"汉化"与"西化"、"汉人"与"蒙古人"、"汉人"与"满人"、"东方"与"西方"、"中国"与"日本"、"公共地区"与"部落地带"等，[③]而且还在整体上对文明之间的差异进行了反思。拉铁摩尔发现，在他所属的文明和中原文明观念之间，实际上存在着根本性的不同。这种不同不仅在于每种过程模式中的主体性差异，而且也是对其目的而导致的各个结果的客体性差异。[④]这就是说，他必须以更为客观化的视角，站在非西方文明的角度来观察东北的历史与政治变迁，并进而探究中、日、俄（苏）诸方在东北地区的博弈态势。

此外，拉铁摩尔又就东北的某些特殊现象提出了具有针对性

① Owen Lattimore, *Manchuria: Cradle of Conflict*. New York: The Macmillan Company. 1932. P.3.

② Owen Lattimore, *Manchuria: Cradle of Conflict*. New York: The Macmillan Company. 1932. P.4.

③ 参见 Owen Lattimore, *Manchuria: Cradle of Conflict* 一书的相关目录。

④ Owen Lattimore, *Manchuria: Cradle of Conflict*. New York: The Macmillan Company. 1932. P.9.

的概念与假设。由于他在东北蒙古人聚居区逗留过一段时间，所以对蒙古人的少数民族政治问题产生了浓厚的兴趣，[①] 他在分析蒙古类型的边疆部落，并以此说明地理位置的历史作用的时候，结合东北地区独特的草原、森林、农耕地区三元结构，提出了部落南侵"贮存地"（"Reservoir"of tribal invasions）的概念，[②] 并在他后来的《中国的亚洲内陆边疆》一书中加以进一步阐发。[③] 拉铁摩尔首先对中国北部边疆地区的民族构成状况从总体上进行了梳理，进而指出，由于东北地区自身的独特性，这一地区往往会周期性地出现一些影响整个中原政局的事件。在整个历史时期，来自北方的蛮族对中原进行周期性的袭击，而交替进行的则是中原力量发动反击，击退入侵者并将中原的统治与影响渗入蛮族的领土之上。东北，有时候作为蒙古的附属，偶尔也会通过东北部落的独立行动，被纳入这种周期性过程，并达数百年之久。[④] 这一地区实际上成为东北亚历史上各方势力发展的"贮存地"与"缓冲区"，在当时也成为周边大国实力角逐的中心地带。中国历史上的游牧、半游牧力量就是从这一地区周期性地进入中原地区，进而确立起对于中原的部分或全部统治。这种周期性特征在中国的其他边疆地区（如西北边疆、西南边疆）并不明显，而成为东北地区的特殊现象。在当时微妙的地缘政治背景下，这一"贮存地"概念的提出与阐发使人们会不自觉地联想到当时日本在东北政治中所扮演的角色问题。

值得注意的是，从 1930 年 5 月起，拉铁摩尔对富锦及同江等地的赫哲族进行了调查研究。他在富锦还遇见了正在此地进行

---

① 〔日〕矶野富士子整理《蒋介石的美国顾问——欧文·拉铁摩尔回忆录》，第 22 页。

② Owen Lattimore, *Manchuria: Cradle of Conflict*. New York: The Macmillan Company. 1932. P.36-42.

③ 详细可参见〔美〕拉铁摩尔《中国的亚洲内陆边疆》，第 169 ~ 172 页。

④ Owen Lattimore, *Manchuria: Cradle of Conflict*. New York: The Macmillan Company. 1932. P.36-37.

研究工作的中国民族学家凌纯声一行。[①]凌纯声先生在其所著的
《松花江下游的赫哲族》中曾记述了当时的情景："著者在富克
锦调查时，适有美人 Owen Lattimore 旅行至其地，征得著者
的同意，摄取此片（指赫哲族的萨满持刀图）"。[②]尽管两人具
体会面的细节没有留下来，但这一会面本身无疑具有重要象征意
义：在西方学者对东北进行考察的过程中，中国学者也开始对这
一地区进行科学意义上的考察与研究活动，双方之间开始在科学
的层面上进行对话。如果说拉铁摩尔是一种他者视角所进行的民
族学、人类学分析的话，那么中国学者的活动则是以本位视角所
描绘的民族志文本，并成为中国民族学田野调查真正开启的一个
标志性事件。[③]中西方学者在对东北同一问题的研究上形成了交
织，并一起被纳入当时和之后的全球知识学术之中。

　　功夫不负有心人，拉铁摩尔这次东北考察之旅成果丰硕。
1932 年，作为东北考察活动的总结，他出版了《满洲：冲突的摇篮》
一书，成为他整体性边疆理论的雏形，该书出版不久后就受到国
内学界的关注，并被节译为中文。译者在按语中指出："一九二九
至一九三〇年间，兰氏（即拉铁摩尔）在东北对此问题作实地的

---

① 高士俊：《拉铁摩尔小传》。1929 年 4 ~ 6 月由凌纯声组织的这次东北赫哲族（以及其他满 –
　通古斯语族）调查被李亦园先生认为是中国第一次正式的科学民族田野调查，并开创了中
　央研究院民族学、文化人类学实地调查研究的传统，其成果《松花江下游的赫哲族》（*The
　Goldi Tribe in the Lower Sungari River*, 1934）则被誉为"中国民族学研究上的第一本科学
　民族志"。
② 凌纯声：《松花江下游的赫哲族》（上册），（南京）国立中央研究院历史语言研究所，
　1934，第 105 页，注释 2。
③ 关于这一点，正如凌纯声先生在其《松花江下游的赫哲族》序言中所指出的："民族学可分
　记录的和比较的两种研究：偏于记录的我们称之为民族志（Ethnography）；偏于比较的为
　民族学（Ethnology）。本报告是属于民族志的研究"。参见凌纯声《松花江下游的赫哲族》
　（上册），序言。而他的这部作品后来也被李亦园先生认为是"一本极其完整的科学民族志，
　他具有典型民族志书的内容与章节，而且叙述尤为精详生动，所以一直成为中国民族学者
　从事田野调查与撰写报告时之圭臬。"参见李亦园《凌纯声先生对于中国民族学之贡献》，
　载《"中央研究院"民族学研究所集刊》1970 年第 29 期。

研究；其研究工作，系受美国地理学会之指导，经济方面亦受该会之资助。兰氏在东北系用美国社会科学研究会会员名义实地工作，其报告全文今已作成一书曰《满洲: 冲突之摇篮》(*Manchuria, the Cradle of Conflict*)，一九三二年由麦美伦书局出版，此文系撷该书之精华而成，关于汉人移殖东北之种种方式，条分缕析，详述无余。"[①] 拉铁摩尔于 1932 年又发表《中国东北的偏远之地》一文，[②]1933 年出版了关于黑龙江赫哲族的作品《赫哲族：松花江下游的"鱼皮达达"》；[③] 在 1934 年又出版了《满洲的蒙古人》一书。[④]

在《满洲：冲突的摇篮》一书出版的时候，曾大力资助拉铁摩尔考察活动的巴雷特夫妇在信中对他的写作有所微词，认为他成了学术体系的奴隶。但拉铁摩尔对此并不认同，他认为自己这本书中的脚注实际上要比最早的《通往突厥斯坦的荒漠之路》更少，并声明："研究一直是我生活的一部分，旅行是为了替研究搜集材料，我必须继续我正从事的工作"。[⑤] 这部作品从体例上看，较之拉铁摩尔本人之前的作品，更为严谨完整。该书除序言与索引部分之外，共分为 12 部分，分别为（1）"种族与文化的战场"（The battleground of race and culture）；（2）"部族入侵的

---

① 兰特模（Owen Lattimore）:《汉人移殖东北之研究》，任美锷译，《新亚细亚》1932 年第 4 卷第 5 期。

② 载于 *The National Geographical Magazine*, vol. LXI, No. 1, pp. 101-130. Washington, D. C. 1932。该文成为凌纯声撰写《松花江下游的赫哲族》一书的西文参考书目之一，由此可见初受哈佛短期学术训练的拉铁摩尔在学术上的敏锐性和洞察力。

③ Owen Lattimore, *The Gold Tribe, Fishskin Tatars of the Lower Sungari: Memoirs of the American Anthropological Association*, No. 40, 1933.

④ 高士俊:《拉铁摩尔小传》。该书全名为《满洲的蒙古人：其部落分化、地理分布，与满人和汉人在历史上的关系以及当时的政治问题》(*The Mongols of Manchuria. Their Tribal Divisions, Geographical Distribution, Historical Relation with Manchus and Chinese Present Political Problems*)。

⑤ 〔日〕矶野富士子整理《蒋介石的美国顾问——欧文·拉铁摩尔回忆录》，第 22～23 页。

'贮存地'"（The "Reservoir" of tribal invasions）；（3）汉
人的早期扩展：征服与妥协（Early Chinese expansion:
conquest and compromise）；（4）中华文化的生命力（The
living force of Chinese culture）；（5）东来的俄国人（The
Russians turn to the east）；（6）中国东北的土地与力量
（Land and power in Chinese Manchuria）；（7）开发与西
化（Exploitation and Westernization）；（8）军队、鸦片
与殖民化（Soldiers, opium and colonization）；（9）难民、
拓荒者与匪徒（Refugees, frontiersmen and bandits）；
（10）外国人与土地（Aliens and land）；（11）城乡对立
（The cities against the country）；（12）东北在世界中的
地位（Manchuria's place in the world）等，既梳理了东北
地区的历史，也关注到当时东北的现实问题。在这本书中，拉铁
摩尔将东北看成中国、苏联、西欧三大文明彼此竞争的舞台，"把
日本对满洲的侵略归结为西欧文明的扩张。他从一开始就对少数
民族的满族和蒙古族表示了极大的政治关心"。①

对于这部深有启发的作品，费正清曾给予了高度评价："这
本书把该地区现代国际史和中国早期的历史紧扣在一起，明确
地预示了一种理论，他认为，中国北部和东北部边疆是非汉部
族政权盛衰兴亡的贮存地。这使得作者有资格获得在地缘政治学
方面具有创新的思想家的殊荣"。② 也有评论认为他的这部作品
还是存在一些问题，特别是过于频繁使用一些诸如"历史性"
（historicity）、"退化的"（prejorative）、"特大城市"
（megalopolitan）等奇怪、生僻的词语，而这些本可以用一些
更易于理解的词语来代替。而在地图和文本中，有些地名不统一

---

① 〔日〕毛里和子：《论拉铁摩尔》，引文见第 43 页。
② 〔美〕费正清：《费正清自传》，第 54 页。此处译文略有改动。

[如 Khingan Mountains（兴安岭），Hsingan（兴安）等]，此外，四幅地图实际上可以合并为一幅等。[①]但总的来说，这些评论有点过于吹毛求疵了。作为一个具有宏观视野的学者，拉铁摩尔会更倾向于用一些更宏观的词语，这在某种程度上也是必要的，否则会难以对东北地区的历史与当时的地缘政治展开论述。当然，拉铁摩尔后来也承认，他的这部作品还是存在两个大的问题，首先是有夸大中国历史上边疆因素的倾向，过多地论述入侵和征服，而对于中国内部的发展过程关注不够；其次就是深受当时斯宾格勒（Oswald Spengler）关于文明青年期 – 成熟期 – 衰老期这种文化“形态性”的影响，对于历史文化阶段的解读与划分过于生搬硬套。[②]

全球史与地方性：新的意义

如果仅仅是一次简单的田野之旅，那么其意义可能不会跃出学术领域太多，而如果这次田野之旅直接接续着某个巨大的历史事件，那么这一田野本身就会具有跨领域的影响。

拉铁摩尔的这次东北之旅结束不久，震惊世界的“九·一八”事变爆发，不久，日本占领整个中国东北地区，东北亚的国际地缘政治格局发生巨变。这种巨变，从政治方面来看，使日本的影响力在东北亚进一步强化，从学术层面来看，中国自身对东北的学术调查活动也由于日本的入侵而戛然而止，令人扼腕。尤其是当时正蓬勃开展的民族田野调查被迫终止，尽管凌纯声等中国学者在东北进行满 – 通古斯语族民族的调查成果编为《松花江下游

---

① *Manchuria: Cradle of Conflict* by Owen Lattimore, review by M. E. W, in *The Geographical Journal*, Vol. 80, No. 2 (Aug., 1932), p. 159.
② 参见〔日〕毛里和子《论拉铁摩尔》，第 51 ~ 52 页。

的赫哲族》一书最终在 1934 年出版，成为"中国民族学家所编
著的第一部具有规模的民族志专刊"[①]"中国民族史上破天荒之
著作"[②]，但是对这一地区的田野调查再难深入，中央研究院社
会科学研究所民族学组所计划的 1932 年对东北地区鄂伦春和鄂
温克人的调查也被迫取消，知识梳理、国族建构与国家认同过程
在这段时间里无以展开，只得转向西南等同样亟待调查的未沦陷
区。[③] 随着日本的军事占领，东北作为中国一部分的文化认同建
设从此中断，不能不让人扼腕。而恰恰是当时所做的这些研究，
使得国际学界开始关注中国东北的文化、族群与社会，并进而在
历史学、民族学、人类学等角度对这一地区更早的历史进行研究。
"赫哲"研究成为当时的一个重大标志，成功地使中国东北成为
国际学术界的关注重点之一。

　　但是，从另一个角度来看，同样是通过这一时期的研究，
拉铁摩尔独特的边疆经历与媒介影响力使他对中国东北的调查活
动被更多的国外民众所知晓，从而以更为超脱的视野对中国东北
加以新的定位：在日本占领中国东北之后，"边疆问题对中国所
造成的威胁已经超过了中国对这些边疆地区历史上曾经有过的威
胁"[④]。在拉铁摩尔的眼中，中国东北的未来不是日本的军事侵
占所能决定的，它并不仅仅在于汉人移民比俄国、日本或者朝鲜
移民更适应当地生活，更在于，在汉人生活方式、俄国生活方式
和日本－西欧生活方式的相互竞争当中，究竟哪种生活方式能更
胜一筹。"这种可能会贯穿整个二十世纪东北内部的底层争斗是
由那些不同文化和民族移民以及文化之间的冲突所造成的。而在

---

① 吴文藻:《中国社区研究的西洋影响与国内近状》,《社会研究》1935 年第 101 期。

② 徐益棠:《十年来中国边疆民族研究之回顾与前瞻》,《边政公论》1942 年第 5、6 合期。

③ 王建民:《中国民族学史（上卷）：1903 ~ 1949》,云南教育出版社, 1997, 第 172 页。

④ Owen Lattimore, *Manchuria: Cradle of Conflict*. New York: The Macmillan Company. 1932. P. 276-277.

这种争斗当中，那些将帅和政治家都只是历史的匆匆过客；传统、生活方式、种族和各地域在面对各种文化与民族时维护自身的努力，以及民族和文化将它们自身强加到各个种族和地域之上的努力，这些才是真正的历史本身"。① 他的这种判断也就意味着，单靠所谓的军事强权是无法真正夺取中国东北的。在日本武力侵占东北前后普遍悲观的舆论氛围当中，这种认识是难能可贵的。

在地缘与学术之间，拉铁摩尔为我们勾勒了东北在东北亚乃至整个世界中的新定位。"他努力从地理学、社会学、人类学等各种角度研究历史，这种精神使人们更加深刻地认识到历史学的综合性"。② 从这个意义上讲，探究拉铁摩尔 1929~1930 年中国东北之旅，就成为一个既重新"发现"拉铁摩尔，又重新认识东北地区在中国历史和中国国家知识型构中重要性的一个极佳切入点。拉铁摩尔对东北的考察与认识活动是一次田野中的全球史与地方性的碰撞，他经由考察所获取的知识与经验，不仅使他认识到理解历史时期和当时中国东北问题所必需的国际视野，同时也为他之后对中国东北在中国内陆亚洲边疆中特殊地位的新认识提供了经验与文本。而对中国东北本身而言，拉铁摩尔的这次考察与相关论述，不仅有助于外界对中国东北社会与文化的了解，而且有力地提供了关于中国东北地区的知识增量，并促进了中国学者在生产关于东北地区原创知识方面的动力与信心，进而为中国近现代的国家知识型构与国家认同建设提供了有效的信息与文本。

---

① Owen Lattimore, *Manchuria: Cradle of Conflict*. New York: The Macmillan Company. 1932. P. 301.

② 〔日〕毛里和子：《论拉铁摩尔》，引文见第 75 页。

第 ⑤ 章

历史与现实的互动：

蒙古之旅及其蒙古视野

蒙古及其关键性地缘

从欧亚大陆的整体结构而言，内陆亚洲是一块影响世界历史走向的"枢纽地带"，麦金德（H. J. Mackinder）在 1904 年英俄竞逐中亚之时不无感慨地说："当我们考虑对这个广阔的历史潮流所作的迅速回顾时，不是觉得明显地存在着某种地理关系的持续性吗？欧亚大陆上那一片广大的、船舶不能到达，但在古代却任凭骑马牧民纵横驰骋，而今天又即将布满铁路的地区，不是世界政治的一个枢纽区域吗？那里从古到今，一直拥有适合一种具有深远影响而又局限性质的军事和经济力量的机动性的各种条件。"① 这一欧亚大陆"跳动的心脏"在 13~15 世纪的蒙古力量鼎盛时代曾经重塑了当时的世界历史，并在之后继续深远影响着欧亚历史。

如果进一步从边疆地理关系的视角着眼，在内陆亚洲与中原之间彼此相联系的四个关键性边疆生态与文化区域之中，最关键的就是蒙古地区，这不仅在于"蒙古地区是在草原与内陆亚洲山岭中牧养畜群的游牧民族的家园。他们季节性的迁徙，游牧民族的粗放经济、低人口密度以及部落政治组织等特征，几乎在各个方面都与汉人社会大相径庭"，② 而且还在于其独特的地缘位置。从地理角度来看，这一区域占据着欧亚大陆中部近 300 万平方公里的高原地带，如格鲁塞（René Grousset）所言，"天山和阿尔泰山朝西北方突出的弓形和与之相对的、喜马拉雅山朝南突出的凹形合起来把突厥斯坦和蒙古利亚包围起来并使之与其他地区隔离，似乎让它们悬于四周的平原之上"，③ 同时，这一区域又

---

① 〔英〕哈·麦金德：《历史的地理枢纽》，林尔蔚、陈江译，商务印书馆，1985，第 60 页。

② 〔美〕巴菲尔德：《危险的边疆：游牧帝国与中国》，袁剑译，江苏人民出版社，2011，第 21 页。

③ 〔法〕勒内·格鲁塞：《草原帝国》，蓝琪译，项英杰校，商务印书馆，1998，第 9 页。

处于欧亚大草原带的东部,这也就意味着,它作为高原可以占据周边文化生态区域中的制高点位置,而作为草原,其纵贯无垠的内部交通又成为沟通周边各大文化生态区域的桥梁与纽带,因此这块区域本身在历史上一直是欧亚大陆游牧力量的重要发源地之一,并周期性地与周边的文化生态区域形成互动局面。

蒙古地区的位置并不是孤立的,在这一区域的周边,紧邻着环境各异的各大生态区域,其北部和东北部是广袤的西伯利亚森林地带,其中生活着以狩猎与驯养鹿群为生的各个部落,在历史上,这一区域由于生态和人口的限制,无法建立起有效的政权组织形式,往往只能受源自蒙古草原或者其他区域的政权组织和力量的控制。在其南部,则是中原的华北区域,一般以长城为界,但实际上,这条界限并不清晰,因为"它横跨着一个过渡区域,这一区域既生活着游牧民,也生活着农民。尽管这里没有牧地以吸引游牧民,但是中原的富庶使得这块边地成为将草原各处的部落吸引过来的一块磁石",[①] 这一界线以南的中原地带在历史上是以农耕农业为主的文明区域,其具有发达生产力的社会样态。

"将华北与蒙古地区从东到西围括起来的是东北和西域,由于其各自的混合经济,这两个地区无法明晰地归入任何阵营之中。当中原与草原联合形成强大的帝国时,这些地域就成为边疆大争斗的中心,而当集权统治瓦解时,就形成各自为政的国家。这些王国在历史上影响巨大,因为大多数成功的外族统治者并不来自蒙古高原,而是来自东北边地。"[②] 细而言之,东北区域又可以划分为多个次级生态区块,涵盖畜牧、渔猎、农耕多种生活形态,从而形成一种兼具独特性与多样性的生态分布格局。西域地区则以其草沙绿洲相互混杂的地貌,形成南部绿洲社会与北部草原社

---

① 〔美〕巴菲尔德:《危险的边疆:游牧帝国与中国》,第 23 页。
② 〔美〕巴菲尔德:《危险的边疆:游牧帝国与中国》,第 24 页。

会同时并存的基本形态。

在这当中，尽管蒙古草原并不是边疆地区最具经济潜力的区域，也没有像东北地区那样成为大多数北方少数民族政权力量的策源地，但凭借着后起的蒙古游牧力量，首次将中原与内陆亚洲广阔地域纳入一个统一的政权控制之下，形成了历史上的元朝"大中国"局面，并在之后进一步为清朝疆域版图的拓展与巩固提供了思想与实践基础，正如柯娇燕（Pamela Kyle Crossley）所提示我们的，"在十八世纪，清朝与蒙古、蒙古居民以及建构出的'蒙古'历史的关系表明了清朝统治权及其受众之间的紧张而复杂的关系。尽管在努尔哈赤时代就已暗示出清朝前辈们深知宗教对展现合法性的重要性，但主要还是林丹汗的事例教会了清朝如何在'蒙古'获得权力。但是在权力的具体实践上，蒙古第一次被构建为黄金家族后裔的所在地，并通过转轮王崇拜反复灌输黄金家族的意识，而且蒙古语言作为历史叙述和政治话语的媒介已完全制度化并具有规劝性。清廷于十七世纪晚期和十八世纪对所有必需的重要任务（行政、利益以及历史书写）加以改进，并力图在确定他们的历史性追随者的过程中加以实践。"[1] 在传统北部游牧地域与南部农耕区域的关系方面，格鲁塞曾有一个颇具说服力的判断："凶狠掠夺和勒索定期贡赋（就天子而言，定期贡赋被委婉地说成是表示亲善关系的礼物）交替出现，大体上已成为公元前 2 世纪到公元 17 世纪中突厥－蒙古人与中国人之间关系的固定模式。"[2] 但蒙元王朝的崛起打破了这种传统的草原－中原关系模式，形成了一个更大的政治实践空间与关系视野，从此之后，具有极－极关系指向的草原－中原关系被内化为王朝－

[1]　Pamela Kyle Crossley, Making Mongols. In Pamela Kyle Crossley, Helen F. Siu, and Donald S. Sutton edited, *Empire at the Margins: Culture, Ethnicity, and Frontier in Early Modern China*. Berkeley, Los Angeles, London, University of California Press, 2006. pp.58-82。

[2]　〔法〕勒内·格鲁塞：《草原帝国》，第 16 页。

国家的内部治理关系。

历史不会停止脚步，地缘的优势也随之发生变化。随着近代铁路和火器的出现，蒙古草原上游牧力量的机动性和战斗力受到极大限制，周边文化生态区域的力量开始占据相对优势，欧亚大陆的力量策源地整体性地移出了蒙古草原，转向周边地区；而随着来自海洋殖民帝国力量的压力，又使得传统的欧亚陆上力量受到前所未有的新压力，但欧亚陆上力量的内部整合又提供了反击的能量。"蒸汽机和苏伊士运河的出现，增加了海上强国相对于陆上强国的机动性。铁路的作用主要是远洋贸易的供应者，但是现在横贯大陆的铁路改变了陆上强国的状况；铁路在任何地方都没有像在闭塞的欧亚心脏地带，像在没有木材或不能得到石块修筑公路的广大地区内所发挥的这种效果。"① 这两种力量之间的较量如今依然继续着，而蒙古草原及生活在这块地域的蒙古人的未来，也将随着这种较量的推进而逐渐获得一种新的位置。在对这种新位置的观察与思考中，拉铁摩尔是一个无法被忽视的人物。

"蒙古"之缘与"蒙古"之眼

如果说拉铁摩尔是一个从边疆视角来观察和研究中国的大师的话，那么，他同样可以被称为蒙古研究的大师，因为他将大半的经历和心血都放在了蒙古边疆上面。从某种意义上说，他对于中国边疆的思考和认知，主要就是建立在他对蒙古这一边疆的思考和认知基础之上的，并且随着时代的变迁，又以其对现代蒙古与蒙古社会的认知转型改变着他自己对中国本身的认知，总体而言，是他的蒙古认知助推了他的中国研究。"蒙古"之缘将拉铁

---

① 〔英〕哈·麦金德：《历史的地理枢纽》，第 59 页。

摩尔带进了边疆研究的广阔领域，进而拓展到对于中国问题的研究，而他的"蒙古"之眼，则使他对中国和更大范围的欧亚认知具有了鲜明的蒙古视角，而这些中国和欧亚认知反过来又影响了他自己的蒙古研究。

当然，他的这种"蒙古"之缘并不是与生俱来的。在拉铁摩尔年幼的时候，他与父母居住的地方是上海、保定等地，这些都是相当典型的中原核心城市，跟现实中的蒙古文化与生态区域相距甚远，但时代所赋予的契机使他慢慢注意该区域。他在回忆录中写道，在俄国十月革命后，曾有大批俄国侨民迁居中国，其中一些"难民从西伯利亚经蒙古南下。也有逃避1921年夏蒙古革命的白俄和其他欧洲人。我尤其记得一个瑞士人，他曾是乌尔加（今乌兰巴托）的奶酪制造专家，从那里逃到天津。他用德文写了篇文章，叙述自己在乌尔加的所见所闻以及逃到中国的情况。我懂一些德文，因此借助字典能把它大体上译过来，并登在报纸上。但是那时我从未见到过蒙古人，也从未想到自己会对蒙古和蒙古人产生任何兴趣"。①随着年龄的增长和阅历的扩大，他开始接触到一些跟中原风貌不同的边疆社会生活样态，并对此产生好奇。

"从太平洋到帕米尔高原，又从帕米尔高原南下，到达分隔中国与印度的高寒地带，在这个范围内所包含的是满洲、蒙古、新疆和西藏。这是亚洲中部的隔绝地域，世界上最神秘的边疆之一。"②这片神秘的区域吸引着年轻的拉铁摩尔，使他开始有意识地去注意边疆与中原在各方面的不同之处，而"一战"之后发生巨变的亚洲地缘政治形势，又使拉铁摩尔敏锐地意识到，要更好地理解中国边疆，蒙古是一个重要的切入点："如果按着地理次序，从满洲起，经蒙古、新疆以达西藏去研究长城边疆，倒不

① 〔日〕矶野富士子整理《蒋介石的美国顾问——欧文·拉铁摩尔回忆录》，第11页。
② 〔美〕拉铁摩尔：《中国的亚洲内陆边疆》，第2页。

如先来研究蒙古草原，这是所有边疆历史中最典型的一部分。从满洲多样的地理环境，到新疆的绿洲和沙漠，以及西藏的寒冷高原，在这之间诞生了蒙古草原历史的一种变形的社会。"①1925 年，拉铁摩尔第一次开启了他的蒙古探索之路，"那是我第一次到中国的内蒙古边疆。我与当地专做蒙古和新疆贸易的商人谈话后，决定向我当时服务的公司辞职，而进行亚洲内陆旅行。"② 于是他在跟埃莉诺结婚后，就一起踏上了穿越蒙古、远抵新疆的著名"蜜月年"之旅。拉铁摩尔的这段旅行远不是一般年轻人的那种浪漫之旅，途中充满了艰辛与挫折，甚至还有一段时间被关进了监狱，最后终于抵达终点。这次旅行成为拉铁摩尔真正接触和认识中国广阔边疆的起点，也为他后续的研究活动提供了最初的经验与教训，使他认识到边疆社会与边疆现象的复杂性，并基于这种复杂性来重新认识和思考中国与周边问题。

1928 年，拉铁摩尔在著名的《纽约时报》上发表了《如今蒙古人成了一场游戏的棋子》（Now the Mongols Are Pawns in a Game）一文，③ 就笔者所见，这是拉铁摩尔关于蒙古的第一篇专门文章。同年，他还在《北美评论》（*North American Review*）、《大西洋月刊》（*Atlantic Monthly*）、《跨太平洋》（*Trans-Pacific*）等刊物上撰文介绍自己在蒙古地区的见闻与思考，向世界展示了一个之前被传说与神秘所笼罩的广阔地域的近代面貌。与此同时，他还在系统整理这次跨越蒙古和新疆之旅经历与见闻的基础上，分别于 1929 年和 1930 年出版了《通往突厥斯坦的荒漠之路》和《高地鞑靼》（*High Tartary*）两部作品。前一部作品在西方知识界一炮而红，为拉铁摩尔打开了学

---

① 〔美〕拉铁摩尔:《中国的亚洲内陆边疆》，第 37 页。

② 〔美〕拉铁摩尔:《中国的亚洲内陆边疆》，原序，第 1 页。

③ Owen Lattimore, "Now the Mongols Are Pawns in a Game," *New York Times*, 2nd September, 1928.

术研究的新通道：美国社会科学研究理事会破例给了他去哈佛大学人类学系培训以及进行后续研究的资助。正如他所说的，"接下来的三年（1930~1933年），我在哈佛－燕京学社提供的一笔研究员基金和小约翰·西蒙·古根海姆基金会（John Simon Guggenheim Jr. Foundation）接连提供的两笔研究员基金的赞助下，在北京从事研究工作。在这几年里，日本人完全占领了东北，并把侵略扩大到华北和内蒙古。我开始学习蒙古语。在花了一个冬天跟一位讲汉语的蒙古教师——我是通过来自海拉尔的蒙古民族主义者墨斯（Merse）认识他的——学习蒙古话和蒙文写作之后，我告诉他我已经认识到内蒙古的政治重要性，为了理解蒙古人的观点，有必要掌握蒙古语。我必须能够同普通人民交谈，同那些既不是封建贵族也不是政客的人，同那些最少受到中原文化的影响并且不讲汉语的人交谈。"[1] 在这段时间里，他和妻子考察了东北地区，完成了在哈佛大学人类学系进行科班培训后的第一次田野调查之旅，并且在这期间对东北地区的蒙古人社区进行了深入的探究，并在之后撰写了《满洲：冲突的摇篮》（1932年）[2]、《乌拉盖的故事》（*Wulakai Tales*，1933年）[3]、《满洲的蒙古人》（1934年）[4] 等作品。

有了之前的这段经历，拉铁摩尔在内蒙古地区的旅行更加自如，也更清楚如何更好地了解当地人和当地社会。1932年"夏天，我去了内蒙古，买了四匹骆驼，同一个只会讲蒙古语的蒙古同伴一道旅行。我回北京时他替我照看骆驼，这样在随后几年里无论

---

① 〔日〕矶野富士子整理《蒋介石的美国顾问——欧文·拉铁摩尔回忆录》，第23页。

② Owen Lattimore, *Manchuria, Cradle of Conflict*. New York, 1932.

③ 载《美国民俗学杂志》（*Journal of American Folklore*），1933年第46卷，7~9月刊，第272~286页。

④ Owen Lattimore, *The Mongols of Manchuria: Their Tribal Divisions, Geographical Distribution, Historical Relations with Manchus and Chinese, and Present Political Problems*. New York, 1934.

我何时离开北京都能再次同他一道旅行。我的家庭教师布格格色戈（Būgegeseg）把我介绍给赛音·巴雅尔（Sain Bayar），他是在许多历史时期一再出现的那种贵族激进派的典型。20 年代初，他创建了内蒙古国民党，该党与孙中山国民党的左派关系不错。但是后来他未能与蒋介石携手共进，主要是因为蒋从未真正控制中国北方的军阀。"①拉铁摩尔在了解蒙古社会历史的同时，也开始注意当地的时局与政治，并逐渐形成了对当地蒙古社会及相关政治行为的同情态度。他回忆道："在 1935 年 6 月 10 日何应钦和梅津美治郎将军签订要求中国使华北非军事化的中日协定后不久，伦敦《泰晤士报》驻京记者来对我说：'我在北京的日本机构里发现有些蒙古人执行某种临时性任务。我已经安排与他们会见一次。你能跟我同去替我作翻译吗？'于是我们去见他们。《泰晤士报》记者的汉语很糟，但他能听懂一些，我们用汉语跟他们交谈，得到的正是在那种情况下人们可以预料到的标准的答复，即日本人是蒙古人真正的朋友等。在一个普通记者问完他所想到的问题之后，我用蒙古话跟这些蒙古人交谈。他们感到惊讶，问道：'你怎么会讲蒙古话？'我说：'我是墨斯的朋友。我曾在内蒙古旅行，想更多地了解蒙古。因此墨斯帮助我学习蒙古话。'此时这些身着日本军装的蒙古人中年纪最大的一位对我说：'既然你讲蒙古话并且是墨斯的朋友，那么我们跟你谈话就不把你当成外国人，而是看作一位蒙古同胞。你必须知道这一点：不要盯着我们的军装。时机一到，我们将作为蒙古人而不是受雇于日本人的士兵采取行动。'这是在 1935 年发表的很不寻常的声明。"②这段经历，促发了拉铁摩尔将蒙古历史与蒙古政治联系起来加以思考的研究和分析路径，也为他后来参与关于第二次世界大

---

① 〔日〕矶野富士子整理《蒋介石的美国顾问——欧文·拉铁摩尔回忆录》，第 24 页。
② 〔日〕矶野富士子整理《蒋介石的美国顾问——欧文·拉铁摩尔回忆录》，第 27 页。

战的地缘政治讨论并在一定程度上介入现实政治埋下了伏笔。

1940 年，拉铁摩尔整理之前十多年的调查研究成果，出版了他最负盛名的作品《中国的亚洲内陆边疆》，该书首次对中国内陆边疆的四个地区东北、内（外）蒙古、新疆和西藏进行了全面系统的分析，并分别从生态环境、民族、生产方式、社会形态、历史演进等方面进行了深入考察，揭示了中国内地与上述四个边疆地区存在的互动依存关系，并展现了中国内陆边疆历史所具有的丰富多样性，在这本书当中，对蒙古部分的论述占了很大的篇幅。1941 年，拉铁摩尔又出版了《蒙古游记》（*Mongol Journeys*）一书，①该书记述了他之前数次前往内蒙古地区进行旅行的所见所闻，其中尤其记载了他在鄂尔多斯参加成吉思汗大祭典礼的经历，并记下了诸多有意义的仪式细节。同年，因他对中国问题所具有的丰富经验，经美国总统罗斯福推荐，赴重庆担任蒋介石的政治顾问，在此期间，他力图使蒋介石认识到边疆地区对于中国当时和未来发展的重要性。在 1942 年回国后，他因其在研究领域所获得的杰出成就，获颁英国皇家地理学会金奖。1944 年，拉铁摩尔作为美国副总统华莱士使团的编外成员，在前往苏联首都莫斯科访问途中，途经乌兰巴托。这是拉铁摩尔第一次访问外蒙古地区，从而在他对内蒙古的既有认知基础上逐渐形成了对整个蒙古区域的总体观察视野。

我们注意到，也正是从这一时期开始，拉铁摩尔对蒙古叙述的重心开始发生巨大转变。在 20 世纪上半叶，他的叙述重心是内蒙古区域，在这之后，其关注和思考的重心则转到了外蒙古（蒙古人民共和国）区域，这种转变背后所折射的则不仅是他本人学术兴趣点重心的转移，更是"二战"之后紧接着的东西方"冷战"大背景以及欧亚大陆两大力量中心中国与苏联之间关系出现波折

---

① Owen Lattimore, *Mongol Journeys*. London: Cape, 1941.

的写照。在"二战"末期的 1945 年 2 月，英、美、苏三国首脑雅尔塔会议规定"外蒙古（蒙古人民共和国）的现状须予维持"，并以此作为苏联参加对日作战的条件之一。同年 10 月，外蒙古举行全民公决投票，绝大多数选民赞成独立。1946 年，中华民国政府跟苏联签订《中苏友好同盟条约》承认外蒙古独立。这一结果极大地改变了当时的东亚和东北亚地缘政治格局，也使十分关注蒙古民族自身政治前途的拉铁摩尔在内蒙古地区之外找到了另一块深入探寻蒙古社会与政治的区域。

他在 1946 年关于外蒙古问题的一篇文章中写道："我们对于这段时间内外蒙的内部发展大都不甚明了，但是我们确乎知道外蒙与苏联都曾先后遭受到日本的侵略，边界上常有纷争，有些战争规模并且很大。我们知道这种情势还驱使苏联与外蒙密切合作共同防御，但是我们并不确切地知道怎么样才能促成苏联在外蒙的势力，我们更不知道苏联在外蒙的势力，距离统治外蒙还有多远。中国承认蒙古人民共和国是个重大的事件，我们知道中国此番承认外蒙是由于雅尔达会议的影响。而雅尔达会议中国则并没有参加。我们也不知道要求承认外蒙古的压力是否来自苏联，抑或是外蒙基于参加对日战争而提出事先承认蒙古人民共和国的安排。"[①]拉铁摩尔在那时当然不知道雅尔塔会议关于外蒙古问题讨价还价的幕后情况，在他研究和日常经历中所逐渐形成的亲苏心态使他在"二战"后研究蒙古的视角从内蒙古转向了蒙古人民共和国，蒙古人民共和国成为 20 世纪 50 年代之后拉铁摩尔进行学术研究的主要舞台与中心，他原先所进行的以边疆为视角的中国研究开始逐渐退居次席。

"二战"结束后，拉铁摩尔回到约翰·霍普金斯大学任教，并在佩奇国际关系学院领导规划了庞大的蒙古学教学与科研计

---

① 拉铁摩尔：《外蒙的蜕变》，译者不详，《读者文摘》（半月刊）1946 年第 2 卷，第 19 页。

划，出版了一批较有分量的研究成果。但好景不长，从 20 世纪
50 年代开始，拉铁摩尔在美国受到政治指控，失去了在美国进行
正常学术研究的条件与环境，不得不在国外谋求学术出路。1960
年，拉铁摩尔受邀前往苏联中亚地区旅行，第二年，他携妻访问
蒙古人民共和国，并在乌兰巴托见到了当时的主要领导人乔巴
山。他记载这次蒙古人民共和国之旅的《游牧民与政委：再访蒙
古》（*Nomads and Commissars: Mongolia Revisited*）一
书在 1962 年出版。在书中，拉铁摩尔对蒙古人民共和国及其民
众的现状做了非常详细的论述，对蒙古人民共和国的新发展深表
自豪，并认为蒙古人民将苏联作为真正的盟友，而这种结盟并非
仅仅是政治家之间的交易。[①] 同年，他还做了一些讲座，并撰写
了数篇相关论文，谈论蒙古的历史以及蒙古人民共和国的现状，
例如 1962 年 5 月 31 日在英国剑桥大学的讲座——"蒙古在历史
中的地位"（Mongolia's place in history），以及发表在当年
《皇家中亚学会杂志》（*Journal of the Royal Central Asian
Society*）上的文章《再访蒙古》（Mongolia Revisited）等。也
正是在这一年，他下定决心离开生活多年的美国，前往英国利兹
大学开始他第二次学术创业之路。他在这所大学创建了中文系（或
称汉学系），并亲任系主任，"由于他是一个崇尚实际而不是从
学院派的环境里出来的人，他的这个中文系就与众不同，有它自
己的特点。第一，它的课程着重现代，学生都是从现代汉语开始
学起，然后再逐渐进入文言，深入到古典文学中去。第二，除了
语言、文学和文字外，它也把研究近代中国社会、政治和经济列
为教学的重点。换一句话说，他这个系里的汉学是紧密联系实际，
因此训练出来的人才也比较符合社会的需要。他的这个教学方向，

---

① Owen Lattimore, *Nomads and Commissars: Mongolia Revisited*, New York: Oxford, 1962, p. 173.

不仅在英国，也可以说在整个欧洲是汉学中的一大革新，影响是深远的。"[①]通过拉铁摩尔多年努力，该系成为英国规模最大的中文系，值得注意的是，该系还开辟了颇具特色的蒙古研究课程，成为欧洲著名的蒙古学中心，为之后英国的蒙古研究培养了一批新的人才，其中就包括如今已是著名蒙古学家的汉弗莱（Caroline Humphrey）。

1969 年，拉铁摩尔被选为蒙古人民共和国科学院外籍院士。1970 年 3 月，他的妻子埃莉诺去世。同年，拉铁摩尔赴蒙古首都乌兰巴托参加第二届国际蒙古学大会，不久之后，他从重新开创学术第二春的英国利兹大学荣退。1971 年，受邀赴乌兰巴托参加了蒙古人民共和国建国 50 周年庆典。1972 年春，拉铁摩尔回到美国，被选为蒙古学会会长。同年 8~10 月，应中国方面的邀请，拉铁摩尔一行访问中国，受到周恩来总理接见，并专门前往新疆和内蒙古等中国边疆地区进行了为期两周的考察，这也是拉铁摩尔最后一次踏上内蒙古的土地，之后，他前往蒙古人民共和国访问。1974 年，拉铁摩尔在巴黎创建了蒙古学研究所，进一步推动蒙古研究事业。1987 年，第五届国际蒙古学大会在乌兰巴托举行，拉铁摩尔因身体原因未能出席，但仍然被推选为国际蒙古学会首任主席。1989 年拉铁摩尔在美国罗得岛州去世，除了中文和蒙古文藏书留给了利兹大学之外，其他藏书都遗赠给了剑桥大学蒙古与内亚研究中心。1990 年 6 月 25 日，国际蒙古学会和蒙古人民共和国科学院在乌兰巴托举办了纪念拉铁摩尔诞辰 90 周年大会，追忆拉铁摩尔在蒙古研究以及将蒙古介绍给外部世界的事业中所做出的杰出贡献。拉铁摩尔的"蒙古"之缘与"蒙古"之眼结识了蒙古、认识了蒙古，也让这片蒙古土地永远记住了他。

[①] 《欧文·拉铁摩尔》，载叶君健《叶君健全集》，第十六卷，第 209 页。

敏锐与局限

拉铁摩尔的蒙古研究，既是他年轻时的兴趣所至，又是他思考和认识中国边疆及亚洲地缘政治的最主要切入点。正如日本学者毛里和子所指出的，"拉铁摩尔从三十年代开始就对草原游牧社会的起源、多种多样的民族主义以及苏联的对外政策这三个问题感兴趣，这也直接引起了他研究蒙古问题的愿望。在研究蒙古学，直接了解了蒙古的社会和经济的发展之后，开始转而对正在完成前期资本主义经济的工业化进程的蒙古的内在力量和自发的发展过程产生极大兴趣。就这样拉铁摩尔从两个方面着手研究蒙古现代史，一方面是探明蒙古内在的发展力量，另一方面，从国际政治学的角度阐述了'卫星国'论，并且把从同盟国到从属国的各种各样的国家关系概念化。"[1] 可以说，正是在拉铁摩尔的蒙古研究基础上，他逐渐形成了对以蒙古为主要区域的草原游牧社会的整体性认知，并以此进一步形成他具有开创性的对于游牧－农耕二元关系的基础性论述。而在论述这种关系并进而检视中国边疆的过程的同时，拉铁摩尔并不将此看成全然固定不变的僵化结构，而是始终强调建立相关历史基础性认知的重要性，并认为应"不把古代和今天分割开，从而既探寻历史的根源，也了解现代的发展"。[2] 这种兼顾横向的结构性关系以及纵向的历史性发展的思考方式，使他对蒙古的认识始终能够建立在历史与现实的基础之上，而不仅仅是对蒙古社会与历史面相的简单描述，从而具有更大的知识阐释力量。

此外，拉铁摩尔始终以一种"同情之理解"的态度来观察和认识蒙古及其社会，并在其中深刻凸显了一种历史的责任感。"拉

① 〔日〕毛里和子：《论拉铁摩尔》，第 65 页。

② 〔美〕拉铁摩尔：《中国的亚洲内陆边疆》，第 12 页。

铁摩尔最初对蒙古现代史感兴趣，主要是出于这种历史观点：他非常同情蒙古这个夹在日、中、俄（或者日、中、苏）的对抗中间处于被动地位的少数民族。然而在他实际接触了蒙古之后，便转变为内向性的态度，他的注意力和研究兴趣集中到如何解释这个民族本身具有向前发展的动力方面。"①这种心态跟之前游历过蒙古地区的诸多外国人截然不同，他不再以猎奇者的心态去看待这一区域的社会与人事，更不以所谓文明人的高傲眼光来鄙视这些"未开化"的"蛮夷"，而是跟他们中各个阶层的人都有交往，并跟很多普通人建立起深厚的友谊，并常常设身处地地去思考这一地区与社会的历史、现实与未来。总之，理论素养与心态准备，为拉铁摩尔边疆视野下的蒙古研究奠定了基础。

在具体的分析路径中，拉铁摩尔首次系统性地揭示了中国草原边疆所蕴含的历史动力问题。他指出："在一个时期内，北方、南方的社会与政治发展能力都可以组建大的社会并长时期发展，这时还说不清谁是主要的，谁是次要的。我相信，是北部草原边疆所形成的若干特征最终决定着这个问题。"②这一论断对原本已经成为"常识"的中原－农耕中心观提出了反思。他进而认为，"事实上，北方有一种完全不同的现象，即草原的游牧经济。由此产生了一个永恒的矛盾，使在历史上掌握长城边疆的民族和国家——无论是汉族还是其他民族——不得不做出一个决定，是选择精耕的农业经济，还是选择粗放的游牧经济。"③在拉铁摩尔看来，正是农耕与游牧经济之间的生态不兼容性，在很大程度上形成了中国历史上对于基本的土地资源分配的争夺，并在此基础上促发了中原与草原在政治层面上的竞争与冲突，而这种竞争与冲突又构成了中国历史中中原政权与草原游牧力量绵延数千年的

---

① 〔日〕毛里和子：《论拉铁摩尔》，第74页。
② 〔美〕拉铁摩尔：《中国的亚洲内陆边疆》，第25页。
③ 〔美〕拉铁摩尔：《中国的亚洲内陆边疆》，第26页。

互动关系。

拉铁摩尔注意到了蒙古地区社会经济生态的独特性，他指出："中国内地和蒙古草原的最大差异是：草原的原始农业文化没有能够发展到大农田粗耕制，或农耕与畜牧并行的混合经济。游牧最终成为占统治地位的制度，尽管不是唯一的制度。对这种经济差异必须加以检讨。灌溉农业可以造成最高的（在工业制度之前）经济及人口的集中。没有灌溉农业的地区，特别是在雨量稀少且不稳定的地区，还有农牧并存的地区，会形成比较分散的经济和人口。畜牧是一种散漫的经济制度，社会也不能集中……我们还要注意的是，草原并不受比中国精耕制度低一级的旱作农业或农牧混合经济的影响，而是受与中国经济相差两级的畜牧经济的影响。在工业经济兴起之前，中原与草原是不能调和的。"[①]尽管如此，他同时又强调："中原与草原之间的经济差异并没有形成政治上的隔绝。虽然费了很大的力气将长城造起来，边疆却从来没有一条绝对的界线。就地理、经济、政治等方面而言，它是一个过渡地带，广狭不一。因为不论是在中原还是在草原上，精耕及粗放的平均水平及程度指标并不一样。两边的社会没有一个是永远统一着的。在中原，从极端精耕的地方到较差的精耕的地方有很多差异，政治也随之变化。在草原上，差异是从极端的粗放到比较的粗放，而且也关系到政治的变化。"[②]可以说，正是以蒙古地区为代表的游牧生态与中原农耕生态结构之间的这种既冲突又相互影响的关系，塑造了中国历史与社会的复杂多样性，同时也形成了中国广大地域内部的多种治理结构。

当然，拉铁摩尔还敏锐地注意到了草原社会本身所存在内部多样性，而这种多样性决定了草原社会本身无法作为孤立统一体长时期存在，其内部的分化与差异决定了草原政权必须仰赖周边

① 〔美〕拉铁摩尔：《中国的亚洲内陆边疆》，第38页。
② 〔美〕拉铁摩尔：《中国的亚洲内陆边疆》，第45页。

的生态文明体来加以弥补和调整。对于该观点，他是这样阐述的：
"我们还要注意到，草原的统一性比中原还差。它不但包括绿洲
一类的区域，它的边缘地带可以让森林民族及草原民族互相渗透，
它同时拥有农业经济和畜牧经济，但其自发的内部贸易较中原为
少。草原经济比定居社会的经济更重于自给自足，牲畜提供食物、
衣着、居住、燃料和运输。虽然没有内部贸易的经济必要性，草
原却有对外贸易的社会必要性。草原社会对同中原（或是新疆及
波斯的绿洲）的贸易的需要，比定居农业社会对同草原社会的贸
易的需要还甚。因为草原社会里必需品分配的普及性，造成了必
须用这个社会以外的奢侈品来区别贵族与平民、统治者与被统治
者。"[①] 这种认知为我们更立体和全面地认识以蒙古地区为代表
的草原游牧社会提供了基础，进而重建了我们对草原游牧社会加
以同质化、铁板化认识的传统常识。

　　拉铁摩尔进一步提醒我们，"在草原游牧经济中，移动性与
固定性都是内在的。自给自足的经济资源的固定性，与取得和使
用各种资源的特殊方式而造成的移动性，以不同的比例成分结合
在一起。在每一个可能的组合中，要么偏重于财富，要么偏重于
移动性。任何地区都没有理想的和谐组合……然而，游牧民族的
统治者永远不停地在追求财富与移动性的协调，由于这种原因，
虽然大体上草原与中原是分离的，但二者的相互影响却没有停止
过。游牧民族征服中原时，移动性对财富的统治最强。但是，这
种局面又因财富的累积而妨害了移动性。征服者还要依赖官僚阶
级来征收赋税和施政。游牧民族的统治者到了中原以后，他们就
脱离了本身权力的根源，转而依赖笨重而易遭攻击的农业机构。
因此，当开发定居文明社会的利润减退时，他们也和其他朝代一
样，被叛乱或是新的游牧民族的侵入而摧毁。在中原强盛而使草

---

① 〔美〕拉铁摩尔：《中国的亚洲内陆边疆》，第45页。

原游牧民族称臣纳贡时，财富对移动性的统治最强。但是，这种统治也会因为移动性而妨害于财富。"[1] 他认为，这种财富与移动性之间彼此重心的不断转换，最后一次出现在清朝。随着清朝统治秩序的确立，"蒙古就成了一种新的游牧地区。游牧经济被限制于部落和土地的界限中。由于召庙的建立，不动产也成为经济制度的一部分，有许多召庙拥有自己的土地，完全超然于部落制度之外。在这些地区内，居住的平民受活佛而不受王公的统治。另有召庙建在部落的土地上，由部落出钱维持，这又促成了部落在一个地区的定居化的发展。传统的游牧循环被打破。从一个牧场移动到另一个牧场，不再会引起移动权的争执，也不会导致在强大首领带领下各部落的联合或在小首领带领下的分裂。在大体上，移动只限于其本部落的土地。在这个公有土地的范围内，世袭的王公和贵族分配牧场给各族各家，在原则上土地是属于部落的，但事实上，则因各家属于部落而部落属于王公，于是土地也就属于王公了。……这样获得的稳定并不完全是前所未有的。长城边疆的行政理想，不论是被草原还是被中国统治，都要给每个部落以固定的土地，授予每位领袖以一定的荣誉和职责。这种时期的理论上的稳定性，是基于一个法统上的假定：认为制定这个制度的朝代可以世世无穷。财富现在又战胜了移动性。喇嘛教和召庙不动产制度，成了分割而不是联合蒙古人的工具。各部落本身对满清皇帝都转变为一种固定的关系，皇帝是中原的统治者，同时也是蒙古的宗主。但是，在永久固定的形态下，历史不断的变迁会造成极为扭曲的现象。最主要的原因是，当蒙古社会的上层——各部落的旧贵族和宗教的新领袖——接受了新的权力规范和统治方法后，其社会的下层仍然受草原游牧生活的支配。事实上，移动性的减少又改变了草原游牧经济的技术。经济改变了，

---

[1] 〔美〕拉铁摩尔：《中国的亚洲内陆边疆》，第 49～50 页。

社会内部的机制也随之改变。放牧牲畜的人丧失了游牧经济的若干利益，却没有丧失他们理论上的游牧民族的义务和职责，而他们的统治者，不但要保全旧的部落权力，还要占有新环境所增加的新权力。"① 可以说，建基于主要地位的移动性和次要地位的固定性构建了草原游牧力量尤其是蒙古游牧力量的主要动力与源泉，而对其中任何一个要素的破坏都将极大影响到蒙古游牧社会及其力量的生存与发展。清代的限制移牧政策极大地削弱了构建蒙古社会力量基础的移动性，从而限制了草原游牧力量曾经具有的政治和军事力量。而随着历史的推进，近代工业所带来的铁路网以及由于土地资源的限制而出现的移民现象彻底扭转了农耕与游牧社会之间的移动性力量对比，从而进一步压缩了草原游牧力量的生存空间。"到了 20 世纪，新情况产生，这使得西方人及中国人对蒙古生活的了解更感困惑。在内蒙古的南部及东内蒙古，中国贸易经济控制蒙古经济的现象，已经转变为由移民而出现的中国农业经济代替蒙古游牧经济。这种经济比蒙古原有的经济精深得多，尽管还不如长城以内的中原农业那样精深，因为在草原边缘，还不能从河流或水井中取得足够的水来实施灌溉。……有些汉族边疆移民从粗耕转变为农耕与畜牧并重的混合经济，有些则干脆放弃农耕，专力畜牧。同时，有些游牧民族也在畜牧之外加上农耕，有些则完全从畜牧转到农耕，成为汉人。转变趋势是倾向于游牧经济还是农业经济，则由边疆的复杂关系而定——根据历史循环中移动性的重要性的增降而定。到了这个世纪之交，蒙古被纳入新势力的范围以内。西伯利亚铁道绕过它的北部，东北的铁道网改变了东内蒙古的情况，平绥铁道一直到达内蒙古的南缘。铁道整个地使原有的粗浅与精深两种经济的天然平衡变形。……火器的发展又加强了这种变化，它以本身的方式改变了

---

① 〔美〕拉铁摩尔：《中国的亚洲内陆边疆》，第 56 ~ 57 页。

游牧移动性及农耕定居性的比例。在旧的调整方法中，边疆社会在向粗耕演变时，会出现适当的移动性，会脱离中原而趋向草原。现在，这种情形已经不可能了。虽然向草原的迁徙逐渐改变了这些汉人的经济制度、家庭和社会制度（例如特种盗匪及边疆军阀的发展），但这些新的粗放经济的汉人，由于外来的铁轨及火器的影响，并不情愿地保留了与精耕经济的中原的联系。如果没有这些与其他相关因素，在清朝灭亡时会发生什么情况，这倒是一个很有趣的问题。肯定地说，蒙古与中国内地会沿长城边疆而分裂，在清朝逐渐形成的社会变化也会突然地崩溃，旧的移动性与定居性、粗放经济与精深经济的基本价值又会重现出来，重归于它们的自然地理环境与社会形式。"① 正是在这种困境当中，拉铁摩尔在为蒙古地区及其社会寻找着新的出路与可能。

20 世纪复杂多变的世界局势和地缘结构改变着中国历史中曾经历时数千年的游牧 – 农耕结构性关系，近代外部力量的侵入深深影响了中国内部的关系结构。在 20 世纪的开端，"俄国取代了蒙古帝国。它对芬兰、斯堪的纳维亚、波兰、土耳其、波斯、印度和中国的压力取代了草原人的向外出击。在全世界，它占领了原由德国掌握的在欧洲的中心战略地位。除掉北方以外，它能向各方面出击，也能受到来自各方的攻击。它的现代铁路机动性的充分发展，只是一个时间问题而已，任何可能的社会变革，似乎都不会改变它和它的生存的巨大地理界线之间的基本关系。"② 而之后的历史又强化了苏联在欧亚地缘政治中的陆权中心地位，并在"二战"之后形成了以美、苏为首的二元海权 – 陆权竞争格局。在 20 世纪上半叶，蒙古地区与社会在中、日、俄（苏）多重关系格局中被撕扯，并最终形成了如今广义的蒙古区域内部所存在

---

① 〔美〕拉铁摩尔：《中国的亚洲内陆边疆》，第 61 ~ 62 页。
② 〔美〕哈·麦金德：《历史的地理枢纽》，第 60 页。

的不同政治与社会样态。从历史和当时现实的观察与分析当中，拉铁摩尔意识到了蒙古地区在历史上的重要性，也感知到了当时蒙古社会在大背景下所出现的政治抉择，并在他人生的后一阶段将对蒙古地区与社会关注的重心从中国内蒙古转移到了蒙古人民共和国，在观念上倾向于将蒙古视为依附于苏联这一陆权的力量而存在的。这是他作为一个结合对蒙古历史探究和当代政治认知的研究者做出的并不让人感到奇怪的选择。

但拉铁摩尔的这种蒙古研究视角转变也意味着他在人生后半期失去了对于生活在中国内蒙古的人数更多的蒙古族生态与社会的关注。失去了对"人"的关注，对"地"的关注将失去意义。从某种意义上来说，拉铁摩尔的蒙古视野最终还是输给了时代，在他去世两年之后，苏联解体，又过了一年，蒙古人民共和国改名为蒙古国，并重新确立与俄、中两大国的基本关系，不再单纯倒向俄罗斯，近期更是努力构建"第三邻国"外交政策，甚至寻求"中立国"地位。在经历了近代以来草原游牧社会地位的衰落，并力图通过依附当时最强大的陆权力量而得以自存的蒙古社会及其内部不同区域，在"冷战"后的新格局之下，正在重新构筑和确立自身的新身份和新认同。这是拉铁摩尔未曾预料到的。

总之，拉铁摩尔的蒙古视野成就了他在中国边疆研究以及欧亚地缘政治研究领域的重要地位，同时也时刻影响着他对现实政治和国际关系的判断与抉择，并最终导致了他在后半生将关注重心从内蒙古转向外蒙古（蒙古人民共和国）。在他对蒙古社会的观察中所揭示的中国农耕－游牧结构竞争性关系开创了西方中国边疆研究的一个重要流派，而他本人在美国和欧洲的学术努力则又开创了现代蒙古学研究的新局面。他对蒙古社会历史与命运的思考糅合了他的独特经历、社会洞察与人生局限，也成为当时时局与人生的一个具体而细微的写照。

新"棋局"中的穿行：

拉铁摩尔新疆之行

欧亚大陆是地球上最大的陆地，也是世界几大古老文明的发源地。近代之前的世界历史基本可以看成欧亚大陆的内部发展史，欧亚大陆东西段之间的交流与互动书写了世界历史的多彩篇章。当我们如今站在现代地图前面审视这块区域的时候，我们的关注点或许会更多地被它外围的两大海洋——大西洋和太平洋所吸引，因为这里是近代以来欧亚外围力量——英国与美国（以及某种意义上的日本）崛起的舞台，而这些海权国家通过贸易与战争的方式，实现了世界权力重心由欧亚大陆向蓝色海洋的大转移，时至今日，海洋中心的霸权依然影响着我们对世界格局和欧亚大陆地位的看法，在某种程度上影响和扭曲了我们对欧亚大陆内部地域本应具有的认知与感觉。在欧亚大陆的整体结构下重新认识其内在地域，重新认识中国西部尤其是新疆地区，将为我们提供一个更为新颖而全面的视野。

关于新疆的陌生与迷思

在公众的知识视野中，新疆一方面往往是陌生的，因为它在地理上远离中国的政治、经济中心；一方面又往往是神秘的，因为这个地方到处充满着宝藏、宝马的故事。但我们更应该了解的是真正的新疆。只有真正地了解这个地方的历史与当下，才能真正地理解这一区域的社会与生活逻辑。

"一部中国历史，在通海以前，与西北之关系最多，同时开发西北亦用力最宏。"[1]新疆位于中国西北部，作为中国领土不可分割的组成部分，它"东扦长城，北蔽蒙古，南连卫藏，西倚葱岭，以为固居神洲大陆之脊，势若高屋之建瓴。得之则足以屏

---

[1] 李烛尘:《西北历程》，甘肃人民出版社，2003，第134页。

卫中国，巩我藩篱，不得则关陇隘其封，河湟失其险，一举足而中原为之动摇"，[①]"保新疆者保蒙古，保蒙古者保京师"，[②]正是因为这一显要的地缘政治地位，它在中国历代王朝的兴衰史中扮演了非常重要的角色，成为影响大一统王朝统一规模与气度的重要因素。[③]

但同时，如果我们换个视角来看，新疆又位于世界政治枢纽区域——欧亚大陆的中心位置，[④]是整个亚洲最为偏远的地区，属于文化上的内陆亚洲区域，[⑤]它在历史上是一块各大文明相交、共融的地方，同时也是历史上各个族群生活、繁衍与彼此交往的地区。这两种地域身份之间的调试与互动在不同的历史背景之下出现了多重后果，而这些后果对之后形势的发展又产生了更为深远的影响。

在更为宏观的地缘环境下，新疆本身所具有的不同社会生态环境也同样影响着这一地区，数千年来当地游牧与农耕文化的发展互动，随着民族国家结构的引入和现代化理念的推进，当地的游牧与农耕都被重新加以规制与治理，并力图将其统一纳入整体性的地区发展脉络中。但是，在这过程中往往忽视了不同类型的生态文明所具有的地区与环境适应性，割裂了真实、具体的人－人关系和人－地关系，从而造成了某些问题。"大家不要绝对认为一切都似乎截然分开的两个人类集团是绝对不均一的。他们都是近邻，而且自古以来就是互相接近的，当时的农民已经将双脚陷入绿洲的腐殖土中、江河的淤泥中，并放弃了游牧生活，那些只喜欢空间和牧场的人仍然过着游牧生活。尽管游牧民与定居

---

① 钟广生等：《新疆志稿》卷一，《新疆建置志序》，成文出版社，1968，第9页。
② 钟广生等：《新疆志稿》卷一，《新疆建置志序》，第20页。
③ M. R. Drompp, "Centrifugal Forces in the Inner Asian 'Heartland': History Versus Geography," *Journal of Asian History*, vol. 23, pp. 134-168, 1989.
④ 〔英〕哈·麦金德：《历史的地理枢纽》，第60页。
⑤ Denis Sinor, *Inner Asia*. The Hague: Mouton & Co., 1971, p. 11.

民之间互相鄙视，尽管他们之间有仇恨，但他们依然是彼此互相需要。"① 而对于那些生活在沿玉门关和西部山岭之间的商道的人们来说，他们除了是东西方之间庞大内陆的守门者之外，也是一种区域性文明与生活方式的拥有者。② 正是在这种千百年来日常生活的互动中，才逐渐形成了如今新疆的社会与生态格局。因此，从社会生态的视角来重新审视新疆近四百年来所走过的发展道路，将有助于我们自觉或不自觉地破除深藏在观念中的对新疆的陌生与迷思。

作为有机结构的新疆地区及其社会

新疆古称"西域"，其文化历史久远，早在数千年以前就已经有人类在那里活动。从汉代开始，新疆与中原之间的经济文化交往日渐频繁，历代中央王朝在此地设有相关管理机构，经唐、元、清诸朝的努力，新疆与中原内地之间形成不可分割之关系。到了清末，随着西方力量对华侵入加深和边疆危机的爆发，对当时时局深有洞察的龚自珍在其《西域置行省议》中开篇即言："天下之大物，浑员曰海，四边见之曰四海。四海之国无算，莫大于我大清。大清国，尧以来所谓中国也。其实居地之东，东南临海，西北不临海，书契所能言，无有言西北海状者。今西极徼，至爱乌罕而止；北极徼，至乌梁海总管治而止。若干路，若水路，若大山小山，大川小川，若平地，皆非盛京、山东、闽、粤。版图尽处即是海比。西域者，释典以为地中央，而古近谓之为西域矣。我大清肇祖以来，宅长白之山，天以东海畀大清最先。世祖入关，

---

① 〔法〕鲁保罗：《西域的历史与文明》，耿昇译，人民出版社，2012，导论，第7页。

② Basil Davidson, *Turkestan Alive: New Travels in Chinese Central Asia*. London: Cape, 1957, pp. 26-27.

尽有唐、尧以来南海，东南西北，设行省者十有八，方计二百万里。古之有天下者，号称有天下，尚不能以有一海。博闻之士，言廓恢者摈勿信，于北则小逾，望见之；于西北正西则大逾，望而不见。"[1] 他将西北边疆放到了与东南海洋相等的位置，强调了西北边疆对于国家安全的重要性，同时又揭示了当时清廷与民间对于西北边疆知识的匮乏与缺失，认为有必要将新疆作为一个具有内在互动结构的整体放到清代疆域的大环境中加以考察。这一论述凸显了新疆与内地之间的整体性关联，它不应只是中原体系在西北部的延伸，而更应该是王朝疆域版图内西部的主要组成部分，实际上就强调了新疆应该是整个国家有机体的一部分。

而在国家的有机体中，新疆地区本身也相应具有了有机特征。在 1916~1917 年考察新疆的谢彬曾写道："新疆轮廓二万余里，面积之广，伯仲关东。地味饶沃，矿藏繁复。物产之丰，甲于寰宇。以言农田，膏腴美地，遍天山朔南。以言畜牧，羊马牛驼，群翳原野。以言森林，树木参天，浓荫纷乘，朽枝老干，横满山谷。以言工艺，绤裘齿革霞夷氍毹，屯积都市，远销英俄。以言矿产，金、银、玉石、铜、铁、铅、锡、石油、石蜡、硇砂石、白矾之藏，乃有环玮，久秘未宣。而盐碱炭煤之属，尤质美而良。以言渔业，罗布淖尔、额尔齐斯、伊犁诸水，鳞介滋长，卵育繁盛，既多巨鱼，又生小鲜。东西游历人士，咸谓我国财物附厚，首推新疆，实地调查，殆非虚语。徒以土广人稀，道路迢远，交通梗阻，开发无由。坐令天府之区，长为荒漠之域。"[2] 这是一个具有多种经济和物质资源样态的有机体，其内在的有机性既体现在新疆本身作为一个地理区域的整体性方面，同时也体现在其内部生态气候上。在气候方面，"天山居新疆之中，由哈密向西南行至于阗县，名

---

① 龚自珍：《西域置行省议》，载《龚自珍全集》，上海人民出版社，1975，第 105 页。

② 谢彬著，杨镰、张颐青整理《新疆游记》，新疆人民出版社，2010，第 390～391 页。

曰南路，由镇西向西北行至伊塔，名曰北路。南路地居山阳，气候同于内地，北路地居山阴，气候沍寒，与内地大殊，惟伊犁平川，九城山势环抱，登努斯口果子沟在其北，穆素尔冰岭在其南，气候介乎南北二者之间，故诸物迟早不同。"[①] 清末史善长的诗作也从侧面反映了新疆内部各区域之间不同的气候与生态："山路却平平，中分南北界。其上盘查关，客到停车盖。关北属轮台，白战雪不败。关南吐鲁番，二月桃花卖。行人将过山，绵袋各备带。山头互易衣，慎莫笑侈忱。咫尺异炎凉，咄咄事称怪。造物故逞奇，不管人学坏。"[②] 可以说，正是新疆内部各地区气候环境上的差异，使得新疆各地区之间在生活方式与生态上形成了区分较为明显的各大区域：天山北部以游牧为主的区域及其形成的特殊游牧生态（习惯上称之为北疆区）、天山南部以农耕为主的区域及其形成的特殊农耕生态（习惯上称之为南疆区），这两大生态之间在历史的不同时期彼此互动，并在与中原内地以及周边外域相关力量的合纵连横中影响着历史的走向；而位于东部天山尾部的吐鲁番和哈密地区则习惯上称为东疆区，这一区域与中原的联系更为频繁、紧密。

拉铁摩尔曾从整体上阐发了中原与草原社会之间的彼此互动关系，他认为有必要将互动关系作为分析新疆与周边区域关系的主轴之一："中原文化的黄河摇篮跟北部及西北草原游牧力量的故乡之间的地理分隔，并不像这两种社会之间的分隔那样明显。它们之间的过渡是渐进的。中原的集约农业经济、定居社会与草原游牧民的粗放农业经济、移动社会同时崛起，彼此之间的互动交往不断。但是，与农耕社会相比，草原社会实现完全分化的时间要晚得多。"[②] 在拉铁摩尔这种宏观分析的基础上，巴菲尔德

---

① 王树枏：《新疆小正》，成文出版社，1968，第1页。

② 史善长：《过达板》，见吴蔼宸选辑《历代西域诗钞》，新疆人民出版社，1982，第252页。

③ Owen Lattimore, "An Inner Asian Approach to the Historical Geography of China", *The Geographical Journal*, Vol. 110, No. 4/6, Oct. - Dec., 1947, pp. 180-187。

（Thomas Barfield）则进一步从人类学的视角对中国历史中游牧与农耕力量之间关系加以分析，并用自然森林的生态变迁向我们做了简明扼要的说明，[①] 他的这种分析是将游牧社会作为一个与周边社会具有互动关系的有机对象加以观察的，这些有机对象又共处在一个更大的领域之内。这种论述如果放到对新疆社会生态的研究当中也是具有相当说服力的。纵观新疆数千年来的历史，可以发现，实际上新疆地区内部游牧力量与农耕力量之间也存在类似的互动结构，并且往往通过与中原内地以及周边外域之间生态力量的相互联合而在更大范围内形成彼此间的互嵌、互竞与共生，在这一漫长历史过程中，作为整个森林景观的新疆地区，其主体范围与特征在长时间内维持稳定，并作为一个整体与周边的其他社会类型发生关联。[②]

此外，在涉及新疆内部各个生态区域之间的界限的时候，我们也应对此加以必要的研究，意识到生态区域划分过程和界限本身所具有和进一步凸显的意义。正如美国学者米华健（James Millward）所言，"边疆的概念近来被人文与社会科学领域的学者视为一种强有力的暗喻和阐释的工具。根据边界的划分，分歧得到明确的表达和谈判，决定了该囊括还是排斥，文明的种类也得以划分。边界不仅确实区分了两个实体，它们还限定了这种实体的范围。……边界并非固定不变的。它更像由各种不同的物质或不同概念的地带之间相互联结和渗透而形成的多孔结构的表面。它们不是静止的，而是随着时间的流逝来改变其位置、特征以及意义。"[③] 在具体分析新疆内部各生态区域之间边界的时候，

---

① 〔美〕巴菲尔德：《危险的边疆：游牧帝国与中国》，第 13 ~ 14 页。

② Nicola Di Cosmo, "Ancient Inner Asian Nomads: Their Economic Basis and Its Significance in Chinese History", *The Journal of Asian Studies*, vol. 53, No. 4 (Nov., 1994), pp. 1092-1126.

③ 〔美〕米华健：《嘉峪关外：1759-1864 年新疆的经济、民族和清帝国》，贾建飞译，张世明审校，国家清史编纂委员会编译组，2008，第 3 页。

我们有必要避免对区域内部边疆与边界的固化印象，要注意边界的流动性与模糊性，而这种边界的流动性与模糊性又处在这个历史上充满着多种流动性因素（人员、货物、文化、观念交流）的整体大环境中。因此，我们在研究中原内地时经常强调的"固化"与"维持"，到了研究新疆的时候，可能更多地需要注意互动格局之下的"流动"与"变迁"问题。

当然，这种"流动"与"变迁"往往会在某些看似稳固不变的特定概念里显著地凸现。例如我们最耳熟能详的"丝绸之路"，可以说，在历史进程当中，这条贸易通路的走向与发展时刻受新疆内部各个生态区域的影响，最终在各方面利弊的考量之下选择了处在沙漠边缘地带的草原之路，这条线路"摆脱了草原上的游牧生活（尽管总是受到北方游牧部落的威胁或控制），使商路上的这些绿洲具有都市的、商业的特征，通过这些链条式排列的绿洲，这一地区形成了西方几大定居文明即地中海世界的文明、伊朗文明和印度文明与远东的中国文明之间的交通线……这条纤细的双线，交替着穿过沙漠，越过山峦；它若似忙于越野的蚂蚁爬出的蜿蜒而漫长的路线，然而，它已足以使我们的地球形成一个整体，而不是分离的两个世界，足以维持中国的'蚁穴'与印欧的'蚁穴'之间的最低限度的联系。这就是丝绸之路和朝圣之路，沿着它，进行着贸易交往和宗教传播；沿着它，传来了亚历山大后继者们的希腊艺术和来自阿富汗地区的传播佛教的人"。[①] 而我们也要注意到，随着草原力量和农耕力量之间的此消彼长，历史上"丝绸之路"的具体走向也发生着微妙的变化。

生态区域与贸易线路的问题只是新疆地区社会发展与变迁的某些方面，而对更具宏观性的新疆整体社会经济而言，从历史发展的纵向来看，如拉铁摩尔所言："草原的周期性崛兴，间之以

---

① 〔法〕勒内·格鲁塞：《草原帝国》，第10页。

中原的统治及绿洲的崛兴，这种模式是与草原和绿洲生活之不能协调有关系的。在草原经济与汉人及绿洲农业经济之间是混合与粗耕经济。草原居民、汉人、绿洲居民都不能向这种混合经济'进化'，因为这种混合经济乃是立于单纯经济制度上的社会的'退化'。由于同样的理由，各种社会形式的内在的困难也阻止了中国机械化工业的兴起。然而，只有工业才能联合这些不同的经济形式，以建立一个更高级的社会结构。"① 拉铁摩尔敏锐地注意到了新疆内部各区域基于族群、文化与生态环境的不同而形成了多种经济样态，而且这些多样化的经济形态无法在工业文明之前融合成一种混合经济。他的这种看法尽管存在某种绝对性，但从新疆地区历史和社会发展的历程来看，可以发现，在近代工业出现之前，新疆地区所具有的社会经济类型往往具有某种内在的区域性，无法形成一种整体性的新疆地方经济，从而无法与中原内地的经济形态形成稳定的联系，而随着近代工业文明的发展，新疆地方所出现的新的工业经济类型在与中原内地相关经济类型的交往互动中逐渐形成了具有统一性的中国工业经济。

随着时代的变迁和统一的国家经济的形成，我们所观察到的新疆社会也出现了新的不同场景。比如说，从 20 世纪 30 年代到 50 年代，新疆就经历了空间意象上的深刻转变。民国时人冯有真眼中的新疆"屏障西北，为我国边防重镇，幅员之广，为全国行省之冠。然有史以来，此被视为塞外之新疆，几不为新疆以外之中国人所注意，而新疆之地方当局与人民，对新疆以外之国事，亦漠不关心，故新疆虽为中国最大之行省，几形同中国之另一区域。"② 而到了 20 世纪 50 年代，在访问新疆的著名记者储安平眼里，"一提起新疆，人们便会有各种不同的想法，天山、昆仑山、阿尔泰山这些巍峨的名字，给人们以一种无限高大无限雄伟的感觉；古尔班

---

① 〔美〕拉铁摩尔：《中国的亚洲内陆边疆》，第 139 页。
② 冯有真：《新疆观察记》，导言，世界书局，1934，第 1 页。

通古特大沙漠、塔克拉玛干大沙漠以及苇湖碱滩这些字眼，又使人们掀引起一种荒野冷峻的情绪。这一年多，我在这一大片土地上漫游，看到那亘古不化的雪峰、葱郁深邃的林色、水天相接的湖景，以及远远看来永远像一片浩瀚的海洋似的平原，心胸开放，意气豪迈。就在这土地上、山岭间、湖滩边、森林里，出现这黄金色的麦浪，雪山似的棉堆以及那数也数不清的肥壮的牛羊，使人深切感到，我们的祖国辽阔而又伟大，美丽而又富庶。"① 而这种变化，一方面固然在于具体时代本身的不同，而在另一方面，如果我们注意到行文当中对新疆具体特征的描绘，就可以发现，对具体生态的描述及其新疆在中国统一政治、经济结构中不同地位的强调，是形成这两种不同新疆意向的重要标志。

总之，作为有机结构的新疆社会，不仅体现了自身内部各区域的特殊性以及彼此之间的相关关联与互动，而且还应该看到新疆作为中国统一经济空间中的重要部分所凸显的价值。

拉铁摩尔的新疆旅行

拉铁摩尔在 20 世纪 20 年代和 40 年代的两次新疆之旅，是他在形成对中国边疆研究兴趣后必然做出的一个选择。这种选择既源自拉铁摩尔本人对于中国内陆边疆地区的探寻需要，更在于这一地区本身所具有的地缘意义。

"我并不是因研究科学的企图，也不是因派遣而出去旅行。有如一个老人在做梦，或一个青年在幻想，我开始旅行了。虽其间不无含有一点关于研究历史和经济学的观念，我渴望能如从前运货的商人一般，达到我的目的，使我能得到一些过去世界的回

① 储安平、浦熙修著，杨嫌、张颐青整理《新疆新观察》，新疆人民出版社，2010，第1页。

顾，更可因此而一见那般原始人的生活。自从海道开辟以后，教士、旅客、使者和探险家都不愿再翻山过岭，经越沙漠而东来。这使亚洲中部的一切情形，自中世纪以来，与外界十分隔膜，直到最近，列强因要向内部中部发展势力，才又引起了他们的注视。……自海运开辟以来，那种只以牲口运货的道路已不为人所注意而渐渐地遗忘了，仅有少数的中国商人仍在往来，藉以运输旧式的商品。经过许多时候，直至六十年前，俄国因要实行进取政策（Forward Policy）的关系，方始对那与世久隔的许多国家渐加注意。现在苏俄向东倾展的政策又在复苏了，这更引起全世界对于亚洲中部的重视。同时因政治上的关系，又引起了经济上的重要性。那自中世界末叶因受海运倾轧的影响而一落千丈的陆运商业，至今却反藉海运的便利，货物得以向外洋畅销，一天勃兴一天。……我的希望是要去看一看那种被人视为无足轻重的原始时代生活，我每听到他人讲及那种生活的情形，我要亲去阅历一番的企图更为坚决。"① 年轻的拉铁摩尔曾这样回忆他的这段往事。在他讲述自己旅行目的的时候，曾不无敏锐地指出，在中世纪和近代，随着东西方之间海路交通的开启，帝国势力开始进入内亚，而在此之前，实际上有很长一段时间我们对该地区所知甚少，在这当中，只有少数中国商人在继续进行着传统的驼队贸易活动。到了 19 世纪后半叶，俄国"前进政策"的推行，又开始逐渐恢复了对中亚的兴趣，但中亚地区的社会与文明仍然具有其独特性，其将亚洲和欧洲区分开，而随着苏维埃俄国外交政策的向东看，其对中亚的"前进政策"开始逐渐复苏，并一度重新引起了世界对中亚的兴趣。② 在这种大背景下，由于"新疆位于蒙古草原的西段，正如东北地区在它的东端。和东北地区一样，新疆也常有草原游

---

① Lattimore, O.:《到新疆去》，第 49 ~ 52 页。

② Owen Lattimore, *The Desert Road to Turkestan*. New York: Kodansha International. 1995. P. 6. 本书初版于 1929 年（由 Little, Brown and Company 出版）。

牧民族在其中移动。他们的移居与战争记录，构成了一个比东北地区的部落民族更为复杂的历史……如果说今天的新疆类似一个被蒙古和中国内地的势力扩张和改造了的地方，我们却不能忘记其更早的一个时代，在我看来那是个十分重要的时代。那时，中亚绿洲的势力乃是同时向游牧草原与农业中国扩张的。"[1]基于这种历史与地缘环境，拉铁摩尔从一开始就将这一地区看成农耕社会结构与游牧社会结构之间彼此竞争和交错的地域，形成了一种不同于传统"西域"话语的复线式的新疆视角。

在拉铁摩尔做出穿越新疆的这个决定之后，并没有开始进行说走就走的穷游。在他看来，稳定的收入是保证他顺利进行中国边疆之旅的基础与前提。虽然他所在的商行经理觉得没有必要负担他在内地游历和调查的费用，但他们建议拉铁摩尔在离开洋行之前，应在北京待上一年，暂时负责洋行的联络办事处，这个办事处同中国政府官员打交道、签订合同，一来可以跟政府官员搞熟关系，让之后的旅程少些麻烦，二来也可以获得一些酬劳，以便更好地支撑日后不菲的开销。拉铁摩尔接受了这一建议，也因此缓解了经济压力，而且还在那里幸运地收获了他一生的挚爱——埃莉诺·霍尔盖特。当时的埃莉诺正在北京担任一个国际艺术协会的秘书。他俩可以说是一见钟情，不久就成婚。拉铁摩尔对他的这段经历津津乐道，觉得这实在是命运的安排："多年以来，直到我同埃莉诺结婚为止，我一直为未能去牛津求学而感到遗憾，只有在这时我才认识到，我能够开始自己的新生活，并从事一种新的职业，当时在这方面竞争很少。我的面前敞开了一个领域，一种机会……尽管在我们结婚时，我已经计划沿荒漠道路旅行去土耳其斯坦，但是，埃莉诺给了我很大帮助，使我的观念发生变化，我并非茅塞顿开，而是缓慢地认识到，由于没有去

---

[1]〔美〕拉铁摩尔：《中国的亚洲内陆边疆》，第100页。

牛津，我才避免从事一种普通的职业，所有那些职业实际上比在牛津求学更适合我的条件和智力气质。"①在之后的数十年生活当中，不管是在风光得意时刻，还是在艰难困苦当中，埃莉诺一直都是拉铁摩尔最坚实的依靠。

拉铁摩尔和埃莉诺两人在举行了蒙古式婚礼之后，就踏上了"蜜月年"的漫漫征途。拉铁摩尔本人于 1926 年 3 月从北京出发抵达归化（今呼和浩特），埃莉诺一路相随。在归化城，埃莉诺原本希望能跟拉铁摩尔一起出发，但拉铁摩尔觉得这样太过于无趣，最后成功说服埃莉诺独自行动，并在旅途终点与他会合，当惊险的旅途在一年后结束时，他觉得这种安排有点疯狂。回过头来看，他们的这次旅行并不是一次严格意义上的科学考察，也不是任何意义上的使团或探险队，而纯粹是一次年轻人对中国边疆的梦想之旅，但这彻底形塑了拉铁摩尔未来的学术和人生轨迹。他们一开始设定的计划是，当拉铁摩尔抵达中国新疆时，就给留在北京的埃莉诺发电报，随后埃莉诺乘坐火车沿西伯利亚大铁路抵达中亚地区的塞米巴拉金斯克车站，拉铁摩尔在那里接她。但计划赶不上变化，拉铁摩尔一行刚到达归化城，当地的一场内战就使他们寸步难行，不得不困居在那里长达六个月的时间。在那段时间里，他为当时在北京的美国海军部门撰写了一些当地情况的报告。

经过数月的等待之后，战事甫停，他们按各自的计划出发了。"不过这里或许值得简单地说明一下中国，尤其是中国某些地区的局势是如何极端的复杂。当我在新疆时，它是由名叫杨增新的军阀统治着的，自 1911 年以来一直如此，杨始终维持着他在该省的地方势力，并设法避免被北京政府或任何其他政府所控制。这样在一定程度上限制了新疆同中国其他地区的贸易，从而使他很难弄到武器弹药以维持自己的统治。因此他希望不使用武力，让人民安居乐

---

① 〔日〕矶野富士子整理《蒋介石的美国顾问——欧文·拉铁摩尔回忆录》，第 16 页。

业。为了补偿他与本国联系的困难,他同苏联保持了活跃的贸易,即使当随后的中国政府拒绝承认苏联时亦是如此。"①

拉铁摩尔于8月20日从呼和浩特出发,穿越内蒙古,抵达新疆,其间也遇到了一些麻烦,正如他自己在回忆录中所写的:"当我旅行穿越内蒙古到达新疆边界时,马上被一支边境巡逻队抓住,他们指控我是日本间谍。我说我看上去根本不像日本人:我有红色的大胡子、蓝眼睛,等等。他们想了一下,然后说:'啊!我们知道你是谁。你是为冯玉祥效劳的苏联特务。'"②他于是被当成间谍关了三个星期,后来通过关系获释,并见到了当时的省长杨增新,他对拉铁摩尔自费到中国内蒙古和新疆进行旅行考察觉得不可思议,认为幕后肯定有什么人,但这次确确实实只是拉铁摩尔和埃莉诺两人有点疯狂的"蜜月年"计划而已。在这之后,拉铁摩尔辗转抵达中国新疆和苏联中亚交界地区,但因为无法获得苏联方面颁发的签证而不得不在边境逗留。埃莉诺为了保证人身安全,按照原来计划,跟外交使团一起走,没有跟拉铁摩尔一起经历当时匪患横行、充满危险的内陆之旅,埃莉诺一行北上哈尔滨,并沿苏联西伯利亚大铁路一路往西,抵达新西伯利亚,埃莉诺在此转道南下,抵达中亚地区的塞米巴拉金斯克火车站,这是拉铁摩尔跟她约定相见的地方,但她始终没有等到拉铁摩尔,情急之下,埃莉诺决定继续南下,到离这一车站最近的中苏两国交界城市——塔城看看。当她在1927年2月乘坐雪橇辗转抵达那里的时候,终于见到了等候已久的拉铁摩尔。

在这之后,两个年轻人一起历经阿克苏、喀什,越过喀喇昆仑山口抵达拉达克、克什米尔以及孟买,最终从孟买乘船,历经艰辛,于1927年冬天抵达意大利罗马。当时他们身上已经没什么钱了,而幸运的是,罗马的生活费用在那时候恰恰最便宜,于

---

① 〔日〕矶野富士子整理《蒋介石的美国顾问——欧文·拉铁摩尔回忆录》,第16页。
② 〔日〕矶野富士子整理《蒋介石的美国顾问——欧文·拉铁摩尔回忆录》,第18页。

是他俩靠着仅有的一些钱租下了一所房子的阁楼，熬过了 1927 年和 1928 年之交的冬天。这座房子不久之后成为著名诗人济慈和雪莱博物馆，这恐怕是拉铁摩尔夫妇当初未曾预料到的。离开罗马之后，他们又转往巴黎，旅途劳顿使他俩全都病倒了，休息了很长一段时间才缓过来。当时他们身无分文，幸运之神又一次眷顾了他们，埃莉诺儿时的女友刚好就在那里，依靠这位女友的资助，他们总算回到了美国，度完了这个让人听起来惊讶不已、充满着传奇色彩的"蜜月年"。

拉铁摩尔之后整理了这段时间的所见所闻，于 1929 年和 1930 年分别出版了《通往突厥斯坦的荒漠之路》和《高地鞑靼》两部作品。此外，他的妻子埃莉诺也在 1934 年出版了《在突厥斯坦重逢》（*Turkestan Reunion*）。拉铁摩尔的前一部作品主要记述了他从天津出发，途经张家口至归化，再一路往西直至穿越茫茫戈壁沙漠，最终抵达新疆古城子的西域历程，并在书末附录中逐日记录了从 1926 年 8 月 20 日至 1927 年 1 月 3 日长达 137 天、共计 1587 英里的漫长考察过程中所途经的主要地点和相关行动。在这次旅途结束后，他在书中不无感慨地写道："我想我已经不再是一个旅行者，自己作为旅行者的时代已经过去了。"[①] 从此以后，他将是一个为之倾注毕生精力的研究者。这部书后来也成为他迈入国际学术研究领域的一块敲门石，该书出版之后，在学界反响颇佳，后来甚至以此申请到了去哈佛大学人类学系进修的机会，从而进一步增进了拉铁摩尔本人进行边疆研究的信心与勇气。

他的后一部作品主要记载的是他们夫妇在中国新疆境内的考察活动。正如拉铁摩尔在该书序言中所指出的，"高地鞑靼"并不是在近现代地图上能够见到的名称，它指代的是在近代意义上的国家边界形成之前亚洲中部区域的总称。他之所以用这个名称

[①]　Owen Lattimore, *The Desert Road to Turkestan*, New York: Kodansha International. 1995. P. 333.

来命名此书，毋宁是希望通过回望中世纪和那个时代诸如卢布鲁克（William of Rubruck，约 1220–1293）这样勇敢的西方旅行者来启迪当代的旅行者和研究者，在当时，遥远的中亚及其游牧部落的事情对所有基督徒而言是至关重要的，而现在则是我们重新"发现"这一区域的时候了。[1] 这本书文笔优美，不仅仅是民族志和对冒险之旅的记述，更是一部对旅途中所经过的城市和区域相关情况进行分析论述的地理学作品。

　　对于这次旅行，他在后来的回忆中说："一九二七年，我和妻子在乌鲁木齐准备出门，在新疆作一千英里（一千六百公里）的骑马旅行。我们买来了马，先作短距离的旅行，试试我们的马和我们自己。那时只要找到水，到处都挖了运河和水渠，开辟非常肥沃的绿洲。绿洲是不靠雨而完全靠灌溉才存在的。从东边的哈密到西边的喀什，在沙漠中，绿洲就像用线串起来的念珠那样地一块连着一块。连结绿洲的线绕过莎车、和田折向东边，经过罗布泊，通往甘肃，形成环状。这个巨大的'环'的两边就是把汉帝国和罗马帝国沟通的古代'丝绸之路'。"[2] 在他的眼里，新疆不仅在历史上是东西方文明交流的重要枢纽，而同时更是中国版图中的重要经济与文化节点。而且，"新疆在过去任何期间都同中国的其他内地边区一样，对知识决不是漠不关心的。直到十九世纪近代帝国主义进行扩张为止，中国从来没有遭受过来自海洋方面的严重侵略。强有力的侵略都来自长城的另一边。每次侵略都伴随着文化的影响和思想的交流。几个世纪以来，吐鲁番这样的绿洲（绿洲不只是吐鲁番）是一种内地的'上海'。而且它不是由外国的征服者统治的'上海'，而是在任何时代都由中国的无比巨大的文化和政治的威信统治着的'上海'。在这里，中国人遇到许多来自远方的人，和他们通商、谈判。"[3]

---

[1] Owen Lattimore, *High Tartary*, New York: Kodansha America, Inc. 1994, preface, xxxvii。

[2] 〔美〕拉铁摩尔：《西域和蒙古之行——我度过青春的地方》。

[3] 〔美〕拉铁摩尔：《西域和蒙古之行——我度过青春的地方》。

与当时诸多孤立看待新疆及更为广义的西域地区的学者相比，拉铁摩尔对于新疆的认识更为全面和更为动态，并且放到东西方文明交流的整体背景中加以观察与考量。

更值得注意的是，拉铁摩尔也同样注意到了新疆在历史与当代变迁之间所存在的诸多历史关联，并将这种认识贯穿到他对新疆社会与历史的相关分析中。对于这种历史视角的重要性，就像他在20世纪70年代应周恩来总理之邀重访故地时所指出的，"对我个人来说，这个传奇的地方带有特别优美的情调。因为这个西域是我在遥远的一九二七年和我妻子作蜜月旅行的地方。当时，我们还横越沙漠，翻过陡峭的山口，到了克什米尔和印度。这次新疆之行期间，我心潮起伏，往事又一幕一幕地浮现在脑海之际。……自从我第一次访问新疆，作了广泛的旅行以来，已将近半个世纪了。这次新的访问中，使我受到最强烈触动的是，许多旧的东西一扫而光，发生了像雪崩一样的变化，同时也使我感到变化无论多么迅速多么剧烈，过去和现在总是有什么东西联结着的，而这种东西就是过去遗留下来的遗物。历史是不可割断的。"[1] 历史的维度，始终是帮助我们认识新疆与更广义的西北边疆历史的重要工具。

当然，这段经历对拉铁摩尔来说不只是坠入爱河之后的冲动之举，而更是他认识中国边疆并亲自进行探究的田野"成年礼"。他未来的生活和研究都与这片曾经探寻过的区域永远联系到了一起，中国也在这个意义上真正成为他的第二故乡，并使他在之后的人生中转变了认识中国与中国社会的态度。拉铁摩尔后来在回忆录中是这样写的，当他穿行中国新疆，"在解决这些问题时，我不是作为老板，而是作为必须了解中国雇员的想法和反应的人与他们共识，我开始把我的中国同事作为我们而不是他们来考虑。"同情的理解，换位的思考，成就了拉铁摩尔的雄心与壮志，也激励

---

① 〔美〕拉铁摩尔：《西域和蒙古之行——我度过青春的地方》。

着后来的人们，去关心中国的西部边疆地区，因为这里蕴含着中国未来的希望与能量。在拉铁摩尔夫妇结束这段漫长边疆之旅之后的第二年，瑞典探险家斯文·赫定沿着拉铁摩尔曾经走过的道路开始了中国边疆之行，并开创了中国边疆考古的一个传奇时代。

如果说拉铁摩尔 20 世纪 20 年代的这次新疆之旅及后来出版的两本书标志着他的中国边疆研究学术生涯的正式开端，意味着这位年轻人从一个普通意义上的边疆旅游者转变为一位边疆研究者的话，那么，他在 1944 年 6 月"二战"结束前夕作为美国副总统华莱士（Henry Wallace）使团的非正式成员在访问苏联和中国，且在 6 月 18~20 日顺访中国新疆的经历，以及代表团身份的特殊性和他十多年来的社会历练，使他得以超越单一的边疆区域视角，进而从欧亚地缘政治视角重新认识和定位新疆，并在他之后的诸多论著中有所体现。他在回忆录中写道："我们从塞米巴拉金斯克乘飞机抵达塔什干，然后又到了阿拉木图，6 月 18 日又一路飞往乌鲁木齐。这段航程对我是有吸引力的，因为我们乘飞机两、三个小时内飞过的路程曾使埃莉诺和我在 1927 年骑马走了近三个星期。"[1]正如有研究者所指出的，尽管拉铁摩尔本人并没有真正参与在莫斯科和重庆的核心谈判活动，但这次随使团的旅行给了他一次整体性考察中国边疆外围地带的机会， 拉铁摩尔跟随华莱士从美国阿拉斯加出发，沿途经过苏联西伯利亚、塔什干、阿拉木图等地，并在新疆停留期间拜会了当时控制新疆政局的盛世才， "实际上此次考察也促使其从更广阔的地缘政治学角度来研究中国边疆以及亚洲当时的状况与前景"，[2]并在 20 世纪 50 年代出版了著名的《亚洲的枢纽》（*Pivot of Asia*）一书。[3]

---

① 〔日〕矶野富士子整理《蒋介石的美国顾问——欧文·拉铁摩尔回忆录》，第 170 页。

② 许建英：《拉铁摩尔对中国新疆的考察与研究》，《中国边疆史地研究》2011 年第 4 期。

③ Owen Lattimore, *Pivot of Asia, Sinkiang and the Inner Asian Frontiers of China and Russia*, Little, Brown and Company, 1950.

从博物传统到社会洞见

如翁文灏先生所言，关于游历与考察，"我们不是要学安得思游蒙古的宣传，骑成吉思汗的白马去找三千万年前的恐龙；我们更不要学普舌瓦尔游中亚的粉饰，轻易加上动人听闻的名目，来张大他的前人已发现的发现；我们也不要学古伯察游西藏的记录，像做小说似的铺张。但我们很可以根据我们科学的观察，对于寻常事物试求进一步的了解，并且把这种观察与了解，明晰地、具体地写出来，唤起专门学者以外的一般社会的注意。"[1] 此外，在俄国时代年少成名，并在日后成为苏联首席中亚地质地理学家的奥勃鲁切夫（ВладимирАфанасьевичОбручев）（1863–1956）在他晚年出版的小说式游记中，也评述了之前俄国探险家在内亚活动上的一些疏漏："普尔热瓦尔斯基、波塔宁、佩夫佐夫、罗博罗夫斯基和科兹洛夫等考察队深入中央亚细亚腹地，到西藏或是从那里回国途中都曾经穿越准噶尔。但是那些勇敢的旅行家们到这些遥远的地方去总是行色匆匆，而从那里返回时又都已疲惫不堪。在某些情况下，他们也会稍稍留意到其主要工作领域外的这一边缘地区，但是对它的研究毕竟是很薄弱的。"[2] 这些都提示我们，在近现代的考察中，关于所经区域社会与文化的新认知，其意义与价值将远超关于奇珍异闻的传统记述，也将对专业学者之外的普通民众和舆论产生新的影响。

新疆考察的成败得失始终与中国的国运、国势密切相关，而新疆地区的政治稳定与社会安定、国家与社会的支持和组织是新疆兴衰的两个重要制约因素。[3] 有鉴于此，我们对于近代以来国

---

[1] 翁文灏序，载杨钟健《西北的剖面》，甘肃人民出版社，2003，第2页。
[2] 〔苏〕费·阿·奥勃鲁切夫：《荒漠寻宝》，王沛译，新疆人民出版社，2010，第1页。
[3] 马大正、刘逖：《二十世纪的中国边疆研究：一门发展中的边缘学科的演进历程》，第266页。

内外学者在新疆地区考察活动的观察与叙述，也就有了更多的意义和期待。在这个过程中，如何从一般考察活动中对博物传统的重视转到在新疆考察活动中对博物传统之外的社会与相关问题的认知与洞见，将是我们应该关注的方面。拉铁摩尔新疆考察活动中所展现的视野与敏锐感，无疑将给我们有益的启迪。

"我不想以博物学家或军事、政治情报官员之类的身份深入遥远的内地。我也不具备那种资格。"[①]拉铁摩尔在他开始踏入中国边疆的那一刻，就已经注意到他需要做不一样的打算，他的旅行将不再仅仅是旅游，而应该是超越于传统那些只着重搜集奇闻逸事、珍奇宝贝的探险或冒险之旅，应该能够对所经过地区的社会与文化环境有独特的认识，进而充分发现新疆地区本身所具有的各种社会与文化特质。在这个层面上，拉铁摩尔明确了作为中国边疆地区之一的新疆与中国内地、蒙古以及西藏之间所存在的结构性关系，并以此为基础逐渐发展出包括新疆、蒙古和西藏在内的中国亚洲内陆边疆范畴论，[②]并将之作为观察和分析中国历史发展及未来走向的主要地域，从而形成了更具宏观意义的边疆视野下的中国研究路径。此外，他还从新疆本身的生态地理特质出发，强调新疆本身的内部多样性和复杂性，认为新疆与周边地区形成一种"主体绿洲－次级绿洲"结构，并指出这些不同层次的绿洲之间存在的互动以及向周边牧区生态转变的可能性问题。而新疆地区本身的区位及生态也形成了独特的社会样态，拉铁摩尔从中敏锐地观察到了"垂直文明结构"、横向与纵向交流路径、集聚化与去集聚化等问题。[③]

当然，拉铁摩尔也清楚地发现，新疆的地理环境在整个内亚地区都并不是独一无二的，而只是其中的一个部分："政治边界

---

① 〔日〕矶野富士子整理《蒋介石的美国顾问——欧文·拉铁摩尔回忆录》，第 15 页。

② 许建英：《拉铁摩尔对中国新疆的考察与研究》。

③ 具体可参见许建英《拉铁摩尔对中国新疆的考察与研究》。

并不是限定历史事件的区域。在西方，环绕着俄属土耳其斯坦的南部及西部，到波斯和近东，有着同样的地理形态区域，包括山脉、河流、沙漠与草原的各种组合。在东方，甘肃和宁夏的情况也类似，这两个地区之对于新疆的关系，如同内蒙古之对于外蒙古的关系。在新疆，环绕着塔克拉玛干沙漠，各类绿洲的特点都相当突出，同时，其他特点也都是十分协调的。对于标准形态的绿洲的观察，应当与那些虽然只具备部分绿洲特征却同样对外产生经济社会影响作用的地区进行比较。"① 在凸显新疆自身特征的基础上，拉铁摩尔将这一区域放到一个更大的范围内观察，并强调了区域比较在了解本身与周边关系方面的重要性。可以说，他的这些相关论述建基于他的新疆实地考察以及对相关研究成果的选择基础之上，直面当时新疆的社会与政治问题，具有相当的学术洞察力。

在更为宏大的地缘政治意义上，拉铁摩尔赋予了新疆极为重要的地缘政治位置——亚洲的枢纽，这种定位在某种程度上超越了传统西北舆地学的视角，也超出了在中国内部观察和认识新疆的一般视角，而是在对整个欧亚大陆尤其是欧亚中心区域政治、军事、社会、文化、宗教等诸要素充分感知的基础上，确立起对新疆的新定位。贯穿他这一定位的《亚洲的枢纽》一书也就被研究者认为是"美国学界研究新疆的第一部综合性专著，也堪称是一部经典著作"。② 当然，正如有研究者所提示的，"在地缘政治视角下，拉铁摩尔将新疆历史拉回到亚欧大陆'中心'，使新疆成为地缘政治的焦点，这一观点更多体现出了新疆的紧张性，而社会生活史、社会关系史的一面被遮蔽和被忽略了。同时，20世纪50年代在'冷战'的大幕下，拉铁摩尔在新疆问题的叙述上出现了180度的大转弯，这完全是出自政治利益的考量，偏离

---

① 〔美〕拉铁摩尔：《中国的亚洲内陆边疆》，第 101～102 页。
② 许建英：《拉铁摩尔对中国新疆的考察与研究》。

了学者的本色。"① 这是需要我们注意的地方。

当然，人都是某个时代的产物，拉铁摩尔的思考也无法脱离
当时的社会环境。不管是他年轻时代的新疆之旅及其后来出版的
两部早期的作品，还是他在 20 世纪 40 年代以著名"中国通"的
身份受邀担任蒋介石的私人政治顾问并在这之后随美国副总统华
莱士使团出访苏联、顺访新疆地区，他对新疆的分析与思考都深
深地打上了自己所处身份和周边政治环境的烙印，当时西方所流
行的诸多社会思潮都影响了拉铁摩尔的思考议题与方式。正如他
的儿子戴维所指出的，当拉铁摩尔撰写《通往突厥斯坦的荒漠之
路》一书的时候，他就已经知道内亚研究领域正在经历一个转变
与革新的过程。② 而在那时，他也接受了后来担任耶鲁大学教授
的亨廷顿（Ellsworth Huntington）在其《亚洲的脉搏》（*The
Pulse of Asia*）（1907 年）和后续作品中的一些看法。在亨廷
顿看来，数百年来环境与社会之间的关系是恒定不变的，历史变
迁可以通过气候变化来加以解释，在人类和自然环境、气候变化
等历史发展的推动因素之间存在着地理学上的关系，③ 而拉铁摩
尔在一定程度上承认气候对社会环境的影响，但认为自然环境并
不是一成不变的，还需要考虑其他因素的影响。④ 当然，受中国
社会文化传统的影响，拉铁摩尔在探究中国边疆问题的时候十分

---

① 黄达远:《在古道上发现历史：拉铁摩尔的新疆史观述评》，《新疆师范大学学报》（哲学社
会科学版）2013 年第 4 期。

② David Lattimore 的序，载 Owen Lattimore, *The Desert Road to Turkestan*, New York: Kodansha
America, Inc., 1995, xxiii.

③ 〔美〕亨廷顿:《亚洲的脉搏》，王彩琴、葛莉译，新疆人民出版社，2013，自序，第 1 页。

④ 〔美〕拉铁摩尔:《中国历史地理研究中的内亚路径》，《西北民族研究》2014 年第 4 期。
原文可参见 Owen Lattimore, "An Inner Asian Approach to the Historical Geography of
China", 该文曾在 1947 年 4 月举行的普林斯顿大学远东文化与社会研究年会上宣读，并刊
发于《地理学杂志》（*The Geographical Journal*），伦敦：1957,180-187，后被作者编入《边
疆史研究论文集：1928-1958》（*Studies in Frontier History, Collected Papers,1928-1958*）.
London: Oxford University Press, 1962, pp. 492-500。

强调对历史维度的观察，对于历史的长时段具有非常大的兴趣，他在《中国的亚洲内陆边疆》一书中曾经指出，要探究中国边疆与中原之间、各大边疆之间的相互关系，不应将古代与当代状况相互分割，而应该既探寻历史的根源，也要了解现代的发展。因此，在探寻和理解新疆当代状况的过程中，有必要对新疆地区的生态状况以及从古至今的族群、宗教环境有所认识与分析，并结合整个中国西部地区历史图景的演变，以比较视野和全球视野来厘清、理解新疆的地区变迁历史以及它在整个亚欧大陆交流史中的定位问题。

有学者 1991 年在《亚洲研究杂志》（*Journal of Asian Studies*）中撰文认为，虽然时代已经不同，但对学生和非专业人士甚至专业学者来说，拉铁摩尔的著作依然是不可替代的，依然在启迪着我们的思考。[1] 在我们重新"发现"拉铁摩尔的过程中，可以看到他及其著述在百年来国际和中国学界、舆论中所呈现的周期性反映。尽管时代背景发生巨大变化，他的研究肯定也有不再契合的部分，但他曾经的探究与思考在某种意义上具有范式性意义，开创了之后西方对华边疆研究的先河，[2] "对我们更为客观、理性地研究中国历史极具价值和意义，虽不能说拉铁摩尔就是边疆中心论者，但是他对传统的中原中心的研究范式作了建设性补充。"[3] 而如今，在距拉铁摩尔首次新疆之旅近百年之后，欧亚地缘的新棋局已然重新展开，在等待我们去认识、去破解。

---

[1] Ruth W. Dunnell, "Review of The Perilous Frontier: Nomadic Empires and China," by Thomas J. Barfield, in *Journal of Asian Studies*, 50, no. 1 (February 1991): 127.

[2] 姚大力：《西方中国研究的"边疆范式"：一篇书目式述评》，《文汇报》2007 年 5 月 25 日。

[3] 许建英：《拉铁摩尔对中国新疆的考察与研究》。

拉铁摩尔与施坚雅：

边疆研究内亚范式与西南传统中的
歧异与互通

问题的提出

在范式作为一种学科共识被大家所广泛接受之后，围绕着范式的争论，在某种程度上也成为对某种学术传统的维护。自从柯文（Raul A. Cohen）在其名著《在中国发现历史》中提出中国研究既有的三种模式："冲击－回应"模式（impact–response model）、"传统－近代"模式（tradition–modernity model）和帝国主义模式（imperialism model）各自存在问题之后，关于"中国中心观"的看法日益为大家所接受。这种观点提出，要从中国而不是西方的角度来研究中国历史，并且要尽可能采取（中国的）内部视角而非（西方的）外部视角来分析中国历史中的相关问题。同时，在这种观念的导引之下，对原本作为整体分析单元的中国做横向与纵向的区块划分，进而对这些区块加以研究。此外，还鼓励历史学科之外的其他学科介入，以期形成多层次、多角度的研究成果。

但是值得注意的是，在对作为整体的中国这一研究对象进行内部划分的过程中，划分这种行为本身往往就带有某种预设色彩，从而在某种程度上会将各区域之间本来具有的内在联系人为切断。这种情况尽管并非中国研究中的区域研究的本意所在，却在不经意间使研究的视野受到局限，从而使中国语境下的区域研究相互之间缺乏沟通。

拉铁摩尔和施坚雅（William Skinner）分别作为内亚研究领域和中国西南研究领域的大师，在各自研究领域内可以说是如雷贯耳。他们各自在内亚研究领域和中国西南研究领域内所取得的巨大成就，以至于人们在谈及他们的时候，往往会自然而然地将拉铁摩尔与"内亚"联系在一起，将施坚雅与"中国西南"联系在一起，而由于"内亚"与"中国西南"在地域上基本没有重合，^①这样一来，在广义的中国研究层面上，这两个研究领域之间缺少必要的沟通与互动，但在具体的历史过程中，这两大区域之间又存在着千丝万缕的联系，诸如茶叶贸易等，其路线贯穿这两大区域，并对周边社会与文化产生过深远影响。而就笔者所关注的内亚研究领域而言，目前还没有对施坚雅相关研究的借鉴与评述，而就检索到的关于施坚雅模式的相关论文，也没有对内亚范式加以借鉴或与内亚范式进行内部对话的文章。因此，本文就力图从拉铁摩尔内亚研究方式与施坚雅西南研究传统的比较研究出发，初步探寻这两种研究取径之间内在对话的可能性。

拉铁摩尔内亚研究范式的特征及其对西南社会的分析路径

拉铁摩尔以"边疆"为切入点，创造性地以中国内陆边疆的四大地域（东北、内蒙古、新疆、西藏）作为论述的重心，并以此来观照中国历史发展的整体脉络。在拉铁摩尔看来，边疆不仅仅是纯粹地理学意义上的概念，"边疆（frontier）是一个共同体（community）占据一片领地的时候形成的。此后，边疆就随着共同体的活动与发展，或者由于另一共同体施加的影响而发生转变。由于历史是由社会发展的记录构成的，因此，对于历史

---

① 按照拉铁摩尔本人的定义，所谓"内亚"（内陆亚洲，Inner Asia）是指"一块水流无法抵达海洋的心脏地带。它位于西部的里海和东部的满洲（东北）之间，并涵盖北部的西伯利亚森林地带以及南部的伊朗、阿富汗、印巴边界地区的群山、青藏高原以及长城以南的中原地带（参见 Owen Lattimore, Inner Asian Frontiers: defensive empires and conquest empires. In Owen Lattimore, *Studies in Frontier History, Collected Papers, 1928-1958*. London: Oxford University Press, 1962. p. 501.）这就与中国西南地区刚好错开。关于这一范围的具体论述另可参见袁剑《20 世纪上半叶的内亚研究与地缘政治：以民国时期国内对拉铁摩尔及其学说的介绍与评价为例》。

学家而言，随着社会共同体的发展而不断变化的边疆就具有至关
重要的意义。"① 具体而言，两种边疆在历史中体现出特殊的意义，
一种是属于同一类型的两个共同体之间的边疆；另一种则是不同
类型的共同体之间的边疆。而在进一步的发展过程中，类型相同
的两个共同体逐步融合，但不论这种融合是通过征服还是协商一
致的方式进行，所发生的变化基本上只表现为体量变大，在本质
方面仍然一如其旧，而那些重要问题则进一步凸显，这将有助于
社会与行政机构发生变化。而当一种类型的共同体（通常通过征
服手段）取代其他类型的共同体的时候，事情就变得复杂起来。
如果这两个共同体之间在实力与制度方面相差悬殊的话，那么，
弱者就会被强者彻底征服。而当两个共同体类型差别很大，但实
力相差无几的情况下，所形成的结果就是：新的共同体不仅人丁
更多、领土更大，而且在性质上也将跟统一起来的两个旧共同体
大相径庭。在这种相互关联当中，我们也要注意到，当一个扩张
中的共同体占据新领地而驱逐那些生活其中的旧居民（或者其中
的一部分）的时候，那些撤退迁居出来的居民在新的领土上可能
会形成一个新类型的社会。在整个中国与内亚边疆历史当中，存
在着很多这种类型的转变。② 他的论述基本就是在对不同类型边
疆社会的互动过程加以分析的基础上展开的。③

　　值得注意的是，在拉铁摩尔的代表作——《中国的亚洲内陆
边疆》一书中，他将中国长城以南作为一个整体单元，并与内陆
边疆四大地域进行对比论述。在他看来，西南地区既是中国内地

---

① "The Frontier in History," in Owen Lattimore, *Studies in Frontier: Collected Papers, 1928-1958*. London: Oxford University Press, 1962. Pp. 469-491，此处为第 469 页。（拉铁摩尔该论文已由笔者译出）

② "The Frontier in History," in Owen Lattimore, *Studies in Frontier: Collected Papers, 1928-1958*. London: Oxford University Press, 1962. Pp. 469-491，此处为第 469 页。

③ 具体可参见袁剑《"内陆亚洲"视野下的大边疆：拉铁摩尔的实践路径——兼读拉铁摩尔的一些作品》。

的一部分，"在南方，无论怎样发展，汉族都不会与中国分离，而只能为中国增加新的土地，并逐渐同化吸收当地的居民。这个过程并没有结束，在云南、贵州等省，特殊民族仍然很多，他们的经济与社会表现出向汉化发展的不同阶段，但他们仍保持其固有的语言和某些独立的部落。"① 而与此同时，这块地区又紧邻着西藏这一边疆地域，② 故而兼具中原特征与边疆特征。从政治与社会历史来看，西南地区成为中原力量与西藏力量彼此角力的区域。从藏地的视角来看，"在西藏边缘的河谷居民③ 大多——如果不是全部——可以说是非严格意义上的西藏人，这是从政治和语言等方面而言。在比较根本的意义上说，他们是一些'袋'中社会组织。他们住在一种被山岭而不是沙漠包围的绿洲中，与印度、中亚、黄河流域建立于灌溉农业上的社会有联系，尽管这种联系很脆弱而且古旧。通过伸向四川及云南的河谷中，他们也与古代长江流域的傣及其他部落有联系。这些部落的后代现仍然以森林农业（比真正的中国式农耕粗放得多）、狩猎以及与草原游牧不同的一种畜牧方法为生。"④ 而正是依靠超越各地地方政治力量的藏传佛教的影响，并借着当时整个亚洲地缘政治重要转型⑤ 的契机，为中国西南的一部分地区抹上了"藏式"色彩，并深刻影响了当地的社会结构与生态。

而从对比研究的角度而言，拉铁摩尔也注意到了中原社会在向南和向北两个方向发展上的差异性。"这里，我们必须区别两种情况，一种是一个社会向新的地区的发展，另一种是政治力量对并未实际占领的地区的伸入。在南方，随着汉人的扩张，山野

---

① 〔美〕拉铁摩尔：《中国的亚洲内陆边疆》，第 141 页。
② 因此成为某种程度上的"藏边地带"。
③ 指金沙江、澜沧江、怒江汇流地区。
④ 〔美〕拉铁摩尔：《中国的亚洲内陆边疆》，第 143 ~ 144 页。
⑤ 在藏传佛教逐渐兴起并覆盖整个藏地的时期，正是明朝中央政治力量逐渐削弱、边疆政治力量日渐强盛的时期。

及半热带的森林都转变成中原式的景观：聚居的河谷，灌溉的稻田，以及有墙的城市。汉人自己在繁衍，与之接触的少数民族在汉化。少数民族汉化，其历史意义，要大于少数民族因抵抗而被杀或后退到更偏远的地区。因为土地成了中原土地，社会仍然是中原社会，在这个发展面前的政治退缩是无意义的。而在草原边疆上，发展与退缩的情况则完全不同。这里的汉人主体并不能原封不动地发展。土地与气候，使过分远离主体发展的人变为另外一种民族。在社会与地理之间产生一种政治冲突。环境的本身只利于汉人生活方式及草原生活方式的混合，但在草原社会主体及中原社会主体各自发展其固有的特征及专门的政治体制后，它们便随着这种发展，而互相对立了。每一种政治势力都会要求它所立足的社会的统一和团结。因此，草原社会主体及中原社会主体都拒绝，并企图压服在它们中间所产生的折中的社会形式。"[1]从上面的论述来看，拉铁摩尔认为中原社会在南向发展过程中更容易形成一种生产方式与制度方面的控制力，而反过来看，位于西南地区山岭地带的那些还没有跟汉人融合的部落，维持着更为原始的农耕方式，并依然在高海拔地区以狩猎和采集为生。拉铁摩尔指出，但那些弱势民众在强势文化面前以这种方式退却的时候，产生了巨大的社会后果。在这种退却当中，一般的部落民众损失很大，但他们的首领获得了统治力量上的回报：其部落结构更为稳固，首领权威也得以强化。[2]中国中古至近代，西南地区所出现的诸多具有地方性的政权即为明证。

当然，随着历史的推进，中国边疆社会的相关问题也有了新的变化。到了清末民初，随着西方帝国主义力量对华侵扰日深，控制当时中国政局的军阀政客遂开始将这些西方帝国主义的压力

---

[1] 〔美〕拉铁摩尔：《中国的亚洲内陆边疆》，第 325 页。根据具体语境，中译文略有改动。

[2] "The Frontier in History," in Owen Lattimore, *Studies in Frontier: Collected Papers, 1928-1958*. London: Oxford University Press, 1962. Pp. 469-491, 此处为第 475-476 页。

的一部分转移到内陆边疆地区，这就形成了拉铁摩尔所认为的"亚帝国主义"问题。在他看来，这种"亚帝国主义"采取了西方的一些方式，并以此运用到国内的边疆民族地区，在某种程度上使这些地区的部众与社会感受到了压力，进而以应激的方式，以清末民初边疆起事、暴动等形态体现，对中原地区的政治秩序造成重大冲击。

此外，拉铁摩尔在 20 世纪上半叶的政治活动也使他对中国西南的地缘态势有更好的认识。在 1941 年，拉铁摩尔被任命为蒋介石的政治顾问，这一契机使他能够更近距离地了解中国西南。他当时曾不无感慨，"说真的，直到那时为止，我自己对中国的了解主要集中于中国的东北和西北。由于蒋介石 1927 年的政变——这次政变破坏了与中共的第一次统一战线，位于长江沿岸及其以南地区的国民党势力获得了统治地位。这涉及地方和地区的形势，对此我一无所知。那时如果你问我，广东、广西或贵州在中国国内政治生活中扮演了什么角色，我将无言以对。我未曾在该地区游历过，不了解那里的经济状况，也没有在那里做过生意，在北方我曾有这些活动。我所熟悉的北方势力在国内政治生活中受到明显的限制。"[1]而在他接下来的云南之旅中，拉铁摩尔注意到了大理附近的"白衣人"及其社会的重要价值。"那是大路旁的山谷中一座十分有趣的小城，几乎像群山中的一块沃洲。这里有一小块灌溉平原，农业得天独厚，旁边的溪谷延伸到山里。当地居民被汉人称作'白衣'（白色的衣服）。关于这个地区，费子智（C. P. FitzGerald）写过一本很不错的书，名叫《五华楼——关于云南大理民家的研究》（*The Tower of Five Glories*）。[2]对于任何对少数民族感兴趣的人来说，

---

[1] 〔日〕矶野富士子整理《蒋介石的美国顾问——欧文·拉铁摩尔回忆录》，第 90 页。

[2] 该书是作者在 1936～1938 年经过实地考察后，用英文撰写的关于大理地区白族社会的学术专著。中文版由刘晓峰、汪晖译出，由民族出版社 2006 年 4 月出版。全书共 11 章，并配有费子智于 60 年前拍摄的照片资料。

这个地区和这里的人民都值得研究，因为他们正处在同化为普通汉人的过程中。……白衣人显得重要，还因为他们从事上至西藏高原下至缅甸的商队旅行。整个地区是文化传统的十字路口。它也曾经是 19 世纪后半期中国西南部穆斯林的一个重要据点，在最重要的穆斯林领导人中有一位来自云南大理。这些穆斯林尤其值得研究，我为没有机会自己来做这项工作而感到遗憾。尽管中国西北的穆斯林代表着沿近东经伊朗和中亚的商路进入中国的穆斯林势力，中国西南部穆斯林的主要历史影响则来自经营海上贸易的阿拉伯人，他们由波斯湾入印度洋，绕过马来西亚半岛，上溯至中国的最南端。作为穆斯林，他们有自己的特征。"[1]拉铁摩尔的这种个案式预见后来成为一个重要的研究命题，将陆上丝绸之路的研究与海上丝绸之路研究结合到了一起。

施坚雅西南研究范式的特征与进路

正如黄宗智所言："施坚雅的贡献是把中国的基层社会作为一个极清楚的模型，使下一代的学者清楚地分别自然村、集市、镇、县城等中国基础社会结构的不同部分。"[2]施坚雅在代表作《中国农村的市场和社会结构》中提出的关于中国经济与社会的区层结构，将地理学中的空间概念、层级概念等引入了历史研究领域，具有某种开创性，进而在学术界产生深远影响。[3]

施坚雅的西南研究以对市场结构的分析为切入点，通过对村民赶集行为的分析，形成了著名的标准市场（standard

---

① 〔日〕矶野富士子整理《蒋介石的美国顾问——欧文·拉铁摩尔回忆录》，第 123 ~ 124 页。
② 黄宗智：《三十年来美国研究中国近现代中（兼及明清史）的概况》，《中国史研究动态》1980 年第 9 期。
③ 史建云：《对施坚雅市场理论的若干思考》，《近代史研究》2004 年第 4 期。

market)、中间市场(intermediate market)、中心市场(central market)的分类体系，并进而确立起他对中国西南社会的集市体系分析框架。有学者将之归纳为施坚雅模式的第一个阶段（20 世纪 60 年代）。到 20 世纪 70 年代，《中华帝国前期的城市》一书的完成，标志着施坚雅将其理论推广到区域研究和城市化领域，形成了施坚雅区域体系理论的整体框架。[1]

施坚雅青年时代在中国西南进行研究时发现，"人们总有一个市场是经常，或者说是一贯去赶的集市。这样，我就能在市场体系之间划出一条明确的界线来，在界限的这一边的人们去大面埔，在界线的另一边的人则去高店子。这种基础调查非常有用。后来当我开始解读一些地方志中的材料时，我能回过头去看那些调查，想想我观察到的人们的实际行为，这让这种解读工作变得容易多了。"[2] 而他所要阐明的是，至少在西南地区，"中国的市场体系不仅具有重要的经济范围，而且有重要的社会范围。特别是基层市场体系，它的社会范围对于研究农民阶层和农民与其他阶层间的关系都值得给予较大关注。"而就农民生活本身而言，与其说他们生活在一个自给自足的社会当中，毋宁说是生活在一个基层市场社区当中，"农民的实际社会区域的边界不是由他所住村庄的狭窄的范围决定，而是由他的基层市场区域的边界决定。"[3]

总体而言，施坚雅的研究以中国西南为切入点展开，但他最后所形成的施坚雅模式则超出了传统农村社会及城市化研究的界线，影响波及其他研究领域，原因在于，"他抓住了政府行政结构和市场结构的交叉点，尖锐地揭示了朝廷管理和驾驭文官及准官僚政府组织时多

[1] 任放:《施坚雅模式与国际汉学界的中国研究》,《史学理论研究》2006 年第 2 期。
[2] 王建民、〔美〕施坚雅等:《从川西集镇走出的中国学大师——美国著名人类学家施坚雅（G. W. Skinner）教授专访》,《西南民族大学学报》（人文社科版）2009 年第 10 期。
[3] 〔美〕施坚雅:《中国农村的市场和社会结构》,史建云、徐秀丽译,虞和平校订,中国社会科学出版社,1998,第 40 页。

样化的、分别对待的策略和手段以及进行总控制的基本目标。同时，他也指出了整个中华帝国一个长期延续的发展趋势，即朝廷对地方事务干预的程度，无论在市场交易还是行政管理方面都在不断地降低，这种降低与帝国版图的扩大和区域间的不平衡发展是相辅相成的。"① 施坚雅的分析所凸显的是各个区域之间的特殊性，而这种特殊性是通过其模式中对行政与市场结构的统分分析来体现的。"在施坚雅看来，区系空间的制度同时是国家与社会关系的透视点和相遇点。他认为，通过区系空间的组织，不仅可以观察非正式的制度，还可以观察行政体系。同时，非正式的市场区系与正式的行政区系建立在同一个基础之上，这个基础就是地理形貌的空间格局。因此，他进一步认为，国家与社会不是对立的，而是在社会空间上互相兼容、密不可分的。"②

而值得注意的是，施坚雅在进行这些分析的过程中，对于西南地区社会内部的族群结构、政治地缘等要素，缺乏理论上的阐述与实证的分析，在他弥漫着经济色彩的叙述笔调下，这些原本复杂多样的内容被消解掉了。

中国背景下的同与异：沟通"内亚"与"西南"的可能

作为中国研究区域转型中的两种类型，内亚研究中对于历史与现实地缘政治的强调，在某种程度上正是西南研究所忽略的。而西南研究中所强调的各地域之间的内在关联与层级分布，如果细细观察拉铁摩尔的相关著述，同样可以从中找到类似的论述。

柯文在其代表性著作《在中国发现历史》中曾深刻揭示了施坚雅区域研究方法的重要价值："因为它不是把城市作为离散的、

① 转引自任放《施坚雅模式与国际汉学界的中国研究》。
② 王铭铭：《社会人类学与中国研究》，生活·读书·新知三联书店，1997，第113页。

171

孤立的单位加以讨论，而是把它们看作与其腹地之间，以及其所在区域的其他大大小小城市之间相互作用的单位。在时间上，这种分析方法也是动态的，因为它认为所有的区域系统都经历了发展与停滞的循环过程，这种过程在某种程度上与王朝的兴衰更迭相一致，但是在某种程度上又按照自己特有的节奏发生变化。"此外，他的这种研究方法"突出了各个区域之间以及每一区域内部的中心地带与边缘地带之间，在空间与时间上存在的差异"。①在这里，施坚雅时刻在强调各个区域内部的中心–边缘结构问题。而值得注意的是，拉铁摩尔在边疆视角下对于区域的认识也具有类似的看法。在拉铁摩尔看来，汉文化的南部边疆可以说是动态的（dynamic），存在着一条包容性的边界（a frontier of inclusion），而其北部边疆则是静态的（static），存在着一条排他性的边界（a frontier of exclusion）。而在这些边疆中，也同样逐渐进化出一种蜂窝状的结构，在这种结构中，最小的单位是村庄（village），在这之上分别是地方集镇（district town）、地区城市（regional city）和国家首都（national capital）。而在这些单位比较的重复结构当中，必须关注城市中心和农产品集散中心在地形学上的重合现象。②而施坚雅恰恰也强调基层集镇、中心集镇以及城市的类型化，并指出了地区中心等级类型与都市化之间的正比关系。③而他们的这些论述，很大程度上来源于冀朝鼎关于中国历史上的"基本经济区"的概念。④

---

① 〔美〕柯文：《在中国发现历史：中国中心观在美国的兴起》，林同奇译，中华书局，2002，第181页。

② "The Frontier in History," in Owen Lattimore, *Studies in Frontier: Collected Papers, 1928-1958.* London: Oxford University Press, 1962. Pp. 469-491。

③ 〔美〕施坚雅：《中国农村的市场和社会结构》，第11页。

④ Ch'ao-ting Chi, *Key Economic Areas in Chinese History, AS Revealed in the Development of Public Works for Water-Control.* London, 1936.（中译本：冀朝鼎《中国历史上的基本经济区与水利事业的发展》）。

对于施坚雅在传统中国区位体系上的研究取径, 王铭铭教授认为其研究过于着重于个人的经济理性, 而应该是在政治、行政、宇宙观、仪式、社会冲突等多种因素共同作用下形成的, "因为随着这些因素的变化, 区位体系也会被改造成适应不同时代社会和意识形态状况的空间制度", 他并指出, "施坚雅理论弱点之根源, 不在于他对中国社会的考察不够全面, 而在于他在中国研究中简单化地套用了西方经济地理学理论。"[1] 而值得注意的是, 对于政治、行政、宇宙观等更为宏观要素的强调正是拉铁摩尔内亚研究的优势所在, 历史地理因素在拉铁摩尔的内亚研究中扮演了一个关键性的角色。[2]

此外, 笔者还注意到中国区域研究本身的某种少数族群兴趣转向问题。有学者指出: "从 80 年代开始, 带着对'民族 – 国家'(nation-state)的一体化、同质化的反思与批判, 一些重新进入中国的美国学者们也逐渐开始将研究兴趣集中于中国内部族群文化的多元异质性与民族问题之上, 并着力于从'中心 – 边缘'的模式, 对中国现行的民族构架进行一番具有后现代色彩的解析。在这种场景下, 与之前更受学界关注的中国华北、东南的人类学研究不同, 进入中国西南的这批美国人类学家的研究对象不再是汉族, 而是当地的少数民族, 并且人类学的中国研究中长期存在的对宗族制度与民族宗教的研究兴趣, 并没有随着学者兴趣的转移而影响到西南的研究, '民族'与'民族性'成为西南中国研究的新兴趣点。"[3]

---

[1] 参见王铭铭《社会人类学与中国研究》, 第 115 页。

[2] 具体可参见拉铁摩尔《中国历史地理研究中的内亚路径》("An Inner Asian Approach to the Historical Geography of China")一文, 该文曾于 1947 年 4 月举行的普林斯顿大学远东文化与社会研究年会上宣读, 并刊发于《地理学杂志》(*The Geographical Journal*)(伦敦)(1957 年 10-12 月号), 第 180 ~ 187 页; 后被作者编入《边疆史研究论文集: 1928 ~ 1958》(*Studies in Frontier: Collected Papers, 1928-1958*. London: Oxford University Press, 1962), 第 492 ~ 500 页。

[3] 彭文斌、汤芸、张原:《20 世纪 80 年代以来美国人类学界的中国西南研究》,《西南民族大学学报》(人文社会科学版) 2007 年第 11 期。

在这股潮流的指引之下，中国西南研究中的"边疆性"特征就凸显了，从而形成了"从边疆发现中国西南"的情况，这就与内亚研究中的边疆视角形成对应，弥补了西南方向上的边疆感的缺失，从而从整体上形成了"从周边与边疆看中国"的独特视野。①

而从另一个角度来看，正如有学者指出的，目前中国各个地方的民族志并没有充分展开，缺乏有历史深度的民族志文本，这直接影响了区域性的归纳研究。此外，方法理论问题也成为影响人类学家、民族学家资料搜集与阐释的一大要素，进而使得难以围绕特定的民族志文本形成对话。②这种看法不无启示。在现阶段，基于区域研究的视角在沟通汉人社会、边疆－少数民族社会以及更为广义的海外（境外）民族志方面往往存在着断裂，彼此之间缺乏呼应，这样导致的结果就是在对中国族群多样性与地缘复杂性方面的认识有所欠缺，对于边疆社会的细部没有深切体会，从而不仅影响人类学、民族学本身对中原－边疆－域外社会内在关联的认识，更无法使主流民众与主流学界形成对于占据中国半壁江山的边疆地带的真切认识，进而在三方面知识的生产与传播上无法互通。在对拉铁摩尔"内亚范式"与施坚雅"西南传统"之间这种内在关联的初步分析后，如果我们可以利用内亚－西南这么一条线来探究和分析的话，那么是否就能更好地将上述三个社会共同体沟通起来，进而使边疆这一领域的知识生产与传播可以跟其他两方面形成沟通，进而更好地对中国范围内的族群多样性与地缘复杂性加以分析，这是值得我们思考的。

---

① 将"周边"与"边疆"综合起来加以分析，是近年中国边疆研究的一个趋势。对此，可参见袁剑《2013年的中国边疆研究：使命、范式与转型》，载《中国图书评论》2014年第1期。

② 张江华、谢昊馥、董敬畏：《广西、中国西南和人类学的区域社会研究——访著名人类学家张江华教授》，《西南民族大学学报》（人文社会科学版）2010年第5期。

第 八 章

边疆与中原：

中国研究中的视角互动

中国研究的多种视角

作为一个统一的多民族国家，中国自身内部有着丰富多彩的
多样性，而这种多样性在某种程度上取决于中国自身所具有的生
态地理形态。正如费孝通所提出的"多元一体"理论所指出的："任
何民族的生息繁衍都有其具体的生存空间。中华民族的家园坐落
在亚洲东部，西起帕米尔高原，东到太平洋西岸诸岛，北有广漠，
东南是海，西南是山的这一片广阔的大陆上。这片大陆四周有自
然屏障，内部有结构完整的体系，形成一个地理单元。这个地区
在古代居民的概念里是人类得以生息的、惟一的一块地区，因而
称之为天下，又以为四面环海所以称四海之内。这种概念固然已
经过时，但是不会过时的却是这一片地理上自成单元的土地一直
是中华民族的生存空间。"① 在中华民族生存空间逐渐形成的过
程中，"秦代的统一还只是中华民族这个民族实体形成的一个步
骤，因为当时秦所统一的只是中原地区，在中华民族的生存空间
里只占一小部分，在三级地形中只是海拔最低的一级，而且还不
是全部。中原的周围还有许多不同的族团也正在逐步分区域地向
由分到合的统一路上迈进。"而"南北两个统一体的汇合才是中
华民族作为一个民族实体进一步的完成"。② 因此，从历史的角
度来看，当代中国地理结构的生成有赖于组成中华民族的诸成员
自身地域的融汇与统一。

从文化的层面而言，中国本身同样具有广阔的包容性。陈来
指出："在古代中国，'中华'作为一个观念，不是一个国家或
一个地域的名称，也不是就族裔血统而言。'中华'之名指向一
文化的集团，因此中国可以退化为夷狄，夷狄可以进化为中国。

---

① 费孝通主编《中华民族多元一体格局》（修订本），中央民族大学出版社，1999，第4页。
② 费孝通主编《中华民族多元一体格局》（修订本），第11页。

西周时期，周之同姓鲁国是中华，异姓的齐国也是中华，其标准是以华夏文化之礼乐文化为标准。此后几千年，南北各种族集团混合华夏族，皆成为中华。所以'中华'的意义是文化的，不是种族的。这表现出，在中华文明中，一般来说，文化的价值远远高于种族意识。"[①]正因如此，我们对历史中曾经出现的中国内部农耕与游牧社会之间的结构性冲突与竞争局面，就能够以更为平和的心态来加以认识和对待。

正是基于地理和文化这个层面的积累与互动，中国才逐步发展成具有如今版图和文明特质的独特形态，并以此为基础真正形成了我们的共同身份认同。当我们回望中国这一巨大地理与文化共同体的时候，就无法回避中国内部诸版块的融汇过程及各自的特殊性问题。而如果从外部来认识中国的话，那么，由于观察角度的不同以及中国自身内部的多样性，在对中国这个观察客体或对象的认知方面，自然也就会出现不同的视角和解释路径，这是非常自然的。

内部结构的历时性互动

对中国内部各区域之间在历史发展过程中的互动过程的探究，为我们研究中国本身提供了很好的切入点。由于中国内部各区域在形成过程中的独特性，要更好地认识中国及其内部互动和更大范围的对外交流问题，就必须考虑中国内部尤其是中原与边疆地区的互动关系。拉铁摩尔的相关认知就是在对这种关系的兴趣当中逐渐形成的。

---

① 陈来：《中华文明的核心价值：国学流变与传统价值观》，生活·读书·新知三联书店，2015。

　　有研究者曾指出："拉铁摩尔早年的历史视野在很大程度上是在他年轻时在内亚贸易线路上做生意时，在随意阅读他随手放进行囊中的那些作品的过程中形塑的。这些著作包括著名学者如托马斯·亨利·赫胥黎（Thomas Henry Huxley），埃尔斯沃思·亨廷顿（Ellsworth Huntington）、奥斯瓦尔德·斯宾格勒（Oswald Spengler）、魏特夫（Karl August Wittfogel）的著作，也包括那些几乎不为人所知的作品，如温伍德·瑞德（Winwood Reade）1872 年的《殉道者》（The Martyrdom of Man），拉铁摩尔从这部作品中获得形成其全球视角的'灵感'。在其晚年，尤其是在饱受政治打击那段岁月里，拉铁摩尔极力否认受到马克思学说的任何影响，尽管很显然，马克思主义分析方法（拉铁摩尔主要通过魏特夫获得）的确在一定程度上影响了他的思想。不过无可争辩的是，拉铁摩尔史学视野中核心部分受到阿诺德·汤因比（1889–1945）的影响。"[①] 对中国内部边疆与中原地区间文明样态的互动比较，构成了拉铁摩尔中国研究的基调与主轴，而拉铁摩尔在其中又尤为强调历时性问题。

　　在《中国的亚洲内陆边疆》一书中，拉铁摩尔认为，中国历史上的"边疆形态"包括了汉族扩张性质的改变以及可以促进集中化或者分裂化的新的政治因素的运动，并认为长城在中国历史进程中起着一个非常重要的作用，在某种程度上，长城及其周边地带成为探究中国边疆社会问题的一个缩影。拉铁摩尔将这一地带称为"贮存地"。"贮存地"的历史演进过程折射着中国边疆与中原之间的某种基本互动。一方面，当北方游牧力量进入中原甚至在当地建立起政权时，仍然会有很大一部分游牧力量留在北部邻近的长城地区，这既避免了他们受到来自更北方的部落的

① William T. Rowe, Owen Lattimore, "Asia, and Comparative History," *The Journal of Asian Studies*, Vol. 66, No. 3, pp. 759-786.

袭击，又为其有效统治中原地区提供了必要的人力与物力。另一方面，位于南部的中原力量也力图控制这一"贮存地"，从而有效控制北部的游牧力量。总体而言，长城地带一直存在着狩猎、游牧及农耕三种不同的经济方式，而这些不同的经济方式又形塑了不同的社会制度与思维方式。草原游牧力量与中原汉族力量就是在这一地域展开持续争夺的，这一地区成为草原部落团结与分裂循环的一个因素，同时也成为中国朝代兴亡循环的一个重要因素。

此外，基于对美国历史经验以及特纳学说的认知，拉铁摩尔对中国边疆史的分析基本是以草原游牧力量与中原汉族定居力量的冲撞作为分析的起点，因此，他并不将长城视为游牧力量与中原定居力量之间的绝对分界线，而是将这一界线加以拓展并以"地区"相称。他指出："一个时期的优势，可以使一个社会的前哨进入平时对它没有利益的地区中。一个时期的劣势，也可以使它们从原来容易统治的地区退却。而且，这种消长是与边疆社会的构成及局势的变化——游牧民族依附汉族或汉族依附游牧民族的程度的变化——同时的。这种变化可以在前，造成侵入深浅的差异；也可以在后，作为前进或后退的结果。最后，均势的变化，可以开始于边境对内地力量的吸收，或内地实力的增进，使它能够加强并推进它的前哨。"[①] 同时，拉铁摩尔还特别指出，在草原环境与中原环境之间存在着一个过渡地带，边疆这一空间是在对这一过渡地带的相互争夺中逐渐形成的。这种边疆空间的形成，会导致其与两侧不同社会形态的冲突。拉铁摩尔进而又在长城边疆空间定义了两个小的空间：草原绿洲与沙漠绿洲，并认为"绿洲社会的本身是一种'原子'社会，绿洲环境的性质造成了比较狭小地区内的大量人口，而周围或者是毫无人烟的沙漠，或者是

---

① 〔美〕拉铁摩尔：《中国的亚洲内陆边疆》，第 322 页。

只有少数游牧民的草原。同一区域内的绿洲居民倾向于雷同，但不可能合并起来。一部分原因是他们自给自足的特性，另一部分原因是他们发展的范围不容许他们向外伸展。在他们的同一性上很难建立起一个金字塔式的政治统一体。"①

当然，如果从他者的角度来看，拉铁摩尔的中国边疆民族研究理论也存在一些问题。他将"边疆"放在了一个主导性的位置上，并力图将整个中国历史都装入他的边疆观中。他概括了一种关于边疆形态的公理："它可以对任何历史时期作正面及反面的说明。当边疆或边疆的任何一部分在脱离中国时，它企图使中国分裂，阻止统一，但它同时却投入于草原的某一统一活动。另一方面，当边疆倾向于中国时，它大概会对中国的统一有所贡献，并使草原部落或部落的一部分脱离草原范畴，加入中国。"②但是很显然，中国历史社会发展的关键词并不仅仅只有"长城边疆"，"长城边疆"只是观察历史过程的一个视角。拉铁摩尔通过对长城边疆地区的强调给读者以深刻的印象，并认为中国社会的内在条件以及草原社会的特征使得两者不可能融合成一个在经济上既有精耕也有粗放，在政治上既集权又分散的社会，只有以铁路、枪炮以及西方帝国主义观念影响等现代性的东西才能真正将中国与内陆亚洲统合起来。这种看法实际上过于西方中心化，是以西方的社会统合理论作为模本的，没有进一步探究清代在边疆观方面的重大转变问题。而这一点，恰恰是后来"新清史"学派所专门强调和关注的方面。

但我们也要承认，拜其常年的游历与考察经验所赐，在对边疆地区社会与生态进行探究的过程中，拉铁摩尔敏锐地意识到内陆亚洲因素在决定中国甚至东亚历史发展脉络中的重要作用。他

---

① 〔美〕拉铁摩尔：《中国的亚洲内陆边疆》，第321页。
② 〔美〕拉铁摩尔：《中国的亚洲内陆边疆》，第272页。

指出，"如果想把历史发展的主要动力仅归于一方，或是中国内地，或是草原，或是草原边境，都是要出错的。"[①]姚大力先生曾言："古代中国所存在的各种'内部边界'及其历史影响雄辩地表明，我们不能将两千多年以来的中国历史，看作仅仅是从某个中心越来越远地向外辐射其政治——文化支配力的单向'熔化'或'融合'的过程。"[②]有学者进而认为拉铁摩尔将中国历史放到内陆亚洲这一宏大场景中展开，[③]这很有见地，但值得进一步注意的是，中国本身与内陆亚洲在范围上是有区别的，中国历史在某种程度上涵盖了中原历史与内陆亚洲的边疆史，因此，毋宁是说，在拉铁摩尔的笔下，中国历史在某种程度上是内陆亚洲 – 中原二元互竞的产物，而其中的关键线则是长城，在拉铁摩尔看来，"长城本身是历代相传的一个伟大政治努力的表现，它要保持一个界线，以求明确地分别可以包括在中国'天下'以内的土地与蛮夷之邦。但是事实上长城有许多不同的、交替变化的、附加的线路，这些变化可作为各个历史时期进退的标志来研究。这证明线的边界概念不能成为绝对的地理事实。政治上所认定的明确的边界，却被历史的起伏推广成一个广阔的边缘地带。"[④]可以说，拉铁摩尔的毕生学术精力都在致力于对"长城线"这一农耕与游牧界线两侧的人类社会形态、演进、增长、衰落、突变以及彼此互动加以论述，他的这种路径实际上开启了对农耕、游牧社会的比较史（comparative history）叙述框架，并引入了一种生态学的分析路径。[⑤]正是在这种比较性和历时性分析基础上，拉铁

---

① 〔美〕拉铁摩尔：《中国的亚洲内陆边疆》，第 294 页。

② 姚大力：《西方中国研究的"边疆范式"：一篇书目式述评》。

③ 黄达远：《边疆、民族与国家：对拉铁摩尔"中国边疆观"的思考》，《中国边疆史地研究》2011 年第 4 期。

④ 〔美〕拉铁摩尔：《中国的亚洲内陆边疆》，第 156 页。

⑤ William T. Rowe, Owen Lattimore, "Asia, and Comparative History," *The Journal of Asian Studies*, Vol. 66, No. 3 (August) 2007. Pp. 759-786.

摩尔实际上就将"长城线"标记为区分文化与政治生态的某种标志。

到了清朝,随着疆域的拓展和统治力量的推进,逐渐形成了具有独特性的藩部体制,拉铁摩尔将之归纳为一种"内、外边疆"体制,"一个'内'边疆结构,包括满洲的西部及南部、内蒙古以及拥有众多使用汉语的回教徒的宁夏及甘肃。在康熙年间(1662–1722 年)又加上一个'外'边疆,包括由清朝控制而非直接统治下的满洲北部、外蒙古、西蒙古、拥有众多使用突厥语的回教徒的新疆以及西藏各族。满族对这些外边疆的控制,不是来自于直接征服"。[①] 在做出这种划分与归类时,我们注意到他的视角发生了某种波动,一度将中心又放在中原上面,与后来巴菲尔德所提出的更为草原视角的"内部边界战略"和"外部边界战略"[②] 有所不同,但是,值得注意的是,在拉铁摩尔更为宏观的中国史著作中,还是赋予了边疆及其民众以更多的关注,并指出,在漫长的历史过程中,"虽然游牧民族时常被定居民族所融化,但也有许多的定居民族改变为游牧者,其中包括边疆地带的农民,到游牧民族中经商的商人和战争俘虏。结局总是这样,耕地和牧地之间的纷争永远重演着,因为两种社会即使在战争中遭到惨败之后都仍然能够恢复自己的活力。"[③]

在拉铁摩尔的笔下,尽管他也承认海权的重要性,但在探究欧陆方面,他更强调历史背景中的陆权因素,在这个大区域内,各个王朝与帝国走过了各自的兴衰岁月。这种兴盛衰亡的历程,一方面会出现如美国历史学家特纳(Frederick J. Turner)所提出的美国西进式的"边疆",但基于欧陆不同的历史与社会环境,

---

① 〔美〕拉铁摩尔:《中国的亚洲内陆边疆》,第 55 页。

② 具体可参见〔美〕巴菲尔德《危险的边疆:游牧帝国与中国》。

③ 〔美〕拉铁摩尔夫妇:《中国简明史》,第 22 页。

具有更为古老和持久的"边疆"，[①] 而草原社会与农耕社会之间的持久性差异在某种程度上形塑了这种亚细亚式的"边疆"。正因如此，如汪晖所言，"这一中国与内亚洲叙述中的长城中心论不仅超越了以农业为主的黄河中心的历史叙事和以城市、贸易和农业经济为主的运河或江南中心的历史叙事，而且也超越了以政治制度和国家边界为框架的历史视野。"[②] 在这种视野的观照下，围绕着这种"边疆"所展现的社会政治与文化生态就成为值得加以记述与阐释的对象，它超越了对政治和文化进程的简单叙述与罗列，而深入作为内陆亚洲与中原地区两种不同社会样态的不同体验当中。而正是通过自身的游历与体验，拉铁摩尔大胆地指出，在地理单元的内在向心力和占据这些地理单元的社会体系的机构与功能之间，存在着一种总体平衡的关系。[③] 他以跨区域与跨文化的超越性视野来解释中国历史和更为宏大的内陆亚洲历史。以内陆亚洲 – 中原的二元互竞为历史主轴，西藏、新疆、蒙古、满洲（即中国东北）这四大区域围绕着这一主轴展开复杂多变的四元互动。在他的视野之下，这块地区不再沉寂，而成为影响未来历史发展的一大动力。

视角互动中的中国主体性

中国历史上的边疆与中原互动，是中国历史发展的重要动力之一。随着我们将视野进一步放大，在更为宏大的欧亚世界中，

---

① Owen Lattimore, "Inner Asian Frontiers: Chinese and Russian Margins of Expansion," *The Journal of Economic History*, Vol. 7, No. 1 (May, 1947), P. 25.

② 汪晖：《现代中国思想的兴起·导论》，生活·读书·新知三联书店，2004，第 84 页。

③ Owen Lattimore, "An Inner Asian Approach to the Historical Geography of China," *The Geographical Journal*, Vol. 110, No. 4/6, p. 187.

我们将会发现边疆与中原的互动关系在某种程度上是内陆亚洲与东亚世界之间相关关系的一个缩影。在这种新的视野下，中国研究中的视角互动也就具有了更大的地缘与思想价值。

在历史上，由于中国在东亚世界中长期占据的主导性地位，以及东亚社会生产力水平与内陆亚洲地区相比所具有的巨大优势，使得中国曾经长期主导内陆亚洲的总体秩序。汉唐时代即对内陆亚洲政治军事格局产生深远影响，至蒙元时期，更成为内陆亚洲秩序的主导者。在清代，随着清廷攻灭准噶尔部，最终终结了草原帝国的历史。"在这之后，内陆亚洲的冲突将出现在两个依旧存在的定居力量：俄国与中国之间"，① 可以说，当时的这种地缘格局从 17、18 世纪一直延续到 19 世纪中叶。从 19 世纪后半叶开始，清朝遭遇了来自东南部地区的西方力量，不得不将政策重心转向东南地区，英、俄两大势力在争夺内陆亚洲主导权的大竞逐过程中，双方都强调对整个东方陆权的把控，但后来的结果表明，俄国（以及后来的苏联）在这场角逐中取得了暂时的胜利，在 20 世纪基本控制和影响了内陆亚洲区域，它的一系列行动甚至扰动了 1949 年之后中国的内部政治与国家建设，或许正是在这个背景之下，我们才有理由对当时所提的内陆亚洲视野保持必要的警惕。确实，在当时所提的这种内陆亚洲视野下，基于地缘政治与大国实力，展现了这种视野的并不是中国，而是英国、俄国（苏联）甚至美国，对中国来说，自身更多的是在这种他者的内陆亚洲视野下被观照、检视，处在一种"目标客体"（object）的位置。而从拉铁摩尔的人生与学术轨迹，尤其是他在完成《中国的亚洲内陆边疆》一书之后，随着他被迫离美赴英，后来又成为蒙古人民共和国科学院外籍院士的经历，我们不难看出，尽管他对中国始终抱着同情与理解的态度，但他后半生的学

---

① 〔美〕巴菲尔德：《危险的边疆：游牧帝国与中国》，第 380 页。

术视野和活动经历所展现的，主要是以蒙古为中心来检视内陆亚洲地区的，中国的地位被旁置了。

历史有时很有意思。在国内学术期刊于 1992 年重新介绍拉铁摩尔的时候，正是曾经主导内陆亚洲一个世纪之久的苏联（俄国）彻底瓦解的时刻。英国早已随着印巴分治而退出了内陆亚洲主导权争夺。美国通过对巴基斯坦的援助以及介入阿富汗反抗苏联占领的战争而逐渐介入内陆亚洲争夺，并开始推行"大中亚政策"。中国在北方强邻瓦解之后也重新面对一个秩序重建中的中亚地区，因此，在这个时候再重新去阅读和理解拉铁摩尔的边疆研究视野，也成为我们自己从"目标客体"（object）转向具有能动性的"主体"（subject）的一种路径指导，而且，从社会比较的意义而言，拉铁摩尔的这种路径有助于我们对中原社会、日本社会以及其他以农耕为基础的亚细亚式社会（asiatic society） 与游牧社会、欧洲社会之间的比较研究提供一种新的可能，[①]也就是说，内陆亚洲的研究视野将使我们找到一种"他者"的视野来检视与我们相关的社会比较问题，而更重要的是，在这种新的地缘环境下，我们也能以更"主体"的态度去重新看待内陆亚洲过去两百年的历史，并展望新的未来。

塞缪尔·亨廷顿曾指出，其领土跨越文明断层线的国家，长期以来要面临维护国家统一的特殊问题。[②]他在论述中国的时候，将其内部主要分为汉人、藏传佛教徒、突厥穆斯林三部分，认为这会在某种程度上造成中国的"无所适从感"。[③]但是，如果考虑到中国文明在数千年历史长河中绵延不绝的璀璨成就，我们就

---

① Owen Lattimore, "An Inner Asian Approach to the Historical Geography of China," *The Geographical Journal*, Vol. 110, No. 4/6 (Oct. – Dec., 1947), p. 187。

② 〔美〕塞缪尔·亨廷顿:《文明的冲突与世界秩序的重建》（修订版），周琪、刘绯、张立平、王圆译，新华出版社，2010，第 117 页。

③ 〔美〕塞缪尔·亨廷顿:《文明的冲突与世界秩序的重建》（修订版），第 117 ~ 118 页。

会更加感受到在中国历史上中原政权处理中原与西域等边缘地带时所展现的国家智慧。我们正是在有效处理好了内陆亚洲－中原这一关系主轴的基础上，才能真正有效地实现对西藏、新疆、蒙古和满洲这四方关系的方向把控与内部治理，如汉朝、唐朝、清朝等朝代，皆是如此；而在宋朝和明朝中后期，由于中原朝廷无法处理内陆亚洲－中原这一战略主轴的问题，围绕这一问题而生发出来的藏地、新疆、蒙古和满洲这四方力量暗流涌动，逐渐搅动中原政治，并最终席卷了中原之朝廷。历史之鉴，足以使我们一方面面向未来，去审视如何处理未来内陆亚洲与中原在文化与社会生态上的彼此关系问题，而在另一方面，则更需要我们重新去审视拉铁摩尔曾经倡导的这种"内陆亚洲"边疆视野，以更好地去理解中国内部的边疆与中原关系、内陆亚洲的独特性及其在未来世界地缘政治格局中的新位置。这是我们在中国研究中的视角互动观念扩大之后所必然要面对和思考的问题。

结　语:
从"西来"的边疆人
到中国的边疆人

引言: "空间"意象与边疆研究

在面对一个知识对象的时候,如何认识界定对象的"空间"以及以何种方式来加以描述分析是首先需要思考的问题。进入20世纪,哲学和社会科学开始对"空间"加以专门关注。自从20世纪70年代以来,"空间"作为一种研究对象开始进入社会理论研究的核心关注圈当中,在这种趋势下,社会学的空间转向成为现当代社会理论发展的一大倾向。总体而言,这种空间转向以两种路径加以展开,其一是以诸如吉登斯(Anthony Giddens)、布迪厄(Pierre Bourdieu)等人在现代性的理论框架之下,来深入探究空间与社会的相互关系问题,其二是以诸如福柯那样的后现代理论研究者,这些学者通过某些地理学概念和对相关空间的隐喻分析来分析和解释社会现象与社会问题。在那个时期,"通过勒菲弗尔、福柯、吉登斯、詹姆逊、哈维尔和索加等后结构主义者、批判马克思主义者、后现代主义地理学者的创造性工作,政治空间、权力空间、女性空间、知识空间、都市日常生活空间得到广泛关注,推进了学术界的'空间转换'。把社会科学长期对时间与历史、社会和社会关系的青睐纷纷转到空间上来。"①在这样的研究趋势下,"空间"逐渐成为一个热门的学术关键词,并内化到各学科的研究当中。

值得注意的是,"空间"往往并不是固化的,而是随着观察者立场和叙述手段的变化而有所改变。同样是一个知识对象,在不同的观察者眼里以及不同的视角下有不同的折射与反射,给人的印象也可能会全然不同。当然,历史的变迁也会改变特定区域"空间"的面相,并对这一空间中的民众意识与观念产生深远的影响。例如,耶稣会传教士利玛窦(Matteo Ricci)在明万历

---

① 王爱民编《地理学思想史》,科学出版社,2010,第 273 ~ 274 页。

三十年（1602）所进的《坤舆万国全图》有意将中国放在世界地图的中心，从而形成了一个关于中国定位的"知识空间"——中央之国，并让当时的重臣李之藻深信不疑，"今观此图，意与暗契，东海西海，心同理同，于兹不信然乎！"① 进而形成了之后数百年中国对外的自我认知。

在"空间"研究的这种热潮之下，近年来，"边疆"作为这种"空间"的一个重要部分，也相应地具有了新的意义。从笔者对既有研究的相关阅读来看，它不仅作为界定或指称某一特定区域或界限的概念而存在，更是被从不同的角度添加了新的指向，具有了多方面的意义内涵，从而开始成为一种概念群下的核心术语。正如美国学者米华健所言，"边疆的概念近来被人文与社会科学领域的学者视为一种强有力的暗喻和阐释的工具。根据边界的划分，分歧得到明确的表达和谈判，决定了该囊括还是排斥，文明的种类也得以划分。边界不仅确实区分了两个实体，它们还限定了这种实体的范围。……边界并非固定不变的。它更像由各种不同的物质或不同概念的地带之间相互联结和渗透而形成的多孔结构的表面。它们不是静止的，而是随着时间的流逝来改变其位置、特征以及意义。"② 随着人文与社会科学研究领域的互通，以及对社会现象的流动性的进一步认识，边疆成为社会空间转变的一种表征，进而在社会转型研究中占据着非常重要的地位。

伴随着"边疆"这一概念本身的多重意义内涵，边疆研究也相应展现了不同的学科特征与意义指向。总体而言，在目前对中国的边疆研究中，经过历代学人的努力，形成了数量巨大、种类繁多的具体研究成果，但从总体上看，主要有两种研究路径：一

---

① 朱维铮主编《利玛窦中文著译集》，复旦大学出版社，2001，第180页。
② 〔美〕米华健：《嘉峪关外：1759-1864年新疆的经济、民族和清帝国》，第3页。

种是偏向于科学方式的定量归纳研究，另一种则是偏向于人文学
方式的定性演绎研究，当然，具体的个案研究往往是两者的混融，
而如何在两者中间找到一个契合点，则需要研究者对问题有清晰
的总体判断。在这中间，值得注意的是，这些研究不应该仅仅以
一种学科的视角加以探究，而必须通过多学科的分析才能够挖掘
出"边疆"的多重内涵以及边疆研究的新场面。在具体的研究步
骤上，正如黄维宪先生所言，尽管研究的内容非常丰富多样，学
术积累深厚，但是，"中国边疆研究常缺乏步骤的划分。虽然在
研究步骤中，有合并分合的趋势，可多也可少，但并不是揉成一
团，不可分辨，因为研究过程仍然是有先后的次序；当然透过有
秩序的步骤来做研究，可能点示出刻板僵化，但其好处就是可以
学习、传递和重复，亦可避免有羚羊挂角、无迹可循的遗憾。"[①]
在这里，他特别强调了在边疆研究过程中研究步骤设置的重要性，
指出边疆研究应有相应的学术门槛，他还进一步指出，"从假设
的问题而言，中国边疆研究难得出现有待验证的假设。虽然假设
的有无，不能决定研究的好坏；但是有假设，却可以指示出研究
的主旨及方向，也可以预示出分析的重点。其实许多的中国边疆
研究，从研究题目来看，只要稍加改变便可以转换成为前文所谓
的条件式、差异式和函数式的陈述方式……在研究过程中，不能
够提出一个合用的假设，主要是来自下列三方面的困难：（1）
研究者缺乏一个明确的概念模型，或者理论方面的准备不够充分，
（2）研究者没有能力合理地利用那些概念模式，（3）研究者对
于各种合用的研究技术，感到生疏，以致不能确当地提出假设。
这三种原因有二项是与理论或概念模式有关，从而加强对理论和
概念模式的认识，以及应用，似乎可说是当前中国边疆可以着力

---

① 黄维宪：《从社会学研究方法浅谈中国边疆研究》，载林恩显编《中国边疆研究理论与方
法》，渤海堂文化事业有限公司，1992，第601页。

的重点，因为它们可以增加研究的解释力和说明力。"[1]他所做的这种判断，较为客观地指出了目前边疆研究方法等方面所存在的某些问题，特别是指出了研究者在边疆研究过程当中的概念模型（理论）方面的缺失和疏漏，这无疑给我们的边疆研究厘清了方法论上的相关理路，并提出了边疆研究在之后可以着力加强的理论建构和方法运用问题。

边疆研究的意义指向十分广泛，它既可以指涉具有历史维度的边疆史研究，也可以指涉具有现实维度的当代边疆地区与边疆治理研究，但不管是哪一种，在其中都必须灌注关于边疆与边疆事务的总体认知，唯有如此，才能确立起真正意义上的边疆视野。这种视野期待的形成，有其内在的逻辑。例如，在中国边疆史的研究中，我们往往会有这样的感觉：如果简称"边疆史"的话，那么它一般所指的就是北部和西部边疆史，如果所指的是南部（甚至某种意义上的西南部）边疆的话，往往必须加上"南部"或者"西南"来加以修饰，才能让人意识到所要讲述的边疆位于哪个方位。为什么会出现这样的情况？顾颉刚在《中国边疆学会宣言》中曾这么说道："边疆者，一国领土之外缘地带，在地理上与内地异其部位，而在国家主权及政治制度上皆与内地合为一体。此义盖寰宇立国之所同。"这实际上就表明了"边疆史"本应该是一种总体上的"外缘地带的历史"，而结合中国的特殊语境，顾先生进而指出，在中国，"平原林麓，舟车畅通者，谓之内地，驱橐驼于大漠，浮泭筏于险滩者，谓之边疆；冠棠楚楚，列肆如林者，谓之内地，人烟稀绝，衣毡饮酪者，谓之边疆。"[2]在这种例证中，"边疆"就更多地跟橐驼、大漠、人烟稀少以及衣毡饮酪这些中国西北和北方图景联系在一起，成为中国边疆的某种整体意象。

---

[1] 黄维宪：《从社会学研究方法浅谈中国边疆研究》，第601页。

[2] 顾颉刚：《中国边疆学会宣言》，载中国边疆学会编《中国边疆学会宣言及会章》，1941年2月。

而有意思的是，在传统的，以中原为中心的历史记载中，中国西部又往往作为传统中原文明空间的边缘和威胁而存在的，这种"边缘"和"威胁"形象通过文学作品和日常生活实践而被一代代固化下来，成为当时中原社会的某种共识。从历史的维度上看，虽然在殷商时期，"四方"地理就已经具有了某种神秘的文化内涵，但直到春秋时期，"西北"一词才真正进入史官的视野，而在当时，是以占星学的形式呈现的。作为一代史家的司马迁，在考究天下大势变迁之后指出："'东方物所始生，西方物之成孰。'夫作事者必于东南，收功实者常于西北，故禹兴于西羌，汤起于亳，周之王也以丰镐伐殷，秦之帝用雍州兴，汉之兴自蜀汉。"可以说，他敏锐地意识到了西北在中国历史发展与朝代兴替过程中的重要地位，西北与东南逐渐在文化上形成一种内隐的竞争关系，但同时又充满中华历史意味的指向。

如此一来，中国边疆研究中的"北部指向"或"西北指向"在很大程度上就成为一种既指代整体性边疆或边疆史，同时又与"东南"相互竞争的重要而又基本的架构，进而成为我们观察近现代中国边疆"空间"转变的具体切入点。拉铁摩尔的人生轨迹及其分析路径，在某种程度上成为我们思考和分析这一具体切入点的一把钥匙。

拉铁摩尔作为"西来"边疆人的标志意义

随着中国传统社会经历由康雍乾到嘉道咸这一由盛转衰的重要转折，边患成为影响整个知识阶层的重要议题，因此这一时期以西北史地学为代表，以经世致用为主旨的边疆研究开始成为显学，并形成了近代第一次边疆研究热潮。当然，值得注意的是，在近代中国边疆研究从较为单纯的史地研究向边疆综合研究转变的过程中，由于近代中国在经济结构及其连带形成的知识体系上的弱势地位，当时的中国边疆研究学术话语在世界学术版图中处于边缘位置。"在这一时期，中国边疆研究者在国内外新形势的影响下研究视野和研究方法有了新的拓展，但从整个中国边疆研究发展史角度观察，此时仍处于一个更新发展阶段前的酝酿时期，新的学术理论和思想以及与此密切相关的新的社会、国家、民族理论和思想已在酝酿，但尚未改变一时之社会面貌和学术之风气。"① 新的中国边疆研究局面的形成，尚有待于之后学术共同体的形成。

1909 年中国地学会的成立以及 1934 年禹贡学会的成立，分别代表着 20 世纪上半叶中国现代边疆研究以及现代边疆专业研究群体的形成，并成为引领相关研究进一步发展的重要力量，形成了具有重要影响的进行边疆研究的中国学者群。而如果说，在这一时期进行边疆研究的中国学者之外，研究中国边疆的外国学者可以被视为另一个群体的话，那么在这个群体之中，拉铁摩尔的中国边疆研究无疑具有代表性。拉铁摩尔本人在 20 世纪上半叶的个人经历与边疆学术追求，使他既跟当时的中国边疆研究学者如凌纯声、顾颉刚等人有过学术交集并从他们那里汲取学术灵感，同时又经由对美国边疆学派、生态史学观理念的接纳，逐渐形成了一种与当时的中国边疆学界既有联系，同时又独具特色的边疆研究路径。这种研究路径首次系统性地将中国内部的中原核心区与边疆的关系放到一个更为宏大的背景下加以讨论，认为了解中国历史的关键之一在于了解中原与其周边"夷狄"地区之间力量的彼此消长，② 并将内地王朝的内在循环与边疆游牧政权的历史循环两个脉络联系起来，其游牧－中原互动论为我们深

---

① 马大正、刘逖：《20 世纪的中国边疆研究——一门边缘学科的演进历程》，第 58 页。

② 〔美〕拉铁摩尔夫妇：《中国简明史》，第 20 页。

入认识之前曾被忽视的中国边疆地区的社会与历史提供了契机与可能，也进一步激发了我们对于中国社会发展中的外因与内因问题的思考。当然，如拉铁摩尔本人所言，他的理论在某些地方存在着夸大中国历史上边疆因素的倾向，而且还在很大程度上将中国社会的内在发展主要归因于中国边疆政权对中原王朝的入侵与征服，而对于中国内部的发展进程则有所忽略。此外，在其理论运用方面往往阶段性地套用包括生态决定论（ecological determinism）、生物学种族论（biological racism）、经济地理学（economic geography）、区位理论（location theory）以及马克思主义生产方式理论等在内的各种观念，以力图发展出一种能够解释人类社会在边疆地带形成、进化、成长、衰落、变异并彼此之间进行互动的阐释模式。[1]但是，作为一个亲自考察中国边疆实际情况并进行学术研究的西方"边疆人"，如姚大力所言，"他的学术理论最宜于用'从边疆发现中国'这句话来加以概括。也就是说，长城边疆在拉铁摩尔的眼里，拥有主动参与中国历史的能力，而且事实上它就是中国历史演变的一个重要的动力源。"[2]但长期以来，由于费正清学派的巨大影响，拉铁摩尔及其研究范式的重要性被忽视、被遮蔽了，正如有论者所指出的，"早期中国学起码至少存在两个不同的学术传统脉络，即中国东南沿海口岸史和中国内陆亚洲边疆史。除拉铁摩尔注重内陆亚洲边疆史外，与费正清、斯卡拉宾诺（Robert Anthony Scalapino）并称为美国'三大中国通'的著名学者鲍大可（Arthur Doak Barnett, 1921–1999 年）在民国年间亦曾足迹遍及中国西部宁夏、青海、西康、新疆等地，其晚年仍钟情斯土，撰有《中国西部四十年》一书。然而，正是由于

---

① William T. Rowe, Owen Lattimore, "Asia, and Comparative History," *The Journal of Asian Studies*, Vol. 66, No. 3 (Aug., 2007), pp. 759-786.

② 姚大力：《拉铁摩尔的"内亚视角"》，《读书》2015 年第 8 期。

费氏一系列学术传承济济多士，拉铁摩尔一系列的内陆亚洲边疆史研究后来相形见绌。权威愈伟大，其身影亦愈修长，费正清一系列学术传承在多元学术话语竞争场域中的胜出，使后来的学者从其理论框架的影子中走出不免颇费周折。"①可以说，随着我们更全面客观地了解和认知国外的中国边疆研究历史与现状，我们将会形成一种对于拉铁摩尔及其学术的新印象，并重新发现他学术路径中所蕴含的智慧与力量。

拉铁摩尔的"边疆人"生涯并不是一蹴而就的，更不是无根无源的。除了他自己在中国边疆地区的生活经历以及与中国学人的交流沟通之外，在很大程度上还受到他本国学界前辈特纳的影响，这种影响使得拉铁摩尔获得了成为从中国核心地域出发去探究边疆地区的"独行侠"的雄心与可能，与当时诸多国外学者主要以中国和中国边疆地区作为其学术研究的海外考察地点，进而回国完成其主要研究的研究路径形成鲜明对比。特纳在探寻美国历史发展内在动力的过程中，十分强调边疆在美国历史发展中的重要意义，认为"美国的发展不仅表现为一个单线的前进运动，而是一个在不断前进的边疆地带上回复到原始状况，并在那个地区有新的发展的运动。美国社会的发展就这样在边疆始终不停地、周而复始地进行着。这种不断的再生，这种美国生活的流动性，这种向西扩张带来的新机会以及跟简单的原始社会的不断接触，提供了支配美国性格的力量。只有把视线从大西洋沿岸转向大西部，才能真正理解美国的历史。"②并特别指出了美国"边疆人"所具有的精神和感召力，在他看来，"边疆是一条极其迅速和非常有效的美国化的界线。移民的人受到荒野完全的控制。在荒野里发现移民的人穿着欧洲的服装，拥有欧洲的工业，运用欧洲的

---

① 张世明：《拉铁摩尔及其相互边疆理论》，《史林》2011 年第 6 期。

② 〔美〕特纳：《边疆在美国历史上的重要性》，黄巨兴译，张芝联校，载杨生茂编《美国历史学家特纳及其学派》，商务印书馆，1984，第 4 页。

工具，表现欧洲的旅行方式和思想。他从火车车厢里出来，钻进一只桦皮船里。他脱下了文明的外衣，穿上打猎的衬衫和鹿皮靴。他寄身在契洛克人和易洛魁人居住的四面围着栅栏的木头小房子里。不要很长的时间，他就习惯于种植玉蜀黍，用一根尖木棍犁地了；他叫喊厮杀，也剥人的头皮，跟道地的印第安人完全一样。一句话，边疆的环境首先对这个移民的人来说，影响是太大了。他必须接受环境提供的一切条件，否则他就会灭亡，因此他只有适应印第安人开辟出来的地方，照着印第安人踏成的路走。渐渐地他改变了荒野，但是改变的结果不是变成旧欧洲，也不单单是日耳曼根源的发展，甚至从最初的现象来看，它也不是一种仅仅恢复日耳曼标志的情形。事实是，这里有了一种新的产品，那是美国的产品。开初，边疆是大西洋沿岸。真正说起来，它是欧洲的边疆。向西移动，这个边疆才越来越成为美国的边疆。正像一层一层的堆石是由冰河不断地流过而积成的一样，每一次的边界都在它的后面留下了痕迹，而一旦形成定居地以后，这块地方仍然保有边界的特点。因此，边疆不断地向西部推进就意味着逐渐离开欧洲的影响，逐渐增长美国独有的特点。因此，研究这一进程，研究在这些情形下成长起来的人们，以及研究由此而产生的政治、经济和社会的结果，是研究真正的美国历史。"[1]正是这种力量，形塑了当时和之后的美国开拓精神，也形成了独具特色的美国"边疆人"群体。这些人充满着对于未知地域的探险与进取精神，正如 18 世纪中后期一位美国"边疆人"所记述的："这是 1769 年 5 月 1 日，我放弃了一段时期的家庭之乐……浪迹于美国的荒野……经过使人劳累的长途跋涉，穿过多山的荒野之后，到了雷德里蒙……我来到居高临下的山巅，以令人惊讶的欢欣心

---

[1] 〔美〕特纳：《边疆在美国历史上的重要性》，第 4～5 页。

情环视四周，看见下面那辽阔的平原，美丽的地域……我也踏勘
了那端庄而静静流淌的俄亥俄河，给那壮观得不可思议的肯塔基
西面的边界做了标记……不久，我回到家里，决心冒着生命与财
产的风险，尽快把家迁到我视为第二天堂的肯塔基。"① 另一位
"边疆人"也写道："在建立定居点的初期，有一种称作'战斧
权'的简单占地形式。做法是在某水源附近，砍倒几棵树，在树
皮上刻上开地人的姓名的缩写……（他们）都挤在各自的小小要
塞里……要塞由一些小屋、圆木堡垒和围栏组成……分属这些要
塞的各家各户，寸步不离他们农场上的小屋……家家户户除了有
个种菜的园子之外，还围有一小块地，半英亩到一英亩不等，他
们叫做'杂粮地'，里面种着玉米、南瓜、西葫芦、蚕豆和土豆。"②
正如有学者所指出的，特纳在美国历史上开创性地将"区域问题"
提高到一个相当重要的位置，并将之看成美国历史得以发展的一
大重要因素。而且在某种程度上刚好与基本同时期出现的美国"核
心地区"概念形成鲜明对照，从而形成了美国历史发展中颇具特
色的"核心地区 – 边疆"内部权力关系。③ 美国历史和政治发展
中的这种内在关系深深影响了拉铁摩尔，受此启发，年幼即随父
母来华的他在这过程中逐渐形成了以本土视角来观察和分析中国
边疆的方式，并形成了将这种关系结构运用到中国研究中的个人
学术感觉。对此，正如有论者所指出的："特纳极力阐述边疆人
（frontier men）在边疆环境中行为方式的样态和因为西进运动
而形成的'美国特征'（American factors），这正是拉铁摩尔
所谓'边疆风格'（the Frontier Style）的学术渊源。"④ 他敏

---

① 〔美〕贝阿德·斯蒂尔编《美国西部开发纪实（1607-1890）》，张禹九译，光明日报出版社，
1988，第 16 ~ 18 页。

② 〔美〕贝阿德·斯蒂尔编《美国西部开发纪实（1607-1890）》，第 20 ~ 23 页。

③ 参见何顺果《美国边疆史：西部开发模式研究》，北京大学出版社，1992，第 181 ~ 185 页。

④ 张世明：《拉铁摩尔及其相互边疆理论》。

锐地察觉到了中国内部核心地区与边疆地带所同样存在的内在关系，他在回忆录中这样写道："我遇到一些中国人，他们曾旅行穿越内蒙古到达新疆，甚至继续向前到了印度。给我留下印象的是这一事实，即我们与之打交道的中方代理人是真正的掮客。这些代理人从商队商人那里弄到货物，而商队商人自己又从更远的内地其他商人手中进货，甚至当我遇到一位富有旅行经验的商队商人时，他也不了解自己从其他商队商人手中购进的货物的确切情况，他是在这条商路的另一端遇到那些商人的。我们经销诸如骆驼毛、山羊绒之类的东西，这些商品进入国际市场；但我们从不知道在遥远的内地每年的统计数字是多少。这些货物有多少是这里出产的，又有多少是那里出产的？今年情况如何？是供过于求还是供不应求？我认为如果自己到那边去，我能弄清我们经销的这些货物产地的实际经济状况。"[①] 因此，当我们探寻拉铁摩尔形成对于中国边疆的研究兴趣的过程中，这种基于内部权力关系的商贸经济因素也是必须注意到的重要环节。

当然，他独特的人生为他带来了这种契机，他后来回忆道："多年以来，直到我同埃莉诺结婚为止，我一直为未能去牛津求学而感到遗憾，只有在这时我才认识到，我能够开始自己的新生活，并从事一种新的职业，当时在这方面竞争很少。我的面前敞开着一个领域，一种机会"，而"尽管在我们结婚时，我已经计划沿荒漠道路旅行去土耳其斯坦，但是，埃莉诺给了我很大帮助，使我的观念发生变化，我并非茅塞顿开，而是缓慢地认识到，由于没有去牛津，我才避免从事一种普通的职业，所有那些职业实际上比在牛津求学更适合我的条件和智力气质"。[②] 这种契机在之前和之后的时代都不大可能出现，这种基于当时环境与

---

① 〔日〕矶野富士子整理《蒋介石的美国顾问——欧文·拉铁摩尔回忆录》，第15页。
② 〔日〕矶野富士子整理《将介石的美国顾问——欧文·拉铁摩尔回忆录》，第16页。

个人意识的独特结合，使拉铁摩尔能够以一个在华长居者的身份，通过自身对中国边疆的研究，并以相当中国式的视野来分析和思考中国的边疆问题，这种异于中国学人的身份，以及异于其他西方对华边疆研究者的中国本位认同，最终成就了他以中国这一"他乡是故乡"为主旨，并亲身实践"边疆人"角色的实践与可能。

重建中国自身的"边疆人"传统

"我们所面对的'中国边疆'，就是这样一片占据了中国一半以上版图面积的辽阔地域。仅从这一点看，边疆问题对中国来说就已经不是一个'边缘'问题，而是事关我们生存基盘的全局性问题。中国边疆的绝大部分，由各少数民族的世居历史家园构成。因此中国的边疆问题从另一个方面去看，实际就是民族关系的问题。从这样两条理由出发，重新认识拉铁摩尔，对我们来说真的是十分必要"。① 我们回顾拉铁摩尔的中国边疆研究经历及其与中国学术界的关系，其着力点不仅在于重新梳理和认识拉铁摩尔在中国边疆研究尤其是西方对中国边疆研究中所取得的开创性成就及其不足，更是我们通过对这位来自西方的边疆人在华经历的探寻，来更好地回顾当时中国的国际地位以及中国边疆研究所处的环境，从而更好地认识当代中国边疆与边疆研究问题。重建中国自身的"边疆人"传统，推进中国的边疆认知并更好地认识作为整体的中国，才是我们更为重要的目标。

中国对边疆的重视由来已久，并始终在传统的国家知识网络中占据着一定的位置。当然，边疆在国家话语中的具体位置往往

---

① 姚大力：《拉铁摩尔的"内亚视角"》。

随着中国历史上游牧－农耕力量之间的力量对比而出现变化。在王朝政局稳定抑或将游牧与农耕文明加以有效整合之时，对边疆空间的想象与向往往往成为一种时尚，中心地带民众对边地的探寻之旅往往跟边地民众赴京朝圣之旅相映成趣；而当王朝政局尤其是边疆政局出现动荡之时，民众对于边疆的恐惧与躲避成为相应的标志，而边地民众对王朝中心地带的想象也变得固化和简单化。在中国近代以来边疆研究的第一波高潮出现在十九世纪中期。"及至鸦片祸起，割地赔款，遂使外人知我国家之柔弱，政府之无能，纷至沓来，皆挟其所欲而去，夺我藩属，割我良港，造成空前之耻辱，贻吾族以无穷之患难。"[1] "自乾隆后边徼多事，嘉道间学者渐留意西北边新疆、青海、西藏、蒙古诸地理。"[2] 当时中国的一些有识之士逐渐认识到了解边疆社会与边疆知识对于维持和巩固清朝的重要性。对此，梁启超曾有过总结："以边徼或域外地理学名其家者：寿阳祁鹤皋（韵士）、大兴徐星伯（松）、平定张石洲（穆）、邵阳魏默深（源）、光泽何愿船（秋涛）为最著，而仁和龚定庵（自珍）、黟县俞理初（正燮）、乌程沈子敦（垚）、固始蔚子潇（湘南）等其疏附先后者也。此数君者，时代略衔接，相为师友，而流风所被，继声颇多，兹学遂成道光间显学。"[3] 而在这些学者及其相关边疆著述当中，有相当一部分是对边疆地区社会、文化与生活态势的观察与描述。当时的读者正是通过这些作品，才真正开始对边疆地区、边疆事务有所关心和了解。

在学界的努力之下，近代中国的边疆调查取得了很多开创性的进展，并产生了一大批边疆研究成果，而在这中间，有学者也指出了其中所存有的遗憾："然而科学上宝贵之材料，往往自实

① 顾颉刚、史念海 ·《中国疆域沿革史》，商务印书馆，2009，第218页。

② 梁启超：《清代学术概论》，江苏文艺出版社，2007，第55页。

③ 梁启超：《中国近三百年学术史》，中国书店，1985，第321页。

地调查创获而来。近来我国边疆调查，年必数起，民族学者极多参与之机会。惟时间极短，且多利用暑假，故只限于近边，而停留考察之时间亦不能过久，欲达到正确精密之结果则殊不可能，民族学者最大之损失，莫过于斯。"①而且，当时人们对于边地民众及其文化的知识了解甚少，又受文化中心主义的影响，因此在观念上往往会隐含一种中原－先进、边疆－落后的对应关系，这就使得在材料的搜集与阐释方面会出现偏差。②而这种偏差，在某种程度上跟中国当时所处的知识地位有关系。

高丙中教授曾将中国人与外部世界的直接接触和对于外部世界的表述分为三种形态，③受此启发，在对中国边疆社会与文化的认识与表述方面，笔者以为，也大致可以划分出三种类型的表现形态：其一是传统中原王朝朝贡体系对于边疆地区社会与文化的认识与表达，统治者与核心地区的民众以此来想象边疆地区，这形成了对于边疆地区的集体想象。其二是去边疆地区游历、戍守的个人甚至被发配至此的官员对于这些地区社会与文化的认识与表述，从历史的分期来看，这种认识与表述往往可以分为两个阶段，在近代之前，自中原去边疆的个人对于边疆地区的描述往往带着一种内在的自信，常常会关注当地的奇装异服、奇风异俗，而近代之后，中国核心地区本身已经受到西方力量的强力压迫，因此，在这些人描述边疆社会的时候，混杂着面对西方文明与知识时的自卑和在对边疆认识方面的某种自负，呈现某种混杂性。其三则是以换位思考的态度，使用当地语言在当地生活与交流，对边疆社会与文化进行的深度描述与阐释，并在此基础上对本位

---

① 徐益棠：《十年来中国边疆民族研究之回顾与前瞻》，《边政公论》1941，第1卷第5～6期。

② 王建民：《中国民族学史（上卷）》，云南教育出版社，1997，第114页。

③ 具体可参见高丙中《人类学国外民族志与中国社会科学的发展》，载谢立中主编《海外民族志与中国社会科学》，社会科学文献出版社，2010，第3～11页。

文化进行反思。这种形式的表现形态是具有某种超越性的，它所型构的知识框架已经不再满足于对边疆知识的简单搜集与整理，而是在记录与描述的过程中，凸显观察者、边疆社会本身以及描述过程各自的主体性，并让读者在对这几方面主体的阅读中了解到边疆社会本身的真实信息，并在此基础上确立起对于边疆社会与文化的新的认知。

随着"一战"，尤其是"二战"的爆发，中国获得了改变自身国际地位的契机，并在此基础上逐渐形成新的中国国际秩序观。随着近代化和全球化潮流的推进，现代民族国家在很多方面获得了之前所不具备的国家治理技术与手段，对于国家各个领域的控制力达到了前所未有的程度，这也将民族国家机体的巩固能力提高到一个全新的水平。中国也概莫能外。但我们也注意到，在这种国家治理能力空前提高的过程中，边疆地区社会、文化等方面所具有的独特性、地区性被主流话语冲击和垄断，进而无法凸显国家边疆所应有的"边疆性"，使国家中央政权在处理周边事务的过程中面临一个"知识失语"的困境，也就是说，我们在处理国家相关事务的过程中，面对周边国家对靠近我国边疆地区的邻接地区社会、文化状况的详细与清晰把握，我们对于这些边疆地区相关知识的了解与掌握处于弱势，双方在对各自边疆周边地位掌握的知识密度方面存在着很大的差距。有鉴于此，如何在民族国家发展的过程中，更好地实现国家对于边疆地区认识的知识增量，进而对这些边疆地区本身的地方特征及其在整个国家体系中的位置有更为清晰的把握与认识，就成为在新形势下对中国本身加以重新认识与思考的 个重要渠道。① 重建中国的"边疆人"知识与传统，就成为题中应有之义。

---

① 袁剑：《边疆民族志与中国边疆学：理念、方法与可能》，《青海民族研究》2015 年第 3 期。

认识更完整的中国：
当代中国的边疆话语重建与期待

正如萨义德对"东方"及其意象的深刻揭示为我们展现了近代以来西方对于东方的描述与想象内部所蕴含的文化霸权（hegemony）一样，[①] 近几十年来全球化的迅速推进也深刻影响着国际学术及其话语格局。借助经济实力与创新驱动力方面的优势，欧美尤其是美国学术话语日渐成为社科学界占据垄断性的话语方式。表现在对中国边疆的研究方面，在很多时候，关于中国边疆的诸多议题都是由欧美话语所引导的，论证方式也自觉不自觉地受到它们的深刻影响，而相比之下，国内的相关研究则往往处于被动应对的状态，而这种情况，在某种程度上也造成了跟当初"敦煌在中国，敦煌学在国外"局面类似的尴尬。

在民国时期，徐益棠曾敏锐地指出了民族志方法在中国边疆政策执行与研究中的重要意义："边疆政策上民族学之应用。此亦为现代欧美民族学界人类学家所正待发挥光大者，所谓应用人类学及应用民族学者，近年来在英法有极大之进步。但此种新科，并非凭空产生，一方由于殖民地官员，应用民族学人类学的理论基础，参与实地的经验，整理而成为有条理有系统之著述；一方由于民族学及人类学专家，根据各方面殖民地官吏之报告，而用学理以分析、综合之，如行政的民族学、教育的民族学、犯罪的民族学、商业的民族学皆是也。我国不建设边疆则已，如欲建设边疆，则此种应用的民族学与人类学，必须急起直追，努力研求。"[②] 他所提及的状况，正是在殖民时代西方对其殖民地知识建构与治

---

① 〔美〕爱德华·W·萨义德：《东方学》，王宇根译，生活·读书·新知三联书店，2007，第9页。

② 徐益棠：《十年来中国边疆民族研究之回顾与前瞻》。

理方面所形成的关于边疆的分类模式，这种分类有效地支撑着西方对这些边疆殖民地的统治。中国的情况与此不同，尽管边疆地区是中国本身不可分割的一部分，但我们对边疆社会的认识往往还维持在 20 世纪 50 年代边疆调查所获取的知识背景与层级上，随着时间的推移，同样需要经由这种实地的调查与整理，进而对当地社会与文化有更为全面而具体的认识。

在 20 世纪上半叶的一波边疆研究浪潮中，凌纯声曾经这样期待当时和未来的边疆研究者："我希望热心边疆问题的同志们，我们如果真正研究边疆，并不是集几个同志，结合一个团体，出版一种杂志，写几篇人云亦云、辗转抄袭，甚至虚造事实来充塞篇幅的文章，就算了事，我们研究一个问题，首先要搜集到可靠的材料，我在上面已经说过，史书和方志的材料、外人的记载、文人的游记、商贾的口述，只能作我们的参考，不能作为研究边疆现实的材料。所以要研究边疆，第一要有可靠的现实的材料作为研究的凭籍。我们希望研究边疆问题的……常到边疆去实地调查。有了可靠的材料，再谈得研究。否则喊几声'筹边救国'的口号，写几篇很动听的文章，这都是欺人欺己的勾当，于边疆无益，于国家何益？现在住在京沪，从没有到过边地去的，或到过边疆而对于边地实情没有认识清楚的人们，对于边地常有误解。提起西北，则曰地广人稀、物产丰富，可以移民实边。说到西南，矿产遍地、天府之国，从速开发以裕民生。一旦发生边患，则斥帝国主义者之侵略，鲸吞蚕食。还有什么文化落后也，交通不便也，我们试看十篇筹边的策略，倒有九篇相同，都是人云亦云的老话。"[①] 他的这段话对我们无疑是一种警醒，使我们能够反思研究者与研究本身在研究定位、研究方法和目标旨趣方面所存在的误区与需要修正之处，从而更好地面对真正的边疆与民族问题，

---

① 凌纯声：《边疆归来》，《正论》1935 年第 43 期。

而避免将边疆问题、民族问题"问题化"，进而陷入为研究而塑造问题的死循环当中。

而在这样的过程中，我们当然也会遇到新的问题。格尔兹（Clifford Geertz）曾一针见血地揭示了当代民族志所遇到的困境，他说："他们面对的社会是半现代半传统的，面对的田野工作状况具有惊人的伦理复杂性，面对的描述和分析进路繁多且大相径庭。面对的主体能够而且的确为自己说话。不仅如此，他们还为沉重的内在不确定所钳制，几乎陷入一种认识论臆想，质问人们如何知道自己所说的其他生活方式的一切在事实上的确如此。信心的丧失及与之相伴的民族志写作危机，是当下的一种现象。"① 这就告诉我们，在对中国边疆社会与文化加以新的揭示与描述的过程中，我们必须时刻反思我们作为观察者与描述者在其中所处的地位及秉持的视角，并努力做到让边疆社会本身来发出他们自己的声音。而究竟怎样才能更好地将边疆社会自身的知识脉络表达出来，则需要研究者的不断努力。

目前国际范围内的边疆研究正处在范式转变的过程中，旧有的范式已经逐渐被抛弃，而新的范式还没有形成。一方面，我们可以从历史文献、档案材料的梳理中逐渐复原中国边疆的历史图景，使我们对中国自身边疆社会的内在发展逻辑有切实、深入的理解与体会，进而形成对边疆空间形成过程的总体认识；② 而在另一方面，通过对边疆社会及文化本身进行的边疆民族志书写，我们可以逐步型构具有我们自己观察视角与叙述内涵的知识空间，形成具有足够容量与活力的当代中国边疆社会的"原创知识"，进而使中国的边疆研究能够在此基础上，对当代中国的相关边疆

---

① 〔美〕克利福德·格尔兹：《论著与生活：作为作者的人类学家》，方静文、黄剑波译，褚潇白校，中国人民大学出版社，2013，第102页。

② 袁剑：《边疆理论话语的梳理与中国边疆学的可能路径》，《中国边疆史地研究》2014年第1期。

问题有新的、更富有启发性与反思性的理解与认识,从而在构建边疆研究的"中国知识"上有所创造与突破。并在此基础上形成边疆研究方面的知识增量,进而逐渐构成具有充分解释力的、可加以推广的新的"边疆范式"。①

　　时代已经改变,新的可能也日渐展现。随着中国自身在全球政治、经济格局中地位的变化,原有的对于中国边疆与周边的认知也需要进行新的调整,在对中国学者的边疆研究成果以及外国学者的中国边疆研究成果进行消化总结的基础之上,我们将迎来一个对中国边疆以及周边国家认知的新图景。曾经引导拉铁摩尔去探寻的中国边疆历久而弥新,在新的时代背景下,这里既蕴藏着中国自己的"边疆人"精神,也将为中国边疆研究的进一步深化提供不竭的思想与物质资源。在过去的很长一段时间内,我们对于整体中国的认知存在着知识层面上的分布不均现象,对于中原核心区域的认知远比对于边疆地区的认知深厚,而如今到了改变这种状态的时候了。为了认识更为完整的中国,为了让我们的边疆不再"遥远",为了中西方边疆研究的互相交流与理解,为了具有中国自身主体性的边疆新话语的形成,我们既值得去回望拉铁摩尔所做过的努力,也更应该在当代边疆认知与思考方面做出新的尝试与超越。这不仅是笔者个人努力的方向,也是我们共同努力的方向。

---

① 袁剑:《2013 年的中国边疆研究: 使命、范式与转型》。

附录一

拉铁摩尔著述目录

（本目录参考了 John Gombojab Hangin, Urgunge Onon eds., *Analecta Mongolica: Dedicated to the Seventieth Birthday of Professor Owen Lattimore.* Bloomington: Indiana University Press, 1972, pp. 124-128, 以及 JSTOR 等相关中外文学术数据库的信息）

1920 年

《曼达琳的溺水》（诗歌）（The Drowning of Mardalen (poem)），载《文摘》（*Literary Digest*），2 月 7 日刊。

1928年

《通往突厥斯坦的荒漠之路》（*The Desert Road to Turkestan*），伦敦出版。

《跟着商队穿越突厥斯坦》（Across Turkestan by Caravan），载《领域》（*Sphere*），5 月 5 日刊。

《作为统治种族的汉人》（The Chinese as a Dominant Race），载《亚洲》（*Asia*），6 月刊，第 28 卷，第 450-457 页。

《匪盗之地》（Bandit Land），载《纽约先驱论坛报》（*New York Herald Tribune*），6 月 17 日刊。

《作为统治种族的汉人》（The Chinese as a Dominant Race），载《皇家中亚学会杂志》（*Journal of the Royal Central Asian Society*），第 15 卷，第 278-300 页。

《如今蒙古人成了一场游戏的棋子》（Now the Mongols Are Pawns in a Game），载《纽约时报》（*New York Times*），9 月 2 日刊。

《围绕最后一块禁地的冲突》（Strife Over the Last Forbidden Land），载《纽约时报》（*New York Times*），9 月 23 日刊。

《远东的危险线》（Danger Line in the Far East），载《北美评论》（*North American Review*），第 226 卷，第 489-493 页，10 月刊。

《穿越黑戈壁》（Beyond the Black Gobi），载《北美评论》（*North American Review*），第 226 卷，第 621-627 页，11 月刊。

《风暴之路上的商队》（Caravans of the Winding Road），载《亚洲》（*Asia*），第 28 卷，第 984-989 页，12 月刊。

《内亚的商队路线》（Caravan Routes of Inner Asia），载《地理学杂志》（*Geographical Journal*），第 72 卷，第 497-531 页，12 月刊。

《丹宾喇嘛居处》（The House of the False Lama），载《大西洋月刊》（*Atlantic Monthly*），第 142 卷，第 774-784 页，12 月刊。

《在最黑暗的蒙古》（In Darkest Mongolia），载《跨太平洋》（*Trans-Pacific*），

第 16 卷，第 6 页，12 月 15 日刊。

1929 年

《骆驼与牵骆驼的人》（Camels and Camel Pullers），载《大西洋月刊》（*Atlantic Monthly*），第 143 卷，第 68-77 页，1 月刊。

《风暴之路上的商队》（Caravans of the Winding Road），载《亚洲》（*Asia*），第 29 卷，第 38-44 页，1 月刊。

《通往突厥斯坦的荒漠之路》（The Desert Road to Turkestan），载《国家地理杂志》（*National Geographic Magazine*），第 55 卷，第 661-702 页，6 月刊。

《满洲：远东的蛮荒西部》（Manchuria, Wild West of the Far East），载《纽约时报》（*New York Times*），7 月 28 日刊。

《穿越亚洲心脏地带》（Through the Heart of Asia），载《学院杂志》（*The Institute Magazine*），9 月刊。

1930 年

《高地鞑靼》（*High Tartary*），波士顿出版。

《告别（诗）》（A Leave-Taking (poem)），载《大西洋月刊》（*Atlantic Monthly*），第 145 卷，第 86 页，1 月刊。

《高地鞑靼》（*High Tartary*），载《亚洲》（*Asia*），第 30 卷，第 112-117 页、334-340 页、430-435 页，2 月、5 月、6 月刊。

《蒙古与中国突厥斯坦地区的政治环境》（Political Conditions in Mongolia and Chinese Turkestan），载《美国政治与社会科学学会年刊》（*Annals of the American Academy of Political and Social Science*），第 152 卷，第 318-327 页，11 月刊。

1932 年

《满洲：冲突的摇篮》（*Manchuria, Cradle of Conflict*），纽约出版。

《满洲的小道与偏远地区》（Byroads and Backwoods of Manchuria），载《国家地理杂志》（*National Geographic Magazine*），第 61 卷，第 101-130 页，1 月刊。

《汉人在满洲的垦殖》（Chinese Colonization in Manchuria），载《地理学评论》（*Geographical Review*），第 22 卷，第 177-195 页，4 月刊。

《蒙古与中国》（Mongolia and China），载《泰晤士报》（*London Times*），8 月 13 日刊。

《汉人在内蒙古垦殖的历史及其发展》（Chinese Colonization in Inner

Mongolia, its History and Development），载《先驱移民》（*Pioneer Settlement*）（纽约），第 288-312 页。

1933 年

《满洲的未知边疆》（The Unknown Frontier of Manchuria），载《外交事务》（*Foreign Affairs*），第 11 卷，第 315-330 页，1 月刊。

《中国突厥斯坦》（Chinese Turkestan），载《开放法庭》（*The Open Court*），第 47 卷，第 97-119 页，3 月刊。

《进抵中国长城的日本》（Japan at the Great Wall of China），载《亚洲》（*Asia*），第 33 卷，第 340-343 页，6 月刊。

《对德永重康为首所作的第一次满蒙学术调查研究团报告的评论》（Review of Report of the First Scientific Expedition to Manchoukuo Under the Leadership of Shigeyasu Tokunoga），载《太平洋事务》（*Pacific Affairs*），第 6 卷，6-10 月刊。

《赫哲族：松花江下游的"鱼皮达达"》（The Gold Tribe, "Fishskin Tatars" of the Lower Sungari），载《美国人类学协会纪要》（*Memoirs of the American Anthropological Association*），1933 年。

《蒙古》（Mongolia），载《中华年鉴》（*China Year Book*），第 191 页。

《乌拉盖的故事》（Wulakai Tales），载《美国民俗学杂志》（*Journal of American Folklore*），第 46 卷，第 272-286 页，7-9 月刊。

《对斯文·赫定〈戈壁沙漠之谜〉一书的评论》（Review of *Riddles of the Gobi* by Sven Hedin），载《星期六文学评论》（*Saturday Review of Literature*），第 285 页，11 月 25 日刊。

《对埃德加·斯诺〈远东前线〉一书的评论》（Review of *Far Eastern Front* by Edgar Snow），载《星期六文学评论》（*Saturday Review of Literature*），第 298 页，11 月 25 日刊。

《对史沫特莱〈中国的命运〉一书的评论》（Review of *Chinese Destinies, Sketches of Present Day China* by Agnes Semdley），载《纽约时报书评》（*New York Times Book Review*），12 月 10 日刊。

《对拉菲·汤森〈黑暗之路：中国的真相〉一书的评论》（Review of *Ways That Are Dark, The Truth About China* by Ralph Townsend），载《纽约时报书评》（*New York Times Book Review*），12 月 10 日刊。

1934 年

《满洲的蒙古人》（*The Mongols of Manchuria*），纽约出版。

《蒙古进入国际事务》（Mongolia Enters World Affairs），载《太平洋事务》
（*Pacific Affairs*），第 7 卷，第 1 期，第 14-28 页，3 月刊。

《乌拉盖的魂灵》（Ghosts of Wulakai），载《亚洲》（*Asia*），第 34 卷，第
182-185 页，3 月刊。

《蒙古》（Mongolia），载《中华年鉴》（*China Year Book*），第 69 页。

《新疆》（Sinkiang），载《中华年鉴》（*China Year Book*），第 80 页。

《中国与蛮族》（China and the Barbarians），载《东方的帝国》（*Empire in
the East*），约瑟夫·巴尔内斯（Joseph Barnes）主编，纽约出版，第 3-38 页。

《对施隆伯格〈中亚的高山与平原〉一书的评论》（Review of *Peaks and
Plains of Central Asia* by Col. R. C. F. Schomberg），载《太平洋事务》（*Pacific
Affairs*），第 7 卷，第 1 期，3 月刊。

《对马鹤天〈内外蒙古考察日记〉一书的评论》（Review of *Nei Wai Meng Ku K'ao
Ch'a Jin Chi* by Ma Hung-t'ian），载《太平洋事务》（*Pacific Affairs*），第 7 卷，
第 1 期，3 月刊。

《满洲国蒙古人的命运》（Mongol Destiny of Manchukuo），载《亚洲》（*Asia*），
第 34 卷，第 208-213 页，4 月刊。

《男人、金钱与土地》（Men，Money and Land），载《太平洋事务》（*Pacific
Affairs*），第 7 卷，6 月刊。

《无法自辩的事实》（Facts Do Not Speak for Themselves），载《太平洋事务》
（*Pacific Affairs*），第 7 卷，6 月刊。

《日本的欧洲》（Japan's Europe），载《太平洋事务》（*Pacific Affairs*），第
7 卷，6 月刊。

《对特雷提亚科夫主笔〈谭世华传〉一书的评论》（Review of *A Chinese
Testament. The Autobiography of Tan Shih-Hua*, as told to S. Tretiakov），载《纽约
时报书评》（*New York Times Book Review*），6 月 24 日刊。

《门户开放还是万里长城》（Open Door or Great Wall），载《大西洋月刊》（*Atlantic
Monthly*），第 154 卷，第 54-63 页，7 月刊。

《三个帝国在何处相遇》（Where Three Empires Meet），载《亚洲》（*Asia*），
第 34 卷，第 457-461 页，8 月刊。

《对雅克洪朵夫〈中华苏维埃〉一书的评论》（Review of *The Chinese Soviets*
by Victor A. Yakhontoff），载《纽约时报书评》（*New York Times Book Review*），
8 月刊。

《对特雷提亚科夫所撰〈谭世华传〉一书的评论》（Review of *A Chinese
Testament. The Autobiography of Tan Shih-Hua* by S. Tretiakov），载《太平洋事务》
（*Pacific Affairs*），第 7 卷，第 3 期，9 月刊。

《对舍瓦利耶所译安德烈·马尔罗〈人类的命运〉一书的评论》（Review of *Man's Fate* by Andre Malraux translated by Haakon M. Chevalier），载《太平洋事务》（*Pacific Affairs*），第7卷，第3期，9月刊。

《对今秋（宣侠夫）〈西北远征记〉一书的评论》（Review of *Hsi-Pei Yuan Cheng Chi* by Chin Chiu），载《太平洋事务》（*Pacific Affairs*），第7卷，第3期，9月刊。

《对阿维德·舒尔茨〈乌苏里江地区〉一书的评论》（Review of *Das Ussuri-Land* by Arvid Schults），载《太平洋事务》（*Pacific Affairs*），第7卷，第3期，9月刊。

《对陈其田〈林则徐: 在中国海防领域采用西法的先驱者〉一书的评论》（Review of *Lin Tse-Hsu: Pioneer Promoter of the Adoption of Western Means of Maritime Defense of China* by Gideon Chen），载《太平洋事务》（*Pacific Affairs*），第7卷，第3期，9月刊。

《对华金栋〈东方蜃景〉一书的评论》（Review of *The Loom of the East* by F. Kingdon Ward），载《太平洋事务》（*Pacific Affairs*），第7卷，第3期，9月刊。

《日本海军的陆上势力》（The Land Power of the Japanese Navy），载《太平洋事务》（*Pacific Affairs*），第8卷，第436-437页，12月刊。

《帝国与开发》（Empire and Exploitation），载《太平洋事务》（*Pacific Affairs*），第7卷，第441-443页，12月刊。

《内蒙古一座废弃的聂斯托利派城市》（A Ruined Nestorian City in Inner Mongolia），载《地理学杂志》（*Geographical Journal*），第84卷，第481-497页，12月刊。

《对亨宁·哈士伦〈蒙古包〉一书的评论》（Review of *Tents in Mongolia* by Henning Haslund），载《太平洋事务》（*Pacific Affairs*），第7卷，第4期，12月刊。

《对庄士敦〈紫禁城的黄昏〉一书的评论》（Review of *Twilight in the Forbidden City* by Sir Reginald Johnston），载《太平洋事务》（*Pacific Affairs*），第7卷，第4期，12月刊。

1935 年

《对丁韪良〈理解中国人〉一书的评论》（Review of *Understand the Chinese* by William Martin. Translated from the French by E. W. Dickes），载《太平洋事务》（*Pacific Affairs*），第8卷，第1期，3月刊。

《蒙古的王公、僧众与牧民》（Prince, Priest and herdsman in Mongolia），载《太平洋事务》（*Pacific Affairs*），第8卷，第35-47页。

《伊金霍洛旗的成吉思汗陵》（Shrine of Genghis Khan at Ejen Horo），载《泰晤士报》（London Times），4 月 13 日刊。

《对博斯沃斯·戈德曼〈穿越亚洲的红色道路〉一书的评论》（Review of Red Road Through Asia by Bosworth Goldman），载《太平洋事务》（Pacific Affairs），第 8 卷，第 2 期，6 月刊。

《论游牧生活的不道德》（On the Wickedness of Being Nomads），载《天下月刊》（T'ien Hsia Monthly），第 1 卷，第 47-62 页，8 月刊。

《对塔宁与约安〈日本的军国主义与法西斯主义〉一书的评论》（Review of Militarism and Fascism in Japan by O. Tanin and E. Yohan），载《太平洋事务》（Pacific Affairs），第 8 卷，第 3 期，9 月刊。

《蒙古的商队之旅》（Caravan Travel in Mongolia），载《旅行手册》（Handbook of Travel），G. C. 萨图克（G. C. Shattuck）主编，波士顿出版，第 63-76 页。

《蒙古》（Mongolia），载《中华年鉴》（China Year Book），第 25 页。

《新疆》（Sinkiang），载《中华年鉴》（China Year Book），第 36 页。

《论游牧生活的不道德》（On the Wickedness of Being Nomads），载《亚洲》（Asia），第 35 卷，第 598-605 页，10 月刊。

《中国的内陆大门》（Inland Gates of China），载《太平洋事务》（Pacific Affairs），第 8 卷，第 4 期，第 463-473 页。

《对费迪南德·莱辛〈蒙古人：背后、教士与魔鬼〉一书的评论》（Review of Mongolen: Hinten, Priester und Dämonen by Ferdinand Lessing），载《太平洋事务》（Pacific Affairs），第 8 卷，第 4 期，12 月刊。

《对吕西安·吉尔伯特〈满洲历史与地理词典〉一书的评论》（Review of Dictionnaire Historique et Géographique de la Mandchourie by Lucien Gilbert），载《太平洋事务》（Pacific Affairs），第 8 卷，第 4 期，12 月刊。

《对林赛·安德森〈一艘鸦片快船之旅〉的评论》（Review of A Cruise in an Opium Clipper by Capt. Lindsay Anderson），载《太平洋事务》（Pacific Affairs），第 8 卷，第 4 期，12 月刊。

1936 年

《对约书亚·库尼兹〈撒马尔罕的黎明：中亚的重生〉一书的评论》（Review of Dawn Over Samarkand: The Rebirth of Central Asia by Joshua Kunitz），载《太平洋事务》（Pacific Affairs），第 9 卷，第 1 期，3 月刊。

《对丽塔·海尔从德文本转译的埃贡·埃尔温·基希〈转变中的亚洲〉一书的评论》（Review of Changing Asia by Edon Erwin Kisch. Translation from the German by

Rita Heil），载《太平洋事务》（*Pacific Affairs*），第 9 卷，第 1 期，3 月刊。

《对纳扎洛夫〈继续前进！从喀什到克什米尔〉一书的评论》（Review of *Moved on! From Kashgar to Kashmir* by P. S. Nazaroff），载《太平洋事务》（*Pacific Affairs*），第 9 卷，第 1 期，3 月刊。

《对施隆伯格〈在阿姆河和印度河之间〉一书的评论》（Review of *Between the Oxus and the Indus* by Col. R. C. F. Schomberg），载《太平洋事务》（*Pacific Affairs*），第 9 卷，第 1 期，3 月刊。

《对冰心〈冰心游记〉一书的评论》（Review of *Ping-Hsin Yu-Chi* by Ping-Hsin），载《太平洋事务》（*Pacific Affairs*），第 9 卷，第 1 期，3 月刊。

《对卡特勒斯〈满洲人的舞台〉一书的评论》（Review of *The Manchurian Arena* by F. M. Cutlass），载《太平洋事务》（*Pacific Affairs*），第 9 卷，第 1 期，3 月刊。

《内蒙古民族主义的销蚀》（The Eclipse of Inner Mongolian Nationalism），载《皇家中亚学会杂志》（*Journal of the Royal Central Asian Society*），第 23 卷，第 416-432 页，7 月刊。

《蒙古》（Mongolia），载《中华年鉴》（*China Year Book*），第 14 页。

《新疆》（Sinkiang），载《中华年鉴》（*China Year Book*），第 23、33、38 页。

《苏日关系》（Russo-Japanese Relations），载《国际事务》（*International Affairs*），第 15 卷，第 525-542 页，7-8 月刊。

《内蒙古民族主义的历史背景》（The Historical Setting of Inner Mongolian Nationalism），载《公民事务》（*Civic Affairs*），9 月刊。

《内蒙古民族主义的历史背景》（The Historical Setting of Inner Mongolian Nationalism），载《太平洋事务》（*Pacific Affairs*），第 9 卷，第 388-405 页，9 月刊。

《对傅勒铭〈鞑靼通讯〉一书的评论》（Review of *News from Tartary* by Peter Fleming），载《太平洋事务》（*Pacific Affairs*），第 9 卷，第 4 期，12 月刊。

《对安娜·路易斯·斯特朗〈这个苏维埃世界〉一书的评论》（Review of *This Soviet World* by Anna Louise Strong），载《太平洋事务》（*Pacific Affairs*），第 9 卷，第 4 期，12 月刊。

《日本命运中的大陆与海洋》（Land and Sea in the Destiny of Japan），载《太平洋事务》（*Pacific Affairs*），第 9 卷，第 586-589 页，12 月刊。

1937 年

《内蒙古的分界线》（The Lines of Cleavage in Inner Mongolia），载《太平洋事务》（*Pacific Affairs*），第 10 卷，第 196-201 页。

《东京对抗南京的政治战略》（Political Strategy of Tokyo vs. Nanking），载《美亚》（*Amerasia*），第 1 卷，第 26-28 页，3 月刊。

《内蒙古，汉人、日本人还是蒙古人》（Inner Mongolia, Chinese, Japanese, or Mongol），载《太平洋事务》（*Pacific Affairs*），第 10 卷，第 64-71 页。

《亚洲移民的主要动力》（Mainsprings of Asiatic Migration），载《土地垦殖的限度》（*Limits of Land Settlement*），鲍曼（I. Bowman）主编，纽约出版，第 119-135 页。

《我听到的关于成吉思汗的事情》（My Audience with Chinghis Khan），载《大西洋月刊》（*Atlantic Monthly*），第 160 卷，第 1-10 页，7 月刊。

《蒙疆政府的幻影》（The Phantom of Mengkukuo），载《太平洋事务》（*Pacific Affairs*），第 10 卷，第 420-427 页。

《处在先知之间的一个蒙古人》（A Mongol Among the Prophets），载《美亚》（*Amerasia*），第 1 卷，第 310-315 页，9 月刊。

《中国长城的起源》（Origins of the Great Wall of China），载《地理学评论》（*Geographical Review*），第 10 卷，第 4 期，12 月刊。

《对李默德〈成吉思汗〉一书的评论》（Review of *Genghis-Khan* by Fernand Grenard），载《太平洋事务》（*Pacific Affairs*），第 10 卷，第 4 期，12 月刊。

《对卡博〈图瓦埃文基人的历史与经济〉一书的评论》（Review of *Ocherki Istorii I Ekonomiki Tuvy* by R. Kabo），载《太平洋事务》（*Pacific Affairs*），第 10 卷，第 4 期，12 月刊。

《对福隆阿〈大蒙古元朝史〉的评论》（Review of *Yeghe Mongol on Yuwan Olos- on Sodor* by Fulonggha），载《太平洋事务》（*Pacific Affairs*），第 10 卷，第 4 期，12 月刊。

《对梁赞诺夫斯基〈蒙古法的基本原理〉一书的评论》（Review of *Fundamental Principles of Mongol Law* by V. A. Riasanovsky），载《太平洋事务》（*Pacific Affairs*），第 10 卷，第 4 期，12 月刊。

《对莱文〈蒙古：历史地理及政治〉一书的评论》（Review of *La Mongolie: historique, géographique, politique* by J. Lévine），载《太平洋事务》（*Pacific Affairs*），第 10 卷，第 4 期，12 月刊。

《对徐淑希〈华北问题〉一书的评论》（Review of *The North China Problem* by Shuhsi Hsu），载《太平洋事务》（*Pacific Affairs*），第 10 卷，第 4 期，第 457-459 页，12 月刊。

《有限战争与世界大战》（Limited War and World War），载《太平洋事务》（*Pacific Affairs*），第 10 卷，第 450-453 页。

1938 年

《蒙古历史中的地理因素》（The Geographical Factor in Mongol History），载《地理学杂志》（*Geographical Journal*），第 91 卷，第 1-20 页，1 月刊。

《汉地边疆的蒙古人》（Mongols of the Chinese Border），载《地理杂志》（*Geographical Magazine*），第 6 卷，第 327-344 页，3 月刊。

《内外蒙古相接之地》（Where Outer and Inner Mongolia Meet），载《美亚》（*Amerasia*），第 2 卷，第 31-39 页，3 月刊。

《对爱拉〈绿洲禁地：从北京到克什米尔〉一书的评论》（Review of *Oasis Interdites: de Pékin au Cachemire* by Ella Maillart），载《太平洋事务》（*Pacific Affairs*），第 11 卷，第 3 期，第 128-129 页，3 月刊。

《对〈太平洋文摘〉第 1 卷第 1-3 期、第 2 卷第 1-4 期的评论》（Review of *Pacific Digest*, Vol. 1 No. 1-3, Vol. 2 No. 1-4），载《太平洋事务》（*Pacific Affairs*），第 11 卷，第 1 期，3 月刊。

《蒙古》（Mongolia），载《中华年鉴》（*China Year Book*），第 23 页。

《就埃德加·斯诺〈中国西北的苏区社会〉一书回复惠勒》（Reply to W. E. Wheeler on Edgar Snow's *Soviet Society in Northwest* China），载《太平洋事务》（*Pacific Affairs*），第 11 卷，第 104 页。

《和服与头巾》（The Kimono and the Turban），载《亚洲》（*Asia*），第 38 卷，第 272-275 页，5 月刊。

《对埃德加·斯诺〈红星照耀中国〉一书的评论》（Review of Red *Star Over China* by Edgar Snow），载《耶鲁评论》（*Yale Review*），第 813-816 页，夏季刊。

《旭日升，利润降》（Rising Sun, Falling Profits），载《大西洋月刊》（*Atlantic Monthly*），第 162 卷，第 22-26 页，7 月刊。

《对〈美国苏联研究季刊〉第 1 卷第 1 期的评论》（Review of *The American Quarterly on the Soviet Union* Vol. 1, No. 1），载《太平洋事务》（*Pacific Affairs*），第 11 卷，第 3 期，第 404-406 页，9 月刊。

《对格尔金等编〈苏联世界地图集〉第 1 卷的评论》（Review of *Bolshoi Sovestkii Atlas Mira*, Vol. I. Editors: A. F. Gorkin, O. Y. Schmidt, V. R. Motylev, M. V. Nikitin, B. M. Shaposhnikov），载《太平洋事务》（*Pacific Affairs*），第 11 卷，第 3 期，第 383-389 页，9 月刊。

《海上的现实主义者》（Realists at Sea），载《世界评论》（*World Review*），第 6 卷，第 60-63 页，9 月刊。

《太平洋的平行政策》（Parallel Policy in the Pacific），载《新政治家与国家》（*New Statesman and Nation*），第 16 卷，第 483-485 页，10 月 1 日刊。

《评论威廉 H·张伯伦所著〈莫斯科审判〉一书》（Comment on: *The Moscow Trials* by William H. Chamberlain），载《太平洋事务》（*Pacific Affairs*），第 11 卷，第 370 页。

《朝鲜为日本统治所付出的代价是什么？》（What Korea Pays for Japanese Rule），载《太平洋事务》（*Pacific Affairs*），第 11 卷，第 252 页。

《苏联会被孤立吗？》（Can Soviet Union be Isolated），载《太平洋事务》（*Pacific Affairs*），第 11 卷，第 492 页。

《西伯利亚决定着日本的命运》（Siberia Seals Japan's Fate），载《美亚》（*Amerasia*），第 2 卷，第 380-384 页，10 月刊。

《挂在斜边上的日本》（Japan Hung up on the Hypotenuse），载《美亚》（*Amerasia*），第 2 卷，第 475-480 页，12 月刊。

1939 年

《挂在斜边上的日本》（Japan Hung up on the Hypotenuse），载《中国每周评论》（即《密勒氏评论报》）（*China Weekly Review*），第 87 卷，第 235-237 页，1 月 21 日刊。

《对埃德加·莫瑞尔〈巨龙的觉醒〉的评论》（Review of *The Dragon Wakes* by Edgar A. Mowrer），载《澳亚公报》（*The Austral-Asiatic Bulletin*），4-5 月刊。

《对河上清〈日本在中国：她的动机与目标〉一书的评论》（Review of *Japan in China, Her Motives and Aims* by Kiyoshi Kawakami），载《太平洋事务》（*Pacific Affairs*），第 12 卷，第 209-212 页，6 月刊。

《对茱莉亚·K·约翰逊〈中日战争〉一书的评论》（Review of *Chinese-Japanese* War by Julia K. Johnson），载《太平洋事务》（*Pacific Affairs*），第 12 卷，第 209-212 页，6 月刊。

《对埃金斯和怀特〈中国为生存而战〉一书的评论》（Review of *China Fights for Her Life* by H. R. Ekins and Theon Wright），载《太平洋事务》（*Pacific Affairs*），第 12 卷，第 209-212 页，6 月刊。

《对富路特〈乾隆时期的文字狱〉一书的评论》（Review of *The Literary Inquisition of Ch'ien Lung* by L. Carrington Goodrich），载《太平洋事务》（*Pacific Affairs*），第 12 卷，第 218-220 页，6 月刊。

《对詹姆斯·贝特兰〈不可战胜〉一书的评论》（Review of *Unconquered* by James Bertram），载《太平洋事务》（*Pacific Affairs*），第 12 卷，第 208-209 页，6 月刊。

《对埃德加·莫瑞尔〈巨龙的觉醒〉的评论》（Review of *The Dragon Wakes*

by Edgar A. Mowrer），载《太平洋事务》（*Pacific Affairs*），第 12 卷，第 3 期，第 209 页，6 月刊。

《对杜曼〈十八世纪末清政府在新疆的土地政策〉一书的评论》（Review of *Agrarian Policy of the Ch'ing Government in Sinkiang at the End of the XVIII Century by L. I. Duman*），载《太平洋事务》（*Pacific Affairs*），第 12 卷，第 3 期，第 336-339 页，9 月刊。

《出自中亚的荒野谣言》（Wild Rumours Out of Central Asia），载《巴尔的摩太阳报》（*Baltimore Evening Sun*），10 月 9 日刊。

《蒙古》（Mongolia），载《中华年鉴》（*China Year Book*），第 454 页。

《新疆》（Sinkiang），载《中华年鉴》（*China Year Book*），第 461 页。

《谁想要制裁日本？》（Who Wants Sanctions Against Japan?），载《太平洋事务》（*Pacific Affairs*），第 12 卷，第 302 页。

《对尼姆·威尔斯〈续西行漫记〉一书的评论》（Review of *Inside Red China by Nym Wales*），载《太平洋事务》（*Pacific Affairs*），第 12 卷，第 344-346 页，9 月刊。

《对 Fumio Tada〈热河地理〉第 3 部分的评论》（Review of *Geography of Jehol, Section III by Fumio Tada*），载《太平洋事务》（*Pacific Affairs*），第 12 卷，第 343-344 页，9 月刊。

《对莫蒂列夫〈太平洋矛盾关系的起源与发展〉一书的评论》（Review of *Genesis and Development of the Pacific Ocean Nexus of Contradictions by V. Motylev*），载《太平洋事务》（*Pacific Affairs*），第 12 卷，第 314-316 页，9 月刊。

1940 年

《中国的亚洲内陆边疆》（*Inner Asian Frontiers of China*），纽约出版。

《对普罗丁〈成吉思汗及其遗产〉一书的评论》（Review of *Tschingis Chan und Sein Erbe by Michael Prawdin*），载《太平洋事务》（*Pacific Affairs*），第 13 卷，第 113-116 页，3 月刊。

《对勒内·格鲁塞〈草原帝国〉一书的评论》（Review of *L'Empire des Steppes by René Grousset*），载《太平洋事务》（*Pacific Affairs*），第 13 卷，第 113-116 页，3 月刊。

《对梯加特〈罗马与中国〉一书的评论》（Review of *Rome and China by Frederick J. Teggart*），载《太平洋事务》（*Pacific Affairs*），第 13 卷，第 113-116 页，3 月刊。

《对霍尔多·汉森〈奋勇前进：中国战争的故事〉一书的评论》（Review of

Human Endeavor: The Story of the China War, by Haldore Hanson），载《太平洋事务》
（Pacific Affairs），第 13 卷，第 106-107 页，3 月刊。

《越过中国长城》（Beyond the Great Wall of China），载《约翰·霍普金斯大学校友杂志》（Johns Hopkins Alumni Magazine），3 月刊。

《美国在远东的反应》（American Responsibilities in the Far East），载《弗吉尼亚评论季刊》（The Virginia Quarterly Review），第 16 卷，第 161-174 页，3 月刊。

《太平洋的黯淡前景：日本会像陆上那样在海上开战么？》（The Grim Outlook in the Pacific—Will Japan War by Sea as Well as by Land?），载《巴尔的摩太阳报》（Baltimore Evening Sun），5 月 20 日刊。

《对布斯克〈荷属印度的国际地位〉的评论》（Comments on: The International Position of Netherlands India by G. H. Bousquet），载《太平洋事务》（Pacific Affairs），第 13 卷，第 192 页。

《对顾立雅〈早期中国文明研究〉一书的评论》（Review of Studies in Early Chinese Culture by H. G. Creel），载《太平洋事务》（Pacific Affairs），第 13 卷，第 215-216 页，6 月刊。

《对贝格曼〈斯文·赫定博士率领下的中瑞"中国西北科学考查团"〉一书的评论》（Review of Sino-Swedish Expedition to the Western Provinces of China under the Leadership of Dr. Sven Hedin by Folke Bergman），载《太平洋事务》（Pacific Affairs），第 13 卷，第 219-220 页，6 月刊。

《对沃尔克〈成吉思汗〉一书的评论》（Review of Jenghis Khan by C. C. Walker），载《太平洋事务》（Pacific Affairs），第 13 卷，第 222-223 页，6 月刊。

《对哈德逊〈哈萨克社会结构〉一书的评论》（Review of Kazak Social Structure by Alfred E. Hudson），载《太平洋事务》（Pacific Affairs），第 13 卷，第 220-222 页，6 月刊。

《对贝格曼〈新疆考古记〉一书的评论》（Review of Archeological Researches in Sinkiang by Folke Bergman），载《太平洋事务》（Pacific Affairs），第 13 卷，6 月刊。

《对埃克瓦尔〈甘肃藏区边境文化关系〉一书的评论》（Review of Cultural Relations on the Kansu-Tibetan Border by Robert B. Ekvall），载《太平洋事务》（Pacific Affairs），第 13 卷，第 217-218 页，6 月刊。

《中国怎样，亚洲就会怎样》（As China Goes, So Goes Asia），载《美亚》（Amerasia），第 4 卷，第 253-257 页，8 月号。

《对沃特·博萨特〈蒙古草原〉的评论》（Review of Kühles Grasland Mongolei by Walter Bosshard），载《太平洋事务》（Pacific Affairs），第 13 卷，第 362-364 页，9 月刊。

《对古斯塔夫·蒙杰尔〈穿越蒙古草原〉一书的评论》（Review of *Durch die Steppen der Mongolei* by Gosta Montell），载《太平洋事务》（*Pacific Affairs*），第 13 卷，第 362-364 页，9 月刊。

《这不是中国而是美国的生命线》（Not China's Lifeline, But America's），载《中国月报》（*China Monthly*），11 月刊，第 8 页。

《中国的新疆 - 西伯利亚供应线》（China's Turkestan-Siberia Supply Road），载《太平洋事务》（*Pacific Affairs*），第 13 卷，第 393-412 页，12 月刊。

《对斯文·赫定〈游移的湖〉一书的评论》（Review of *The Wandering Lake* by Sven Hedin），载《太平洋事务》（*Pacific Affairs*），第 13 卷，第 496-498 页，12 月刊。

《对〈中国图书季刊〉的评论》（Review of *Quarterly Bulletin of Chinese Bibliography*），载《太平洋事务》（*Pacific Affairs*），第 13 卷，第 488 页，12 月刊。

《谁的生命线?》（Whose Lifelines?），载《太平洋事务》（*Pacific Affairs*），第 13 卷，第 441 页，12 月刊。

《苏联对远东的看法》（The Soviet View of the Far East），载《太平洋事务》（*Pacific Affairs*），第 13 卷，第 446 页，12 月刊。

1941 年

《蒙古游记》（*Mongol Journeys*），纽约出版。

《对丹尼斯〈战争与革命的机制〉一书的评论》（Review of *The Dynamics of War and Revolution* by Lawrence C. Dennis），载《太平洋事务》（*Pacific Affairs*），第 14 卷，第 120-122 页，3 月刊。

《美国不容失败》（America Has No Time to Lose），载《亚洲》（*Asia*），第 41 卷，第 159-162 页，4 月刊。

《中国的局势》（Statement in China），载《外交事务》（*Foreign Affairs*），第 19 卷，第 621-632 页，4 月刊。

《对赖肖尔〈日本：政府政策〉一书的评论》（Review of *Japan: Government-Policy* by Robert K. Reischauer），载《太平洋事务》（*Pacific Affairs*），第 14 卷，第 252-253 页，6 月刊。

《四年之后》（After Four Years），载《太平洋事务》（*Pacific Affairs*），第 14 卷，第 141-153 页，6 月刊。

《美国与中国的未来》（America and the Future of China），载《美亚》（*Amerasia*），第 5 卷，第 296-297 页，9 月刊。

1942 年

《如何赢得战争》（How to Win the War），载《美国杂志》（*American Magazine*），第 133 卷，第 14-15 页，6 月刊。

《为亚洲自由而战》（The Fight for Democracy in Asia），载《外交事务》（*Foreign Affairs*），第 20 卷，第 694-704 页，7 月刊。

《远东在美国思想与美国教育中的位置》（The Place of the Far East in American Thought and American Education），载《教育记录》（*Educational Record*），第 501-510 页，7 月刊。

《新世界秩序中的亚洲》（Asia in a New World Order），载《外交政策报告》（*Foreign Policy Reports*），第 18 卷，第 150-163 页，9 月刊。

《中国开放她的蛮荒西部》（China Opens Her Wild West），载《国家地理杂志》（*National Geographic Magazine*），第 82 卷，第 337-367 页，9 月刊。

1943 年

《云南：东南亚的枢纽》（Yunnan, Pivot of Southeast China），载《外交事务》（*Foreign Affairs*），第 21 卷，第 476-493 页，4 月刊。

《美国与亚洲》（*America and Asia*），克莱蒙特（Clarement）出版。

1944 年

《现代中国的形成》（*The Making of Modern China*），与埃莉诺·拉铁摩尔（Eleanor Lattimore）合著，纽约出版。

《亚洲的内陆要道》（Inland Crossroads of Asia），载《世界的罗盘》（*Compass of the World*），魏格特（H. W. Weigert）和斯特芬森（V. Stefansson）主编，纽约出版，第 374-394 页。

为马丁·诺林《新疆：通向亚洲的门户》（*Sinkiang, Gateway to Asia*, by Martin Norins）一书撰写导言，纽约出版。

《苏联对中国文明的分析》（Soviet Analysis of Chinese Civilization），载《太平洋事务》（*Pacific Affairs*），第 17 卷，第 81-89 页，3 月刊。

《新疆在未来中国的地位》（Sinkiang's Place in the Future of China），载《亚洲》（*Asia*），第 44 卷，第 196-201 页，5 月刊。

《苏联远东地区的少数民族》（Minorities in the Soviet Far East），载《远东观察》（*Far Eastern Survey*），第 13 卷，第 156-158 页，8 月刊。

《谁是中国人？》（Who Are the Chinese?），与埃莉诺·拉铁摩尔合著，载《同舟共济》（*Shipmate*），第 30 页，8 月刊。

《对史国衡〈中国进入机器时代〉一书的评论》（Review of *China Enters the Machine Age* by Kuo-Heng-Shih），载《纽约先驱论坛报·书评》（*New York Herald Tribune Books*），11 月 28 日刊。

《通向亚洲的新路》（New Road to Asia），载《国际地理杂志》（*National Geographical Magazine*），第 86 卷，第 641-676 页，12 月刊。

《对罗新吉〈中国的战时政治〉一书的评论》（Review of *China's Wartime Politics* by Lawrence K. Rosinger），载《纽约先驱论坛报·书评》（*New York Herald Tribune Books*），12 月 17 日刊。

1945 年

《亚洲的出路》（*Solution in Asia*），波士顿出版。

《中国政治与对日战争》（Chinese politics and the War in Japan），载《国力的基础》（*Foundations of National Power*），H·H·斯普劳特（H. H. Sprout）和 M·T·斯普劳特（M. T. Sprout）主编，普林斯顿出版，第 591-598 页。

《日本的圣牛》（The Sacred Cow of Japan），载《大西洋月刊》（*Atlantic Monthly*），第 175 卷，第 45-51 页。

《印度河地区的巴利孩子》（Baillie Boys of Indusco），载《亚洲》（*Asia*），第 45 卷，第 106-107 页，2 月刊。

《雅库特与北方的未来》（Yakutia and the Future of the North），载《美国苏联研究评论》（*American Review of the Soviet Union*），2 月刊。

《亚洲的政治压力》（Political Pressures in Asia），载《大西洋月刊》（*Atlantic Monthly*），第 175 卷，第 56-61 页，2 月刊。

《亚洲的自由集团》（Freedom Bloc in Asia），载《常识》（*Common Sense*），第 25-29 页，3 月刊。

《对赛珍珠〈告语人民〉一书的评论》（Review of *Tell the People* by Pearl S. Buck），载《纽约先驱论坛报·书评》（*New York Herald Tribune Books*），4 月 8 日刊。

《国际大棋局》（International Chess Game），载《新共和》（*New Republic*），第 112 卷，第 731-733 页，5 月 28 日刊。

《对罗新吉〈中国的危机〉一书的评论》（Review of *China's Crisis* by Lawren K. Rosinger），载《纽约先驱论坛报·书评》（*New York Herald Tribune Books*），7 月 15 日刊。

《中国正在转变》（China is Changing），载《时尚》（*Vogue*），7 月刊。

《创建中美间的宪政统一体》（The Creation of Constitutional Unity in China and America）（中文），载《大公报》（*Ta Kung Pao*），10 月 11 日刊。

《对威勒德·普赖斯〈日本与天子〉一书的评论》（Review of *Japan and the Son of Heaven* by Willard Price），载《纽约时报书评》（*New York Times Book Review*），10月14日刊。

《对史戴恩〈红色中国的挑战〉一书的评论》（Review of *The Challenge of Red China* by Gunther Stein），载《纽约先驱论坛报·书评》（*New York Herald Tribune Books*），10月14日刊。

《对 Normano〈两次大战之间的亚洲〉》（Review of *Asia Between Two Wars*, by J. F. Normano），载《经济史杂志》（*Journal of Economic History*），第263页，11月刊。

《对鲍威尔〈我在中国的二十五年〉一书的评论》（Review of *My Twenty-Five Years in China*, by John B. Powell），载《纽约先驱论坛报·书评》（*New York Herald Tribune Books*），11月11日刊。

《对杰克·贝尔登〈马革裹尸仍其时〉一书的评论》（Review of *Still Time to Die* by Jack Belden），载《太平洋事务》（*Pacific Affairs*），第18卷，12月刊。

《对科尔贝格先生的回复》（Reply to Mr. Kohlberg），载《中国月报》（*China Monthly*），第15页，12月刊。

1946 年

《对福斯特·瑞·杜勒斯〈中国和美国〉一书的评论》（Review of *China and America* by Foster Rhea Dulles），载《纽约先驱论坛报·书评》（*New York Herald Tribune Books*），6月2日刊。

《对赖德烈〈美国横跨太平洋〉一书的评论》（Review of The *United States Moves Across the Pacific* by Kenneth Scott Latourette），载《纽约先驱论坛报·书评》（*New York Herald Tribune Books*），6月2日刊。

《亚洲问题》（The Issue in Asia），载《美国政治与社会科学学会年刊》（*Annals of the American Academy of Political and Social Science*），第246卷，第49-54页，7月刊。

《外蒙古的视野》（The Outer Mongolian Horizon），载《外交事务》（*Foreign Affairs*），第24卷，第648-661页，7月刊。

《对菲利普·贾菲所编〈蒋介石总司令战时语录〉的评论》（Review of *The Collected Wartime Messages of Generalissimo Chiang Kai-shek*, edited by Philip Jaffe），载《纽约先驱论坛报·书评》（*New York Herald Tribune Books*），10月20日刊。

《我们跟俄国的新边疆》（Our New Frontier with Russia），载《科利尔》

（*Collier's*），第 116 卷，第 18-19 页，11 月刊。

1947 年

《中国简明史》（*China, a Short History*），与埃莉诺·拉铁摩尔合著，该书是《现代中国的形成》（*The Making of Modern China*）（纽约出版）一书的修订版。

《对蒋介石〈中国之命运〉一书的评论》（Review of *China's Destiny* by Chiang Kai-shek），载《纽约先驱论坛报·书评》（*New York Herald Tribune Books*），2 月 16 日刊。

《中国社会遗产形成中的地理影响》（Geographical Influences in the Formation of China's Social Heritage），在"普林斯顿大学远东文化与社会两百周年会议"上宣读的论文，4 月。

《内陆亚洲边疆》（Inner Asian Frontier），载《经济史杂志》（*Journal of Economic History*），第 7 卷，第 24-52 页，5 月刊。

《对哈罗德·伊罗生〈亚洲殊无和平〉一书的评论》（Review of *No Peace for Asia* by Harold R. Isaacs），载《纽约先驱论坛报·书评》（*New York Herald Tribune Books*），6 月 27 日刊。

《对爱德蒙·泰勒〈亚洲的富饶〉一书的评论》（Review of *Richer by Asia* by Edmond Taylor），载《纽约先驱论坛报·书评》（*New York Herald Tribune Books*），7 月 13 日刊。

《桥头堡上的挑战》（Challenge at the Bridgehead），载《新共和》（*New Republic*），第 117 卷，第 14-15 页，7 月 28 日刊。

《近期内亚研究的一些情况》（Some Recent Inner Asian Studies），载《太平洋事务》（*Pacific Affairs*），第 20 卷，第 318-327 页，9 月刊。

《捷克例外论反驳了这一规则》（Czech Exception Disprove the Rule），载《新共和》（*New Republic*），第 117 卷，第 6-7 页，9 月 22 日刊。

《对政治转型的考验》（Test of Political Transition），载《中欧观察家》（*Central European Observer*），第 273-276 页，10 月 3 日刊。

《对米利斯〈珍珠港事件〉一书的评论》（Review of *This is Pearl!* by Walter Millis），载《纽约先驱论坛报·书评》（*New York Herald Tribune Books*），10 月 12 日刊。

《中国历史地理研究中的内亚路径》（An Inner Asian Approach to the Historical Geography of China），载《地理学杂志》（*The Geographical Journal*），10 月，12 月刊。

《对罗伯特·白英〈中国之觉醒〉一书的评论》（Review of *China Awake*

by Robert Payne），载《纽约先驱论坛报·书评》（*New York Herald Tribune Books*），11月2日刊。

《对劳特巴赫〈来自东方的危险〉一书的评论》（Review of *Danger from the East* by Robert E. Lauterbach），载《纽约先驱论坛报·书评》（*New York Herald Tribune Books*），11月23日刊。

《新疆》（Sinkiang），载《不列颠百科年鉴》（*Britannica Book of the Year*），第46卷，第675页。

《对欧脱莱〈中国最后的机会〉一书的评论》（Review of *Last Chance in China* by Freda Utley），载《纽约先驱论坛报·书评》（*New York Herald Tribune Books*），11月30日刊。

《对平肖〈开辟新天地〉一书的评论》（Review of *Breaking New Ground* by Gifford Pinchot），载《纽约先驱论坛报·书评》（*New York Herald Tribune Books*），12月21日刊。

1948 年

《对瑟勒〈中国的端纳〉一书的评论》（Review of *Donald of China* by Earl Albert Selle），载《纽约先驱论坛报·书评》（*New York Herald Tribune Books*），2月8日刊。

《（与佩奇国际关系学院同事一起进行的）新疆调查》（Sinkiang Survey with members of Page School of International Relations），载《远东观察》（*Far Eastern Survey*），3月刊。

《斯宾格勒与汤因比》（Spengler and Toynbee），载《大西洋月刊》（*Atlantic Monthly*），第181卷，第104-105页，4月刊。

《权力与政治的棋盘》（The Chess Board of Power and Politics），载《弗吉尼亚评论季刊》（*The Virginia Quarterly Review*），第24卷，第174-186页，4月刊。

《对邦德夫妇〈与中国共产党人共同生活的两年〉一书的评论》（Review of *Two Years with the Chinese Communists* by Claire and William Band），载《纽约先驱论坛报·书评》（*New York Herald Tribune Books*），7月11日刊。

《对古斯塔夫·弗其勒·豪克〈满洲：地理与地缘状况〉一书的评论》（Review of *Die Mandschurei. Eine Geographisch-Geopolitische Landeskunde* by Gustav Fochler-Hauke），载《太平洋事务》（*Pacific Affairs*），第21卷，第303-304页，9月刊。

《对福克司〈康熙时期的耶稣会地图意思中国的蒙古地图〉一书的评论》（Review of *Der Jesuiten Atlas der Kanghsi Zeit, and the Mongol Atlas of China* by Walter

Fuchs），载《地理学评论》（*Geographical Review*），第 18 卷，第 688-696 页，10 月刊。

1949 年

《亚洲的局势》（*The Situation in Asia*），波士顿出版。

《对日本选举的分析》（An Analysis of the Japanese Election），载《东方世界》（*Eastern World*），第 3 卷，第 12-13 页，3 月刊。

为马鹤天所著《蒙古的汉商》（*Chinese Agent in Mongolia*）撰写导言，该书由约翰·德范克（John de Francis）翻译，巴尔的摩出版。

为福利特斯（Gerard M. Friters）所著《外蒙古及其国际地位》（*Outer Mongolia and its International Position*）撰写导言。

《内陆亚洲边疆》（Inner Asian Frontiers），载《世界的新罗盘》（*New Compass of the World*），魏格特（H. W. Weigert）、斯特芬森（V. Stefansson）和哈里逊（R. S. Harrison）主编，纽约出版，第 262-295 页。

为马丁（H. Desmond Martin）所著《成吉思汗的兴起及其对华北的征服》（*Rise of Chinghis Khan and his Conquest of North China*）（巴尔的摩出版）撰写导言。

《亚洲的开放》（Opening of Asia），载《大西洋月刊》（*Atlantic Monthly*），第 183 卷，第 29-33 页，3 月刊。

《雅库特与北方的未来》（Yakutia and the Future of the North），载《世界的新罗盘》（*New Compass of the World*），魏格特（H. W. Weigert）、斯特芬森（V. Stefansson）和哈里逊（R. S. Harrison）主编，纽约出版，第 135-149 页。

《对夏赫里尔〈流放在外〉一书的评论》（Review of *Out of Exile* by Soetan Sjahrir），载《纽约先驱论坛报·书评》（*New York Herald Tribune Books*），3 月 13 日刊。

《对琼斯〈1931 年以来的满洲〉一书的评论》（Review of *Manchuria Since 1931* by F. C. Jones），载《远东季刊》（*Far Eastern Quarterly*），第 407-409 页。

《孤立无援的日本》（Japan in Nobody's Ally），载《大西洋月刊》（*Atlantic Monthly*），第 183 卷，第 54-58 页，4 月刊。

《对大卫·莫里斯〈中国转变了我的看法〉一书的评论》（Review of *China Changed My Mind* by David Morris），载《纽约先驱论坛报·书评》（*New York Herald Tribune Books*），5 月 1 日刊。

《我们在中国的失败》（Our Failure in China），载《国家》（*Nation*），第 169 卷，第 223-236 页，9 月 3 日刊。

《对师立雅〈孔子其人及其神话〉一书的评论》（Review of *Confucius: The*

Man and the Myth by H. G. Creel），载《纽约先驱论坛报·书评》（New York Herald Tribune Books），9 月 11 日刊。

《蒙古，过滤器抑或闸门？》（Mongolia, Filter or Floodgate），载《地理学杂志》（Geographical Magazine），第 22 卷，第 212-221 页，10 月刊。

《对杰克·贝尔登〈中国震撼世界〉一书的评论》（Review of China Shakes the World by Jack Belden），载《纽约先驱论坛报·书评》（New York Herald Tribune Books），10 月 23 日刊。

1950 年

《诽谤的折磨》（Ordeal by Slander），波士顿出版。

《亚洲的枢纽：新疆和中苏之间的内亚边疆》（Pivot of Asia. Sinkiang and the Inner Asian Frontiers of China and Russia），由张之毅等协助，波士顿出版。

《重建我们在亚洲的政策》（Rebuilding Our Policy in Asia），载《大西洋月刊》（Atlantic Monthly），第 185 卷，第 21-23 页，1 月刊。

《对魏特夫、冯家昇〈中国社会史：辽（907-1125）〉一书的评论》（Review of History of Chinese Society: Liao (907-1125) by Karl A. Wittfogel and Feng Chia-sheng），载《太平洋历史评论》（Pacific Historical Review），第 84-86 页，2 月刊。

《亚洲再次征服亚洲》（Asia Reconquers Asia），载《联合国世界》（United Nations World），第 4 卷，第 21-24 页，3 月刊。

《在内陆亚洲的十字路口》（At the Crossroads of Inner Asia），载《太平洋事务》（Pacific Affairs），第 23 卷，第 34-45 页，3 月刊。

《蒙古人民共和国》（Mongolian People's Republic），载《不列颠百科年鉴》（Britannica Book of the Year），第 48 卷，第 472 页。

《蒙古的劳工》（Labor in Mongolia），载《劳工百科全书》（The Encyclopedia of Labor）。

《美国对远东的思考》（The United States Ponders the Far East），载《迈向一个世界共同体》（Towards a World Community），第 82-87 页。

《第四点与第三国》（Point Four and the Third Countries），载《美国政治与社会科学学会年刊》（Annals of the American Academy of Political and Social Science），第 270 卷，第 1-7 页，7 月刊。

《诽谤的折磨》（Ordeal by Slander），载《社会进步》（Social Progress），11 月刊。

《我们需要亚洲》（We Need Asia），载《国家》（Nation），第 171 卷，第 556-559 页，12 月 16 日刊。

1951 年

《日本要的是哪种和平？》（What Kind of Peace for Japan?），载《新共和》（*New Republic*），第 124 卷，第 13-14 页，6 月 11 日刊。

《朝鲜：我们赢了一轮》（Korea: We Win a Round），载《国家》（*Nation*），第 173 卷，第 44 页，7 月 21 日刊。

《日本何时能有合约》（When Japan has a Treaty），载《国家》（*Nation*），第 173 卷，第 88-89 页，8 月 4 日刊。

《蒙古、新疆与西藏》（Mongolia, Sinkiang and Tibet）（与埃莉诺·拉铁摩尔合撰），载《亚洲各国概况》（*The State of Asia*），罗新吉（Lawrence K. Rosinger）主编，纽约出版，第 96-128 页。

为罗伯特·特克斯托（Robert Textor）所著《在日本失败》（*Failure in Japan*）一书所撰导言。该书于纽约出版。

《内陆亚洲边疆》（Inner Asian Frontiers），载《印度季刊》（*India Quarterly*），第 7 卷，第 315-316 页，10 月，12 月刊。

1952 年

《捍卫民主》（Safeguard Democracy），载《国家》（*Nation*），第 174 卷，第 134 页，2 月 9 日刊。

《成吉思汗陵的消息》（News of the Chinghis Khan Relics），载《皇家中亚学会杂志》（*Journal of the Royal Central Asian Society*），第 39 卷，第 164-166 页，4 月刊。

《蒙古与其邻国的新关系》（Mongolia's New Relations with her Neighbours），载《曼彻斯特卫报周刊》（*Manchester Guardian Weekly*），11 月 24 日刊。

《蒙古与苏联和中国的关系》（Mongolia's Relations with Russian and China），载《曼彻斯特卫报周刊》（*Manchester Guardian Weekly*），12 月 4 日刊。

《内陆亚洲：中苏间的桥梁》（Inner Asia: Sino-Soviet Bridge），载《国家》（*Nation*），第 175 卷，第 512-514 页，12 月 6 日刊。

《红色汉人和红色蛮夷》（Red Chinese and Red Barbarians），载《东方世界》（*Eastern World*），第 6 卷，第 12-13 页。

1953 年

《内陆亚洲的新政治地理》（The New Political Geography of Inner Asia），载《地理学杂志》（*Geographical Journal*），第 119 卷，第 17-32 页，3 月刊。

《对道格拉斯〈马来亚之北〉一书的评论》（Review of *North of Malaya* by William O. Douglas），载《国家》（*Nation*），第 177 卷，7 月 11 日刊。

《对许烺光〈美国人与中国人：两种生活方式比较〉一书的评论》（Review of *Americans and Chinese, Two Ways of Life* by Francis L. K. Hsu），载《国家》（*Nation*），第 177 卷，7 月 11 日刊。

《汉人人民共和国中的红色蒙古人》（Rote Mongolen in der Chinesischen volksrepublik），载《地缘政治》（*Geopolitik*），10 月刊。

1954 年

《走廊中的战斗》（Battle of Corridors），载《国家》（*Nation*），第 178 卷，第 69-71 页，1 月 23 日刊。

《内陆亚洲：内部与外部视角》（Inner Asia, from Inside and Out），载《太平洋事务》（*Pacific Affairs*），第 27 卷，第 160-170 页，6 月刊。

为神父许让（中文名康国泰）（Louis M. J. Schram）所著《甘肃土族》（*The Monguors of Kansu*）一书撰写的导言。该书于费城出版。

《对科茨夫妇〈中亚的苏联人〉一书的评论》（Review of *Soviets in Central Asia* by W. P. and Zelda K. Coates），载《远东季刊》（*Far Eastern Quarterly*），第 14 卷，第 1 期，第 90-91 页，11 月刊。

1955 年

《蒙古的民族主义与革命》（*Nationalism and Revolution in Mongolia*），并附有他与鄂嫩（Urgungge Onon）从蒙文翻译的蒙古那曲多杰（Sh. Nachakdorji）所撰《苏赫巴图尔传》（*Life of Sukebatur*）。莱顿 - 纽约出版。

《历史中的边疆》（The Frontier in History），收录于《第十届国际历史科学大会报告集》（*Relazione del X Congresso Internazionale di Scienze Storiche*），第 1 卷，第 105-108 页，佛罗伦萨，9 月刊。

《那些人来自一个附庸国吗？》（Hvad Forstaar Man Ved en Vasalstat?），载《政治》（*Politiken*），9 月刊。

1956 年

《卫星政治：蒙古原型》（Satellite Politics: The Mongolian Proto-type），载《西方政治季刊》（*Western Political Quarterly*），第 9 卷，第 36-49 页，3 月刊。

《对安德烈·米果特〈西藏远征〉一书的评论》（Review of *Tibetan Marches* by Andre Migot），载《太平洋事务》（*Pacific Affairs*），第 29 卷，第 287-288 页，

9 月刊。

《新中国的意义》（Il Significato della Nuova Cina），载《今日中国》（*La Cina d'Oggi*），佛罗伦萨，第 17-31 页。

《苏联移动中的边疆》（Russia's Moving Frontier），载《伦敦呼声》（*London Calling*），12 月刊。

《对戈德弗莱·利阿斯〈哈萨克人的大逃亡〉一书的评论》（Review of *Kazak Exodus* by Godfrey Lias），载《太平洋事务》（*Pacific Affairs*），第 29 卷，12 月刊。

1957 年

《对伊沃·蒙塔古〈蓝天之地〉一书的评论》（Review of Land *of Blue* Sky by Ivor Montagu），载《太平洋事务》（*Pacific Affairs*），第 30 卷，第 80-82 页，3 月刊。

《对帕尼卡〈印度历史中的地理因素〉一书的评论》（Review of *Geographical Factors in Indian History* by K. M. Panikkar），载《太平洋事务》（*Pacific Affairs*），第 30 卷，9 月刊。

《历史中的封建主义》（Feudalism in History），载《过去与现在》（*Past and Present*），第 12 期，第 47-57 页，11 月刊。

《中国的科技与文明》（Chinese Science and Civilization），与戴维·拉铁摩尔（David Lattimore）合著，载《形而上学评论》（*Review of Metaphysics*），第 266-278 页，12 月刊。

1958 年

《自行车赛见闻》（Notes on Bicycle Racing），载《巴尔的摩太阳报》（*Baltimore Evening Sun*），7 月 15 日刊。

《对怀曼与克罗伯主编〈诸视角下的边疆〉一书的评论》（Review of *The Frontier in Perspective*, ed. by Walker O. Wyman and Clifton B. Kroeber），载《美国历史评论》（*American Historical Review*），第 64 卷，第 63-64 页，10 月刊。

《对德效骞〈古代中国的罗马城池〉一书的评论》（Review of *A Roman City in Ancient China*, by Homer H. Dubs），载《美国语文学杂志》（*American Journal of Philology*），第 79 卷，第 447-448 页，10 月刊。

《苏联 - 中国间的边疆》（Frontière Russo-Chinoise），载《对外政策》（*Politique Étrangère*），11 月刊。

1959 年

《对哈密顿〈五代回鹘史料〉一书的评论》（Review of *Les Ouighours à l'Époque*

des Cinq Dynasties d'Après les Documents Chinois by James R. Hamilton），载《纽约时报书评》（New York Times Book Review），第 1-2 页。

1960 年

《印度 - 西藏 - 中原》（India-Tibet-China），载《经济周报年刊》（Economic Weekly Annual），1 月刊。

《对 Peter S. H. Tang〈俄国与苏联对满洲与外蒙古的政策〉以及米勒〈内蒙古的寺院与文化转变〉的评论》（Review of Russian and Soviet Policy in Manchuria and Outer Mongolia by Peter S. H. Tang and Monasteries and Culture Change in Inner Mongolia by Robert James Miller），载《亚洲研究杂志》（Journal of Asian Studies），第 19 卷，第 357-360 页，5 月刊。

《1800-1950 年中国的工业影响》（The Industrial Impact on China, 1800-1950），载《第一届经济史国际会议论文集》（First International Conference of Economic History），第 103-113 页。

《对图齐〈到拉萨及遥远的那方〉一书的评论》（Review of To Lhasa and Beyond by Giuseppe Tucci），载《太平洋事务》（Pacific Affairs），第 33 卷，12 月刊。

《对巴索·戴维森〈活着的突厥斯坦〉一书的评论》（Review of Turkestan Alive by Basil Davidson），载《太平洋事务》（Pacific Affairs），第 33 卷，12 月刊。

《对斯巴图克〈世界屋脊之下的尼泊尔〉一书的评论》（Review of Nepal-Landet under Jordens Tak by Ake Spartiug），载《太平洋事务》（Pacific Affairs），第 33 卷，12 月刊。

《对比尔科特 - 史密斯〈人类多样性〉一书的评论》（Review of Menneske Mangfoldighed by Kaj Birket-Smith），载《太平洋事务》（Pacific Affairs），第 33 卷，12 月刊。

《对兰姆〈英国与中国的中亚〉一书的评论》（Review of Britain and Chinese Central Asia by Alastair Lamb），载《澳亚公报》（The Austral-Asiatic Bulletin），第 504-506 页，12 月刊。

1961 年

《蒙古游牧的社会史》（The Social History of Mongol Nomadism），载《中日历史学家》（Historians of China and Japan），比斯利（W. G. Beasley）和蒲立本（E. G. Pulleyblank）主编，牛津出版，第 328-343 页。

《蒙古》（La Mongolia），载《中国》（Cina），第 6 卷，第 7-38 页。

《中苏之间》（Mellem Sovjet og Kina），（论文集），载《政治》（Politiken），

9 月，10 月刊。

《古代与现代交汇：蒙古》（Nutid och forntid möts：Mongoliet），（论文集），载《最新消息》（*Dagens Nyheter*），9 月，10 月刊。

1962 年

《游牧民与政委：再访蒙古》（*Nomads and Commissars: Mongolia Revisited*），纽约出版。

《边疆史研究：1928-1958 年论文集》（*Studies in Frontier History, Collected Papers 1928-1958*），伦敦出版。

《文明源自蛮族？》(La Civilisation, mere de Barbarie?)，载《年鉴》（*Annales*），第 17 卷，第 95-108 页，1-2 月刊。

《蒙古在历史中的地位》（Mongolia's place in history），剑桥大学讲座，5 月 31 日。

《蒙古：仍然是一个缓冲国》（Mongolia：Still a Buffer State），载《曼彻斯特卫报周刊》（*Manchester Guardian Weekly*），7 月 26 日刊。

《再访蒙古》（Mongolia Revisited），载《皇家中亚学会杂志》（*Journal of the Royal Central Asian Society*），第 49 卷，第 289-295 页，7-10 月刊。

《共产主义，蒙古品牌》（Communism, Mongolian Brand），载《大西洋月刊》（*Atlantic Monthly*），第 210 卷，第 3 期，第 79-94 页，9 月刊。

《对黎吉生〈西藏简史〉一书的评论》（Review of *A Short History of Tibet* by H. E. Richardson），载《美国历史评论》（*American Historical Review*），第 66 卷，第 536 页，3 月刊。

1963 年

《成吉思汗的地理学》（The Geography of Chingis Khan），载《地理学杂志》（*Geographical Journal*），第 129 卷，第 1-7 页，3 月刊。

《道传中的"铁木真"主题》（The "Temujin" Theme in the Tao Chuan），载《第 25 界国际东方学大会会刊》（*Proceeding of the 25th International Congress of Orientalists*），第 5 卷，第 317-331 页，莫斯科出版。

《对兰姆〈英国与中国的中亚〉一书的评论》（Review of *Britain and Chinese Central Asia* by Alastair Lamb），载《亚洲研究杂志》（*Journal of Asian Studies*），第 22 卷，第 220-221 页。

《成吉思汗与蒙古征服者》（Chingis Khan and the Mongol Conquests），载《科学美国人》（*Scientific American*），第 209 卷，第 54-60、62、64、66、68 页，8 月刊。

《从中国向外看: 就职演讲》(From China Looking Outward: an Inaugural Lecture），利兹大学就职演讲，1963 年 10 月 31 日提交，1964 年出版。

1964 年

《对比时〈蒙古，一个未知的国度〉一书的评论》(Review of *Mongolia, Unknown Land* by Jorgen Bisch），载《太平洋事务》(*Pacific Affairs*），第 37 卷，第 90 页，春季刊。

《冀朝鼎，学者型革命家》(Chi Ch'ao-ting, Scholar Revolutionary），载《中国艺术与科学》(*Arts and Sciences in China*），第 7 卷，第 1 期，第 9-15 页，4-5 月刊。

《中国: 美国的神秘之源》(China: The American Mystique），载《听众》(*Listener*），第 72 卷，第 491-492 页，10 月刊。

1965 年

《对比时〈蒙古，一个未知的国度〉一书的评论》(Review of *Mongolia, Unknown Land* by Jorgen Bisch），载《亚洲研究杂志》(*Journal of Asian Studies*），第 24 卷，第 527 页，5 月刊。

《蒙古历史的发现》(A La Découverte de l'Histoire Mongole），载《新民主》(*Democratie Nouvelle*），第 16-21 页，10 月刊。

1966 年

《对鲁本〈20 世纪的蒙古人〉一书的评论》(Review of *Mongols of the 20th Century* by Robert A. Rupen），载《亚洲研究杂志》(*Journal of Asian Studies*），第 25 卷，第 326-327 页，2 月刊。

《蒙古》(Mongolia），载《亚洲手册》(*Asia: A Handbook*），文特（Guy Wint）主编，纽约出版，第 117-122 页。

《斯图尔特的内蒙古东南部地图》(Sturt's Map of South-Eastern Inner Mongolia），载《蒙古文选》(*Collectanea Mongolia*），第 117-122 页。

1967 年

《对克拉德〈蒙古 - 突厥游牧民的社会组织〉一书的评论》(Review of Krader, L.: *Social Oragnization of the Mongol-Turkic Pastoral Nomads*），载《东方学文献报》(*Orientalistische Literaturzeitung*），第 62 卷，第 1 期，第 62 页，1 月刊。

《蒙古的革命与宗教》(Revolution and Religion in Mongolia），载《现代亚

洲研究》（*Modern Asian Studies*），第 1 卷，第 1 期，第 81-94 页。

《蒙古封建制度的经济基础》（The Economic Basis of Feudalism in Mongolia），该文为那曲多杰（Sh. Nachakdorji）所撰文章的英文翻译，载《现代亚洲研究》（*Modern Asian Studies*），第 1 卷，第 3 期，第 265-281 页。

1968 年

《丝绸、香料与帝国》（*Silks, Spices and Empire*），与埃莉诺·拉铁摩尔合作选编，纽约出版。

《成吉思汗》（Genghis Khan），载《不列颠百科全书》（*Encyclopaedia Britannica*），第 10 卷，第 101 页。

《中国万里长城》（Great Wall of China），载《不列颠百科全书》（*Encyclopaedia Britannica*），第 10 卷，第 779 页。

《窝阔台》（Ogadai），载《不列颠百科全书》（*Encyclopaedia Britannica*），第 16 卷，第 884 页。

《对舒曼〈共产中国的意识形态与组织〉一书的评论》（Review of *Ideology and Organization in Communist China* by Franz Schurmann），载《现代亚洲研究》（*Modern Asian Studies*），第 2 卷，第 85-86 页，1 月刊。

《今日中国：一些社会视角》（Today China：Some Social Aspects），载《皇家艺术学会会刊》（*Royal Society of the Arts*），第 116 卷，第 653-665 页，7 月刊。

《对桑德斯〈蒙古人民共和国〉一书的评论》（Review of *The People's Republic of Mongolia* by A. J. Sanders），载《曼彻斯特卫报周刊》（*Manchester Guardian Weekly*），9 月 19 日刊。

《对托普洛斯基〈神圣中国〉一书的评论》（Revies of *Holy China* by Feliks Topolski），载《曼彻斯特卫报周刊》（*Manchester Guardian Weekly*），9 月 19 日刊。

1969 年

《对埃克瓦尔和卡西奈里合著〈一个西藏公国：萨迦派的政治体系〉一书的评论》（Review of *A Tibetan Principality: The Political System of Sa sKya* by C. W. Cassinelli and Robert B. Ekvall），载《美国历史评论》（*American Historical Review*），第 75 卷，第 570-575 页，10-12 月刊。

1970 年

《中国的历史与革命》（*History and Revolution in China*），斯堪的纳维亚亚洲研究所（Scandinavian Institute of Asian Studies）出版。

《英国在亚洲研究中的机会》（*Britain's Opportunity in Asian Studies*），伦敦出版，20 页。

《再次来到蒙古》（Mongolia Once More），载《蒙古学学会消息》（*Mongolia Society Bulletin*），第 9 卷，第 1 期，第 1-4 页，春季刊。

《对赛诺〈内亚：教学大纲〉一书的评论》（Review of *Inner Asia, A Syllabus* by Denis Sinor），载《现代亚洲研究》（*Modern Asian Studies*），第 4 卷，第 188-189 页，3 月刊。

《对奎斯特德〈1857-1860 年俄国在东亚的扩张〉一书的评论》（Review of *The Expansion of Russia in East Asia, 1857-1860 by R. K. Quested*），载《英国历史评论》（*English Historical Review*），第 85 卷，第 335 期，第 434-435 页，4 月刊。

《对海西西〈阿尔泰民族的狩猎〉一书的评论》（Review of *Die Jagd bei den Altaischen Völkern*, ed. by Walther Heissig），载《亚洲史杂志》（*Journal of Asian History*），第 4 卷，第 2 期，第 189 页。

《对何炳棣等著〈危机中的中国 第 1 卷：中国的遗产与共产主义政治体制〉和邹谠等著〈危机中的中国 第 2 卷：中国的亚洲政策与美国的选择〉的评论》（Review of *China in Crisis, Vol. 1: China's Heritage and the Communist Political System*. by Ping-ti Ho, Tang Tsou, Charles U. Daly; *China in Crisis, Vol. II: China's Policies in Asia and America's Alternatives* by Tang Tsou, Charles U. Daly），载《政治科学季刊》（*Political Science Quarterly*），第 85 卷，第 2 期，第 350-352 页，6 月刊。

1971 年

《对范贝里〈中亚之旅〉一书的评论》（Review of *Travels in Central Asia*. by Arminius Vambery），载《太平洋事务》（*Pacific Affairs*），第 44 卷，第 3 期，第 441-442 页，秋季卷。

《对拉科夫斯卡 - 哈姆斯通〈俄国与中亚民族主义：塔吉克斯坦的个案〉一书的评论》（Review of *Russia and Nationalism in Central Asia:The Case of Tadzhikistan* by Teresa Rakowska-Harmstone），载《美国政治科学评论》（*American Political Science Review*），第 65 卷，第 4 期，第 1254-1255 页，12 月刊。

1972 年

《对曼考尔〈中国和俄国：1728 年前的外交关系〉一书的评论》（Review of *Russia and China: Their Diplomatic Relations to 1728*. by Mark Mancall），载《政治科学季刊》（*Political Science Quarterly*），第 87 卷，第 1 期，第 145-146 页，3 月刊。

《蒙古：和平、友谊与快速进步……》（Mongolia：Peace，Friendship and Rapid Progress…），载《蒙古》（*Mongolia*），第 22-23 页，5 月刊。

1973 年

《回到中国北部边疆》（Return to China's Northern Frontier），载《地理学杂志》（*Geographical Journal*），第 139 卷，第 2 期，第 233-242 页，6 月刊。

《对波兹涅耶夫等著〈蒙古与蒙古人〉一书的评论》（Review of *Mongolia and the Mongols* by A. M. Pozdneyev, John Roger Shaw, Dale Plank, John R. Krueger），载《美国东方学会会刊》（*Journal of the American Oriental Society*），第 93 卷，第 4 期，第 647-648 页，10-12 月刊。

1974 年

《对斯普勒等〈基于 13 和 14 世纪东西方记述之上的蒙古史〉一书的评论》（Review of *History of the Mongols. Based on Eastern and Western Accounts of the 13th and 14th Centuries.* by Bertold Spuler, Helga Drummond, Stuart Drummond），载《太平洋事务》（*Pacific Affairs*），第 47 卷，第 1 期，第 79-80 页，春季刊。

《对哈伊特〈俄国与中国之间的突厥斯坦〉一书的评论》（Review of *Turkestan Zwischen Russland Und China.* by Baymirza Hayit），载《太平洋事务》（*Pacific Affairs*），第 47 卷，第 2 期，第 210-211 页，夏季刊。

《对普鲁申科〈公元前 1400-300 年的汉人小国与北方蛮族〉一书的评论》（Review of *Chinese Statelets and the Northern Barbarians in the Period 1400-300 B. C.* by Janoslav Prušek），载《现代亚洲研究》（*Modern Asian Studies*），第 8 卷，第 4 期，第 560-563 页。

1976 年

《对罗茂锐〈中国与内亚〉一书的评论》（Review of *China and Inner Asia.* by Morris Rossabi），载《太平洋事务》（*Pacific Affairs*），第 49 卷，第 1 期，第 126-127 页，春季刊。

1977 年

《内亚历史与文化的宝藏：一篇评论文章》（A Treasury of Inner Asian History and Culture：A Review Article），载《太平洋事务》（*Pacific Affairs*），第 50 卷，第 3 期，第 426-444 页，秋季刊。

《对安熙龙〈马背上的统治：1661-1669 年鳌拜专擅时期的满洲政治〉一书的评论》（Review of *Ruling form Horseback. Manchu Politics in the Oboi Regency, 1661-1669.* by Robert C. Oxnam），载《太平洋事务》（*Pacific Affairs*），第 50 卷，第 3 期，第 497-498 页，秋季刊。

《对布伦特〈蒙古帝国：成吉思汗，他的成就及其遗产〉一书的评论》（Review of *The Mongol Empire. Genghis Khan, His Triumph and his Legacy.* by Peter Brent），载《太平洋事务》（*Pacific Affairs*），第 50 卷，第 4 期，第 687 页，冬季刊。

1978 年

《对珍妮特·米尔斯基〈考古学探险家奥莱尔·斯坦因爵士〉一书的评论》（Review of *Sir Aurel Stein, Archaeological Explorer.* by Jeannette Mirsky），载《太平洋事务》（*Pacific Affairs*），第 51 卷，第 2 期，第 274-276 页，夏季刊。

《对马尔科夫〈亚洲的游牧民：结构、经济与社会组织〉一书的评论》（Review of *The Nomads of Asia: Structure, Economy and Social Organisation.* by G. E. Markov），载《人，新系列》（*Man, New Series*），第 13 卷，第 2 期，第 333-334 页，6 月刊。

《道格拉斯·卡拉瑟斯与中亚的地理差异：第一次道格拉斯·卡拉瑟斯纪念演讲》（Douglas Carruthers and Geographical Contrasts in Central Asia: The First Douglas Carruthers Memorial Lecture），载《地理学杂志》（*Geographical Journal*），第 144 卷，第 2 期，第 208-217 页，7 月刊。

1979 年

《蒙古的新生》（Mongolian Renascence），载《亚洲事务》（*Asian Affairs*），第 10 卷，第 2 期，第 188-193 页，6 月刊。

《对诺瓦克〈尼山萨满：一部满族民间史诗〉和德拉比〈通古斯萨满〉的评论》（Review of *The Tale of the Nisan Shamaness: A Manchu Folk Epic.* by Margaret Nowak, Stephen Durrant; *Chamanes Toungouses* by Laurence Delaby），载《太平洋事务》（*Pacific Affairs*），第 51 卷，第 4 期，第 667-668 页，冬季刊。

1980 年

《对鲁本〈蒙古如何被真正统治：1900-1989 年蒙古人民共和国政治史〉一书的评论》（Review of *How Mongolia is Really Ruled. A Political History of the Mongolian People's Republic, 1900-1978* by Robert Rupen），载《太平洋事务》（*Pacific Affairs*），第 53 卷，第 2 期，第 331-334 页，夏季刊。

《对麦凯格、希尔弗〈苏联的亚洲族群边疆〉一书的评论》（Review of *Soviet Asian Ethnic Frontiers* by William O. McCagg Jr., Brian D. Silver），载《人口研究》（*Population Studies*），第 34 卷，第 3 期，第 572-573 页，11 月刊。

1981 年

《对沙拉尼〈阿富汗的瓦罕人和吉尔吉斯人〉以及莫代尔、亨宁〈丝绸之路〉的评论》（Review of *The Kirghiz and Wakhi of Afghanistan* by M. Nazif Mohib Shahrani; *The Silk Road* by Jan Myrdal, Ann Henning），载《太平洋事务》（*Pacific Affairs*），第 53 卷，第 4 期，第 747-750 页，冬季刊，1980-1981 年。

1982 年

《台湾历史地理书评：对科耐普〈中国的岛屿边疆：对台湾历史地理的研究〉一书的评论》（Review：Historical Geography of Taiwan: Review of *China's Island Frontier: Studies in the Historical Geography of Taiwan* by Ronald G. Knapp），载《地理学杂志》（*Geographical Journal*），第 148 卷，第 1 期，第 71-73 页。

《对彼得·霍普科〈丝绸之路上的外国魔鬼〉一书的评论》（Review of *Foreign Devils on the Silk Road.* by Peter Hopkirk），载《太平洋事务》（*Pacific Affairs*），第 55 卷，第 2 期，第 313-314 页，夏季刊。

《对伯恩鲍姆〈香巴拉之路〉一书的评论》（Review of *The Way of Shambhala* by Edwin Bernbaum），载《亚洲研究杂志》（*Journal of Asian Studies*），第 42 卷，第 1 期，第 121-122 页，11 月刊。

1983 年

《对伐因斯坦、汉弗莱、科伦索合著〈南西伯利亚的游牧民：图瓦的游牧经济〉一书的评论》（Review of *Nomads of South Siberia. The Pastoral Economics of Tuva* by Sevyan Vainshtein, Caroline Humphrey, Michael Colenso），载《现代亚洲研究》（*Modern Asian Studies*），第 17 卷，第 1 期，第 167-170 页，2 月刊。

《对洛伊斯·惠勒·斯诺〈斯诺眼中的中国〉一书的评论》（Review of *Edgar Snow's China: A Personal Account of the Chinese Revolution Compiled from the Writings of Edgaer Snow* by Lois Wheeler Snow），载《中国季刊》（*The China Quarterly*），第 93 期，第 162-163 页，3 月刊。

附录二
国内拉铁摩尔著述译介目录

1932 年

《汉人移殖东北之研究》，任美锷译，载《新亚细亚》第 4 卷第 5 期，第 72-83 页。

1933 年

《日本占据长城的历史意义》，孙毓棠译，载《独立评论》第 61 期，第 12-17 页。

1934 年

《伪国成立与蒙古》，杨杏田译，载《新蒙古》第 1 卷第 6 期，第 43-51 页。

《日俄角逐下之蒙古》，希仁译，载《国际译报（上海 1932）》第 6 卷第 6 期，第 17-29 页。

1935 年

《到新疆去（待续）》，孙祖鑫译，载《约翰声》第 44 卷，第 48-55 页。

《蒙古的盟部与旗》，侯仁之译，载《禹贡》第 3 卷第 6 期，第 29-34 页。

《蒙古的王公、僧侣与平民阶级》，侯仁之译，载《禹贡》第 3 卷第 10 期，第 24-31 页。

1936 年

《日俄关系论》，陈石孚译，载《时事类编》第 4 卷第 18 期，第 27-31 页。

1937 年

《日本的需求》，译者不详，载《国际言论》第 2 期，第 20 页。

《内蒙与中日关系》，高植译，载《时事类编》第 5 卷第 8 期，第 43-47 页。

1938 年

《满洲·内蒙·华北：伪蒙古国的鬼影》，雷生译，载《世界知识》第 7 卷，第 10 期，第 334-336 页。

《失败了的日本回教政策》，方超译，载《今天》第 10 期，第 6-7 页。

《英美合作与中日和议：附图》，岂深译，载《文摘》第 36 期，第 808-809、882 页。

《"局部"战争与世界战争》，宾符译，载《集纳》第 1 卷第 7 期，第 5-6 页。

《回教大众与抗战前途（附图）》，张慎修译，载《时与潮》第 1 卷第 5 期，第 11-13、42 页。

《美国援华时机已到》，周慕文译，载《时与潮》第 2 卷第 2 期，第 41-44 页。

《日本吊在中国的弦上：附图》，允怀译，载《文摘》第 41/42 期，第 964-966 页。

1939 年

《中日战争的战略论（附图）》，吴一凡译，载《时与潮》第 3 卷第 2 期，第 7-12 页。

《挂在斜边上的日本》，禹陵译，载《生力旬刊》第 1 卷第 29 期，第 5-12 页。

1940 年

《论中国抗战的国际形势》，王一之译，载《时与潮》第 7 卷第 1 期，第 8-12 页。

《中日战争之新意义》，李建明译，载《外交季刊》第 1 卷第 4 期，第 48-51 页。

《中倭战争的新意义》，恒晋译，载《民族（浙江於潜）》第 1 期，第 15-17 页。

《中国是亚洲的主人》，汪衡译，载《文摘》第 72 期，第 1582-1585 页。

1941 年

《当前的国际形势》，载《贸易月刊》第 10 期。

《美国援华勿失时机》，万国光译，载《国讯》第 277 期，第 12-14、16 页。

《东方的转变：亚细亚杂志一九四一年四月号，原文约三千字》，南秋译，载《世界文化（上海 1940）》第 2 卷第 5 期，第 73-74 页。

《论中日战局》，刘凤明译，载《国际间》第 4 卷第 4 期，第 100-103 页。

《美国与远东》，载《国防周报》第 3 期，第 13-14 页。

《拉铁摩尔论中日战局》，石显儒译，载《时与潮》第 9 卷第 5 期，第 8-11 页。

《海外工合之友：拉铁摩尔论工会》，译者不详，载《西北工合》第 4 卷第 17-18 期，第 33-34 页。

《拉铁摩尔论中日战局》，石显儒译，载《妇女新运通讯》第 3 卷第 15-16 期，第 1-4 页。

《关于库伦活佛》，钟华译，载《中央周刊》第 3 卷第 52 期，第 6-7 页。

《美国到了行动的时候！（附图）》，王思曾译，载《时与潮》第 9 卷第 2 期、第 8-11 期。

1942 年

《论著：论新疆民族》，丁骕译，载《世界学生》第 1 卷第 11 期，第 2-5 页。

《中国之边疆》，赵敏求译，载《时事月报》第 26 卷第 1 期，第 4 页。

《为亚洲而战在亚洲》，德萱译，载《新新新闻每旬增刊》第 5 卷第 9-10 期，第 46-47 页。

《拉铁摩尔：世界民主决于亚洲》，吴景荣译，载《时与潮》第 13 卷第 6 期，第 6-10 页。

《拉铁摩尔谈倭寇：日本是一颗延性的爆炸弹，不抛出去它自己也会爆炸》，译者不详，载《国防周报》第 4 卷第 5/6 期，第 25 页。

《中国的边疆》，赵敏求译，正中书局，1942。

1943 年

《云南—东南亚洲的枢轴》，赵敏求译，载《文汇周报》第 1 卷第 4 期，第 10-13 页。

《时代专辑：（三）广播：平等新约下在美侨民之责任》，译者不详，载《时代精神》第 7 卷第 5/6 期，第 22-23 页。

《平等新约下在美侨民之责任》，载《时代精神》第 5-6 期。

《拉铁摩尔评述新约》，译者不详，载《田家半月报》第 10 卷第 4/5 期，第 8-9 页。

1944 年

《苏联远东的少数民族》，朱葆光译，载《文汇周报》第 4 卷第 1/2 期，第 9-10 页。

《中国的边疆》，赵敏求译，正中书局，1944。

《美国与亚洲》，吕一民译，时代生活出版社，1944。

1945 年

《日本神圣不可侵犯的母牛——天皇》，译者不详，载《国际时论》第 1 期，第 40-48 页。

《论亚洲的自由民主集团》，王贝译，载《民主世界》第 2 卷第 13/14 期，第 10-12 页。

《论美国对华政策：原载十一月号"柯里尔"杂志》，式如译，载《文汇周报》第 6 卷第 5 期，第 87-90 页。

《评"亚洲的决策"》，刘尊棋等译，载《文汇周报》第 6 卷第 8 期，第 154 页。

《亚洲的决策》，译者不详，载《国讯》第 389 期，第 7 页。

《拉铁摩尔论中国工合》，译者不详，载《新闻资料》第 47 期，第 3-4 页。

《拉铁摩尔论日本国情》，吴兆苏译，载《时与潮》第 23 卷第 5 期，第 6-12 页。

《亚洲的决策》，曹末风、刘尊棋合译，中外出版社（重庆），1945。

1946 年

《美国在中国的出路》，清涟译，载《文萃》第 2 卷第 9 期，第 12-14 页。

《论美苏在中国的关系》，译者不详，载《半月文萃》第 3 期，第 8-9 页。

《论美苏在中国的关系：苏联让美国来领导》，译者不详，载《半月文萃》第 3 期，第 9 页。

《论美苏在中国的关系：美国的新情势》，译者不详，载《半月文萃》第 3 期，第 9-10 页。

《论美苏在中国的关系：中国在新机构中的地位》，译者不详，载《半月文萃》第 3 期，第 10-11 页。

《论美苏在中国的关系：民主与繁荣》，译者不详，载《半月文萃》第 3 期，第 11 页。

《论美苏在中国的关系：不要刺刀政治》，译者不详，载《半月文萃》第 3 期，第 11-12 页。

《论美苏在中国的关系：外蒙印象》，译者不详，载《半月文萃》第 3 期，第 12-13 页。

《论美苏在中国的关系：中国的选择》，译者不详，载《半月文萃》第 3 期，第 13 页。

《日本近况剖视》，沈苏儒译，载《世界知识》第 13 卷第 10 期，第 25-27 页。

《拉铁摩尔看日本》，译者不详，载《礼拜六》第 19 期，第 12 页。

《中苏新约后的美国远东政策》，李敦仁译，载《正气杂志》创刊号，第 19-21 页。

《外蒙的蜕变》，译者不详，载《今日东北》第 2 卷第 6 期，第 26-28 页。

《外蒙的蜕变》，译者不详，载《读者文摘》第 2 卷第 3 期，第 17-18 页。

《外蒙的蜕变》，译者不详，载《新闻资料》第 111 期，第 1-2 页。

《外蒙的新宪法》，译者不详，载《新闻资料》第 111 期，第 2-3 页。

《专论：从伊宁事变透视谈到新疆问题的症结》，译者不详，载《一四七画报》第 2 卷第 10 期，第 3-4 页。

《从欧洲看亚洲》，无垢译，载《世界知识》第 14 卷第 8 期，第 11-12 页。

《美国对华政策的代价》，东敏译，载《世界知识》第 14 卷第 8 期，第 12-13 页。

《论日本天皇》，译者不详，载宋刚编著《第一号战争罪犯》，文汇出版社，1946，第 46-47 页。

《日本近况剖视》，沈苏儒译，载《世界知识》第 10 期，第 27-29 页。

《匕首：蒋主席前政治顾问拉铁摩尔说：反苏勾当由美国搅起，是美国要进入东北的干涉行动》，译者不详，载《文联》第 2 卷第 7 期，第 8 页。

《亚洲的决策》，曹未风、刘尊棋合译，中外出版社（北平 / 上海），1946。

《中国的边疆》，赵敏求译，正中书局，1946。

1947 年

《美国专家所见的外蒙近情（附照片）》，余为群译，载《国讯》第 418 期，第 5 页。

《中国人像什么样子（中英文对照）》，译者不详，载《国光英语》第 4 卷第 1 期，第 1-3 页。

《共产党在捷克的作风及东欧诸国可能的动向》，译者不详，载《京沪周刊》第 1 卷第 50 期，第 7-8 页。

《国际斑窥：捷克的选择：在东西两大集团之间，捷克选择了东方，因为西方国家曾在慕尼黑会议上把它出卖过一次》，译者不详，载《文摘》第 12 卷第 3 期，第 19 页。

《拉铁摩尔论蒙古史之地理因素》，林超编译，载《边政公论》第 6 卷第 4 期，第 33-37 页。

1948 年

《拉铁摩尔论美国对华政策》，小鱼译，载《世界知识》第 18 卷第 24 期，第 9 页。

《书评转载：评"中医与西医"》，译者不详，载《科学月刊（成都）》第 24 期，第 17-18 页。

《美电台广播援华问题大辩论：请听其自然》，译者不详，载《新闻资料》第 174 期，第 1-2 页。

《中国的危机及其将来》，译者不详，载《观察》第 5 卷第 18 期，第 5-6 页。

《美援特辑：援华大辩论：听其自然：不与人民作战，美始对华贷款》，译者不详，载《国防新报》革新第 1 期，第 27 页。

《拉铁摩尔论援华之道》，金门译，载《现实文摘》第 2 卷第 2 期，第 9 页。

《书评之二："中医与西医"：爱德华·休姆著》，译者不详，载《国际文化》第 1 卷第 1 期，第 23 页。

《由中亚谈到中国历史地理》，高泳源译，《边政公论》第 7 卷第 4 期，第 27-32 页。

1949 年

《从中国学得什么？》，宁译，载《世界展望（香港）》第 11 期，第 11 页。

《亚洲之开放》，尚志译，载《英文月刊》第 45 期，第 1-8 页。

1961 年

《论东方文化与西方文化》，载《外国资产阶级是怎样看待中国历史的：资本主义国家反动学者研究中国近代历史的论著选译》第 1 卷，商务印书馆，1961，第 119-124 页。

《论中国对西方文化的态度》，载《外国资产阶级是怎样看待中国历史的：资本主义国家反动学者研究中国近代历史的论著选译》第 1 卷，商务印书馆，1961，第 124-129 页。

《论中国文化与西化问题》，载《外国资产阶级是怎样看待中国历史的：资本主义国家反动学者研究中国近代历史的论著选译》第 1 卷，商务印书馆，1961，第 129-130 页。

《论中国文化与中国革命》，载《外国资产阶级是怎样看待中国历史的：资本主义国家反动学者研究中国近代历史的论著选译》第 1 卷，商务印书馆，1961，第 130-131 页。

《论中国历史上的边疆问题》，载《外国资产阶级是怎样看待中国历史的：资本主义国家反动学者研究中国近代历史的论著选译》第 1 卷，商务印书馆，1961，第 177-187 页。

《论长城边疆地域的构成》，载《外国资产阶级是怎样看待中国历史的：资本主义国家反动学者研究中国近代历史的论著选译》第 1 卷，商务印书馆，1961，第 187-189 页。

《论十九、二十世纪东北的民族问题与国际关系》，载《外国资产阶级是怎样看待中国历史的：资本主义国家反动学者研究中国近代历史的论著选译》第 1 卷，商务印书馆，1961，第 190-194 页。

《论中国近代史上的边疆问题》，载《外国资产阶级是怎样看待中国历史的：资本主义国家反动学者研究中国近代历史的论著选译》第 1 卷，商务印书馆，1961，第 195 页。

《论所谓"次等帝国主义"对边疆的扩张》，载《外国资产阶级是怎样看待中国历史的：资本主义国家反动学者研究中国近代历史的论著选译》第 1 卷，商务印书馆，1961，第 196 页。

《论西藏问题》，载《外国资产阶级是怎样看待中国历史的：资本主义国家反动学者研究中国近代历史的论著选译》第 1 卷，商务印书馆，1961，第 196-198 页。

《论新疆问题》，载《外国资产阶级是怎样看待中国历史的：资本主义国家反动学者研究中国近代历史的论著选译》第 1 卷，商务印书馆，1961，第 198-200 页。

《论早期的中英关系》，载《外国资产阶级是怎样看待中国历史的：资本主义国家反动学者研究中国近代历史的论著选译》第 1 卷，商务印书馆，1961，第 230-231 页。

《论新疆的历史与中苏关系》，载《外国资产阶级是怎样看待中国历史的：资本主义国家反动学者研究中国近代历史的论著选译》第 1 卷，商务印书馆，1961，第 231 页。

《论中国历史的循环》，载《外国资产阶级是怎样看待中国历史的：资本主义国家反动学者研究中国近代历史的论著选译》第 1 卷，商务印书馆，1961，第 315-316 页。

《再论中国历史的循环》，载《外国资产阶级是怎样看待中国历史的：资本主义国家反动学者研究中国近代历史的论著选译》第 1 卷，商务印书馆，1961，第 316-323 页。

1962 年

《中国简明史》，〔美〕拉铁摩尔夫妇著，陈芳芝、林幼琪译，罗荣渠校，商务印书馆，1962。

《亚洲的决策》，曹未风等译，商务印书馆，1962。

1965 年

《历史上的边疆问题》，耿淡如编译，载《现代外国哲学社会科学文摘》第 1 期。

1973 年

《西域和内蒙之行——我度过青春的地方》，译者不详，载《参考消息》2 月 4、5 日。

1981 年

《蒙古帝国时代政府的牌子"套"或牌子匣》，周建奇译，载《蒙古语文研究参考资料》第 5 辑，第 85-86 页。

1986 年

《高里特族的社会构成》，梁志忠译，载《黑河学刊》（地方历史版）第 3 期。

1994 年

《我所认识的周恩来》，晓晨编译，载《国外中共党史研究动态》第 1 期，第 28-30 页。

《亚洲腹地之商路》，田嘉绩译，载魏长洪、何汉民编《外国探险家西域游记》，新疆美术摄影出版社，1994，第110-136页。

1996 年

《蒋介石的美国顾问——欧文·拉铁摩尔回忆录》，〔日〕矶野富士子整理，吴心伯译，复旦大学出版社，1996。

1998 年

《〈成吉思汗的兴起及其对华北的征服〉的序言》，赵琦译，载《蒙古学信息》第4期，第57-59页。

2000 年

《蒋介石》，译者不详，载张鸣、吴静妍主编《外国人眼中的中国》（第五卷），吉林摄影出版社，2000，第53-70页。

2005 年

《中国的亚洲内陆边疆》，唐晓峰译，江苏人民出版社，2005。（该书2008、2010、2014年重印）

《中国开发蛮荒的西部》，王玢诗、李瑶、张晓旭译，载《青年与社会》第6期。

2014 年

《历史的疆域》，牛朏朏译，张世明校改，载张世明等主编《空间、法律与学术话语：西方边疆理论经典文献》，黑龙江教育出版社，2014，第353-380页。

《亚洲内陆边疆：防御帝国与征服帝国》，牛朏朏译，张世明校改，载张世明等主编《空间、法律与学术话语：西方边疆理论经典文献》，黑龙江教育出版社，2014，第381-396页。

《针对中国历史地理问题的一个内陆亚洲研究法》，牛朏朏译，张世明校改，载张世明等主编《空间、法律与学术话语：西方边疆理论经典文献》，黑龙江教育出版社，2014，第397-407页。

《中国历史地理研究中的内亚路径》，袁剑译，载《西北民族研究》第4期。

2015 年

《历史中的边疆》，袁剑译，载《河西学院学报》第6期。

后　记：
重新“发现”拉铁摩尔

越是快速发展的时代，就越是一个充满回忆的时代。曾经梦想着长大的我们，在真的长大了之后，就会情不自禁地追念过去的童年时光，追问"时间都去哪儿了？"成为我们回望的一种方式。在学术史上，往往会出现类似的一种现象——"他们都去哪儿了？"当然，这无关童年，却有关历史：在一个时期曾经被人们广为熟悉的人物，随着时代的变迁，往往会因各种原因被"遗忘"，逐渐在学术史的视野和话语中消失。但这种"遗忘"与消失实际上并不意味着这些人物价值和意义的消解，在时代背景发生变化之后，打捞曾经忘却的记忆，重新发现这些学术史上"消失者"的故事，重新认识这些"消失者"的思想，就成为我们认识和反思历史与当下，进而更好地面对未来的重要路径之一。

中国既是一个具有悠久历史的统一多民族国家，又以其内部丰富多样的文化样态而著称于世，这种"多元一体"的基本结构是我们认识中国及其内部复杂性的基础，同时也吸引着国外学界尤其是美国学界的目光。正是在长时间的认识过程中，我们形成了自身视角下的中国认知，西方尤其是美国则形成了他们观念下的中国认知，而对这种异域对华认知整体面貌的把握程度，则直接影响着我们的对外视野与自我评估。在很长一段时间里，由于种种因素的局限，我们所了解的西方尤其是美国的中国认知图景并不是清晰完整的，其中被"遗忘"的一个重要人物则是欧文·拉铁摩尔（Owen Lattimore，1900~1989）。

作为一位曾经在美国的中国研究领域引领潮流的人物，拉铁摩尔的学术生涯由于20世纪50年代初麦卡锡的指控而戛然而止，不得不远走英伦，其在美国日渐展开的中国研究和蒙古研究随之风光不再，他所代表的边疆学派学术宏业从此被人遗忘，尽管他在20世纪七八十年代曾数次访华，但他于1989年逝世的消息在当时的中国没有任何报道。而与此同时，之前曾在撰写论文阶段受到拉铁摩尔指点的费正清，在美国的学术事业则蒸蒸日上，最终成为新一辈最著名的"中国通"，并通过其学术传承以及与政界的良好关系而形成了中国研究中著名的"费正清学派"，甚至在很长一段时期内成为美国中国研究的代名词。拉铁摩尔与费正清这两位美国学者，一走一留，划出了两道截然不同的学术与人生轨迹，他们尽管都在 20 世纪 60 年代的中国被作为资产阶级学术的代表受到批判，但 20 世纪 90 年代以来中国学界对费正清及其学术范式的追捧，更使得拉铁摩尔在这种学术的对照与折射中显得边缘与孤独，只是在一些作品的注释中偶尔被提及，凡此种种，令人唏嘘不已。

如今，随着中国对外视野的扩大，我们对于域外知识包括国外对华研究需要有一种更为丰富而全面的图景，更有必要在这种新认知图景的基础上形成具有自身主体性的中国知识与解释范式，从而更为积极地面对如今这个日益复杂和多样化的世界。填补我们曾经的知识缺漏，并以此进一步细绘我们的对外认知图景，形成真正全面、真实的中国视野，就成为我们亟待解决的问题。正是基于重新"发现"拉铁摩尔及其中国研究曾经对中国政治与学术所有过的影响和意义，笔者愿意通过自己的一些努力，对曾经在美国对华研究领域具有范式性影响的拉铁摩尔及其理论做一些梳理与阐释，并对他在中国的生活经历做些介绍，让大家能够对他有更多的了解和感知。本书的部分内容曾以专题论文的形式在学术刊物上刊发，在形成最终文稿的过程中进行了进一步的调整与修订。

本书的出版得到了笔者所在单位——中央民族大学世界民族学人类学研究中心的支持与资助，笔者在这里尤其感谢中心主任包智明教授和张海洋教授的关心。笔者的导师成崇德教授也时刻关心着具体的写作情况，给与最大的帮助，并专门惠赐序言。在前期的相关论文写作以及后续的文稿写作中，笔者还得到过马大正教授、唐晓峰教授、姚大力教授、纳日碧力戈教授、李鸿宾教授、吴楚克教授、张世明教授、彭文斌教授、黄达远教授、关凯教授、杨平先生、Sabine Dabringhaus 教授、Klaus-Dieter Mathes 教授、Uradyn E. Bulag 教授、Nabizhan Muhamethan 教授等诸位老师以及昝涛、席会东、吕文利、黄家亮、常安、汪洪亮等多位学友的帮助与支持,在此一并致谢。此外,还要感谢社会科学文献出版社郑庆寰编辑,他为该书的顺利出版倾注了巨大的心血;也要感谢我的学生刘玺鸿提出的有益建议。最后,还要感谢我远在苏州老家的父母和弟弟,北京的岳父母以及一直以来的读者与支持者方笑天,他们的支持是我在北京生活与奋斗的动力。这两年来在燕园 21 楼宿舍度过的时光,简单而平静,也将成为笔者学术生涯中的一段美好回忆。当然,对于本书中所出现的任何问题,都由笔者负责,我的联系邮件是 rucyuanjian@hotmail.com 或 rucyuanjian@yeah.net,还请批评指正。

　　真实的边疆之旅,充满着艰辛与挑战;真正的边疆研究,同样需要坚持与勇气。笔者坚信,随着中国的进一步发展繁荣,我们对于自己祖国的认知也将更加深入而全面,一个世纪之前拉铁摩尔所探访过的中国边疆地区破败而凋敝,如今则已有天壤之别。历史总在回望,探寻总在边缘。中国边疆研究之路,一代代的中国学人都将会继续走下去。

袁 剑

2015 年 10 月初稿于哈萨克斯坦阿拉木图

11 月改定于中国北京

图书在版编目（CIP）数据

边疆的背影：拉铁摩尔与中国学术/袁剑著.
—北京：社会科学文献出版社，2016.3（2016.6 重印）
ISBN 978 - 7 - 5097 - 8515 - 7

Ⅰ . ① 边 …　Ⅱ . ① 袁 …　Ⅲ . ① 拉铁摩尔，O.
（1900 ~ 1989）– 人物研究　Ⅳ . ① K837.125.81

中国版本图书馆 CIP 数据核字（2016）第 040727 号

边疆的背影：拉铁摩尔与中国学术

著　　者/袁　剑

出 版 人/谢寿光
项目统筹/郑庆寰
责任编辑/郑庆寰

出　　版/社会科学文献出版社·皮书出版分社（010）59367127
　　　　　地址：北京市北三环中路甲 29 号院华龙大厦　邮编：100029
　　　　　网址：www. ssap. com. cn
发　　行/市场营销中心（010）59367081　59367018
印　　装/北京季蜂印刷有限公司

规　　格/开　本：787mm × 1092mm　1/16
　　　　　印　张：16.75　字　数：206 千字
版　　次/2016 年 3 月第 1 版　2016 年 6 月第 2 次印刷
书　　号/ISBN 978 - 7 - 5097 - 8515 - 7
定　　价/59.00 元